tho … n

CW01629635

omringd door idioten

Vertaling Wiveca Jongeneel

HarperCollins

MIX
Papier | Ondersteunt verantwoord bosbeheer
FSC® C083411
FSC
www.fsc.org

Voor het papieren boek is papier gebruikt dat onafhankelijk is gecertificeerd door FSC® om verantwoord bosbeheer te waarborgen.
Kijk voor meer informatie op www.harpercollins.co.uk/green.

HarperCollins is een imprint van Uitgeverij HarperCollins Holland, Amsterdam

Copyright © Thomas Erikson, 2014, by agreement with Enberg Agency
Oorspronkelijke titel: *Omgiven av idioter*
Copyright Nederlandse vertaling: © 2018 HarperCollins Holland
Vertaling: Wiveca Jongeneel, via het Scandinavisch Vertaal- en Informatiebureau Nederland
Omslag: Pinta Grafische Producties, naar een ontwerp van Pete Garceau
Zetwerk: Mat-Zet B.V., Huizen
Druk: CPI Books GmbH, Germany, met gebruik van 100% groene stroom

ISBN 978 94 027 1023 6
ISBN 978 94 027 5576 3 (e-book)

NUR 600
Eerste druk juni 2018
Vijfendertigste druk juli 2024

Originele Zweedse uitgave verschenen in 2014 bij Hoi Förlag
HarperCollins Holland is een divisie van Harlequin Enterprises ULC
® en ™ zijn handelsmerken die eigendom zijn van en gebruikt worden door de eigenaar van het handelsmerk en/of de licentienemer. Handelsmerken met ® zijn geregistreerd bij het United States Patent & Trademark Office en/of in andere landen.

www.harpercollins.nl

Niets uit deze uitgave mag openbaar worden gemaakt door middel van druk, fotokopie, internet of op welke andere wijze dan ook zonder voorafgaande schriftelijke toestemming van de uitgever. Het e-book is beveiligd met zichtbare en onzichtbare watermerken en mag niet worden gekopieerd en/of verspreid.

De in dit boek genoemde voorbeelden van personen zijn gebaseerd op het door de redactie geobserveerde gedrag in voor iedereen toegankelijke bronnen. Deze personen hebben geen specifieke test doorlopen om dit te toetsen. De verantwoordelijkheid voor deze indeling berust bij de redactie.

OMRINGD DOOR IDIOTEN

ANDER WERK VAN THOMAS ERIKSON

Omringd door narcisten

Omringd door psychopaten

Omringd door slechte bazen

Omringd door tegenslag

Omringd door energievreters

INHOUD

VOORWOORD

De IPU-profielanalyse bestaat al meer dan twintig jaar in Zweden. Het Instituut voor Persoonlijke Ontwikkeling (Institutet för Personlig Utveckling, IPU) hield zich destijds, in 1992, bezig met onderwijs en persoonlijke ontwikkeling. Op een internationaal congres kreeg ik een grote hoeveelheid materiaal mee over een nieuwe manier om met een gedragsanalyse-instrument te werken.

In die tijd was dit type instrument relatief onbekend en slechts weinig mensen wisten welk nut het voor de ontwikkeling van individuen, groepen en organisaties zou kunnen hebben.

Ik nam al het materiaal mee naar het hoofd Personeelszaken van een groot bedrijf en vroeg hem of hij wilde kijken of het misschien iets was. Toen hij terugkwam, had hij een duidelijk antwoord: 'Als dit allemaal klopt, is dit het beste gedragsanalyse-instrument dat ik ooit heb gezien!'

De rest is, zoals dat heet, geschiedenis.

Uit de eerste testen in Zweden, die in het Engels werden uitgevoerd, bleek dat zeker tachtig procent van het rapport van toepassing was op de personen die de test deden.

Met dat in ons achterhoofd begon een geduldig en nauwgezet

vertaalproces. Omdat alle nuances in woorden en zinnen belangrijk zijn, maakten we gebruik van drie verschillende vertalers, die samen de eerste Zweedse versie tot stand brachten.

Dat proces is sindsdien doorgegaan. De formulieren zijn vijf keer aangepast en de database wordt voortdurend bijgewerkt om taalkundig en inhoudelijk relevant te blijven.

Een resultaat van al dit werk is dat steeds meer mensen voor de IPU-profielanalyse kiezen. Ondanks het feit dat het aanbod van andere analyse-instrumenten alleen maar toeneemt.

Wij denken dat niet alleen de relevantie en de nauwkeurigheid, maar ook de eenvoud van de pedagogiek reden zijn voor dit succes. Met behulp van de kleurentaal en het pedagogische profielwiel kunnen duizenden Zweden elk jaar het begrip voor hun eigen, elkaars en andermans gedrag vergroten, en dit op een manier die direct in de praktijk kan worden toegepast.

Twintig jaar geleden konden we alleen nog maar dromen van het praktische nut voor individuen, groepen en organisaties!

Een van onze consultants is Thomas Erikson, schrijver van dit boek. Hij wisselt ons materiaal af met leuke verhalen over hoe mensen met verschillende gedragsstijlen kunnen worden bekeken en hoe ze handelen.

Boeiende leesstof met veel leerzame aha-ervaringen.

Veel leesplezier gewenst.

Sune Gellberg
Oprichter van het IPU

INLEIDING

DE MAN DIE WERD OMRINGD DOOR IDIOTEN

Op de middelbare school ontdekte ik dat ik met bepaalde mensen beter overweg kon dan met andere. Met sommige vrienden was het makkelijk praten. We hadden elkaar altijd genoeg te vertellen en de gesprekken liepen heel soepel. Er waren geen conflicten en we mochten elkaar graag. Met anderen liep het contact niet lekker. Dingen die ik zei sloegen helemaal niet aan en ik kon maar niet begrijpen waar dat aan lag.

Hoe kwam het dat je met sommige mensen makkelijk kon praten, terwijl andere echte droogkloten waren? Op die leeftijd was dat niet iets wat me 's nachts wakker hield, maar ik herinner me toch een aantal gebeurtenissen die me aan het denken zetten over waarom sommige gesprekken lekker vlotten en andere niet eens op gang kwamen – ongeacht hoe ik me gedroeg. Het was onbegrijpelijk. Ik herinner me dat ik mensen ging testen en daarbij verschillende methodes toepaste. Ik zei dezelfde dingen in vergelijkbare situaties om te zien welke reactie ik kreeg. Soms gebeurde er precies waarop ik had gehoopt: er ontstond een interessante discussie. Andere keren gebeurde er helemaal niets. De mensen staarden me aan alsof ik van een andere planeet kwam, en soms voelde dat ook echt zo.

Als je jong bent zijn de meeste dingen heel eenvoudig. Omdat sommige mensen in mijn vriendenkring op een normale manier reageerden, waren zij automatisch de goede mensen. Met de mensen die mij niet begrepen was dus iets mis. Welke andere verklaring kon er zijn? Ik was immers de hele tijd dezelfde! Dus moest er wel iets mis zijn met bepaalde mensen. En die begon ik gewoon te mijden omdat ik hen niet begreep. Jeugdige naïviteit, zo je wilt. Met nogal hilarische gevolgen. Op latere leeftijd is dat – helaas – veranderd.

Afijn, het leven ging verder met werk, gezin en carrière, en ik bleef bepaalde mensen als goed en verstandig classificeren, terwijl andere er volgens mij helemaal niets van hadden begrepen.

Op een bepaald moment – ik was toen een jaar of vijfentwintig – kwam ik in contact met een man die zelfstandig ondernemer was. Sture was in de zestig en had zijn bedrijf jaren geleden opgericht en opgebouwd. Ik moest hem interviewen in verband met een project dat zou worden uitgevoerd. We begonnen te praten over hoe het er binnen zijn organisatie aan toeging. Een van de eerste dingen die Sture zei, was dat hij werd omringd door idioten. Ik weet nog dat ik begon te lachen omdat ik het een grappige opmerking vond. Maar hij meende het echt. Zijn gezicht werd steeds roder toen hij verklaarde dat de mensen van afdeling A allemaal complete idioten waren. En op afdeling B had je alleen maar domkoppen die niets begrepen. En dan had hij het nog niet over afdeling C gehad. Daar was het het ergst, want de mensen die daar werkten waren zo vreemd en apart dat Sture niet begreep dat ze 's morgens überhaupt hun werk wisten te bereiken.

Hoe meer ik naar hem luisterde, hoe meer ik me realiseerde dat zijn verhaal iets heel bijzonders had. Ik vroeg hem of hij écht vond dat hij werd omringd door idioten. Hij keek me aan en zei dat zijn personeel grotendeels uit waardeloze mensen bestond.

Sture liet zijn medewerkers ook graag weten wat hij ergens van vond. Hij deinsde er niet voor terug om ten overstaan van het hele bedrijf iemand voor idioot uit te maken. Om die reden bleven de medewerkers als het even kon bij hem uit de buurt. Niemand durfde onder vier ogen met hem te overleggen, en slecht nieuws kreeg hij nooit te horen omdat hij vaak uithaalde naar de brenger ervan. In een van de gebouwen was zelfs een waarschuwingslamp in de entreehal geïnstalleerd. Die zat onopvallend boven de receptie, en als Sture er was, was de lamp rood. Als hij er niet was, was de lamp groen.

Iedereen was hiervan op de hoogte. Niet alleen de medewerkers maar ook de klanten wierpen automatisch een blik op de lamp zodat ze wisten wat ze konden verwachten als ze over de drempel stapten. Als de lamp rood was maakten sommige mensen gewoon rechtsomkeert, om op een later tijdstip terug te komen.

Als je jong bent, zit je zoals we allemaal weten vol goede ideeën. Ik stelde daarom de enige vraag die ik kon bedenken: 'Wie heeft al deze idioten aangesteld?' Ik wist natuurlijk best dat hij dat zelf had gedaan. En Sture wist dat ik het wist. Wat ik impliciet zei, was: 'Wie is hier nou eigenlijk de grootste idioot?'

Sture gooide me eruit. Later hoorde ik dat hij me het liefst met zijn hagelgeweer had neergeschoten.

Die gebeurtenis zette me aan het denken. Dit was een man die binnenkort met pensioen zou gaan. Hij was duidelijk een bekwaam ondernemer en binnen zijn specifieke bedrijfstak zeer gerespecteerd om zijn kennis. Maar hij kon niet met mensen omgaan. De enige resource in een organisatie die niet gekopieerd kon worden, de medewerkers, begreep hij niet. En de mensen die niet begrepen konden worden, tja, dat waren dus idioten.

Als buitenstaander kon ik heel makkelijk de fout in zijn manier van denken zien. Sture begreep niet dat hij de hele tijd van zichzelf uitging en daarom iedereen die niet op dezelfde manier functioneerde als hij als idioot beschouwde. Hij gebruikte uitdrukkingen die ik zelf ook wel voor bepaalde mensen gebruikte: stomme kletsmeiers, anaal gefixeerde kommaneukers, schaamteloze nietsnutten en muisstille droogstoppels. Hoewel ik mensen nooit voor idioot zou uitmaken, had ook ik duidelijke problemen met bepaalde types mensen.

Het leek me vreselijk om door het leven te moeten gaan met het idee dat je werd omringd door mensen met wie je niet kon samenwerken. Dat zou mijn eigen mogelijkheden in het leven enorm beperken.

Ik probeerde mezelf in de spiegel aan te kijken. Het besluit was snel genomen.

Ik wilde niet als Sture worden.

Na een bijzonder onplezierig gesprek met hem en een paar arme medewerkers stapte ik met een knoop in mijn maag in de auto. Het bezoek was een regelrechte ramp geweest. Iedereen was boos. Op dat moment nam ik het besluit om daadwerkelijk inzicht te krijgen in de misschien wel belangrijkste kennis die er bestaat – hoe mensen functioneren. Omdat ik de rest van mijn leven met mensen in aanraking zou komen – wat voor werk ik ook deed – was het makkelijk om in te zien dat ik baat zou hebben bij een dergelijke vaardigheid.

Zo gezegd, zo gedaan. Ik begon te onderzoeken hoe je mensen kunt begrijpen die in eerste instantie moeilijk te begrijpen lijken. Waarom zijn sommigen stil, waarom blijven anderen maar praten, waarom verkondigen sommigen altijd waarheden en waarom doen anderen dat nooit? Waarom kwamen sommige collega's altijd op tijd, terwijl andere meestal te laat waren? Waarom mocht ik bepaalde mensen meer dan andere? Want zo was het wel. De inzichten die ik verzamelde waren fascinerend, en ik ben niet dezelfde persoon die ik was toen ik aan deze reis begon. De kennis die ik verwierf veranderde mij als persoon, als vriend, als collega, als zoon, als echtgenoot en als vader van mijn kinderen.

Dit boek gaat over de wellicht meest toegepaste manier ter wereld om de verschillen in menselijke communicatie te beschrijven. Zelf gebruik ik al meer dan twintig jaar met veel succes varianten van dit instrument.

We hebben allemaal ervaring met mensen, en we hebben allemaal ideeën over hoe communicatie werkt.

Hoe word je echt, echt goed in het omgaan met verschillende types mensen? Er bestaan natuurlijk verschillende methodes. De gewoonste is waarschijnlijk onderzoek doen en de basis leren. Maar beheersing van het theoretische gedeelte maakt je nog niet tot een topcommunicator. Pas wanneer je de kennis gaat gebruiken, kun je echte en goede vaardigheden op dit gebied ontwikkelen. Het is net als leren fietsen – dat doe je pas als je op de fiets stapt. Alleen dan merk je wat je moet doen.

Sinds ik onderzoek hoe mensen functioneren en echt mijn best doe om de verschillen te begrijpen ben ik nooit meer dezelfde geweest. Tegenwoordig ben ik veel minder categorisch dan vroeger en ik oordeel niet over mensen alleen omdat ze anders zijn dan ik. Mijn geduld met mensen die mijn volstrekte tegenpool zijn is al jaren veel groter dan voorheen. Ik kan niet zeggen dat ik nooit in een conflict beland, net zomin als dat ik kan beweren dat ik nooit lieg, maar beide dingen komen tegenwoordig zelden voor.

Ik ben Sture voor één ding dankbaar. Hij heeft mijn belangstelling voor het onderwerp gewekt. Zonder hem was dit boek misschien nooit tot stand gekomen. Dan nog iets – voor het leesgemak heb ik ervoor gekozen om consequent *hij* te gebruiken in voorbeelden die niet op een specifieke persoon betrekking hebben. Dat is geen gebrek aan respect, maar om het lezen te vergemakkelijken. Ik weet dat jij fantasie genoeg hebt om in gedachten *zij* te denken als dat beter uitkomt.

Wat kun jij doen om je kennis te vergroten? Om te beginnen kun je dit boek lezen. Het hele boek, niet alleen de eerste drie hoofdstukken. Met een beetje geluk begin je binnen een paar minuten aan dezelfde reis als ik twintig jaar geleden. Je zult er geen spijt van krijgen, dat beloof ik je.

Thomas Erikson
Gedragsdeskundige, spreker en auteur

HOOFDSTUK 1

IN ALLE COMMUNICATIE IS DE ONTVANGER BEPALEND

Klinkt dat vreemd? Ik zal het uitleggen. Wat uiteindelijk overblijft als je iets tegen iemand hebt gezegd, nadat het door zijn referentiekaders, vooroordelen en vooropgezette ideeën is gefilterd, is de opgevatte boodschap. Hij kan om verschillende redenen jouw woorden op een heel andere manier interpreteren dan jouw bedoeling was. Hoe iets precies wordt opgevat, hangt natuurlijk af van de persoon met wie je praat, maar het gebeurt slechts heel zelden dat de hele boodschap precies zo overkomt als jij voor ogen had.

Het is misschien deprimerend om zelf zo weinig controle te hebben over wat de ontvanger opvat. Hoeveel vernuft je ook in het hoofd van de ander wilt stampen, je kunt er uiteindelijk niet veel aan doen. Je kunt dit natuurlijk als een uitdaging beschouwen. Niet alles kan tenslotte makkelijk zijn. Je kunt niets veranderen aan de manier waarop de ontvanger functioneert. Maar de meeste mensen zijn zich er wel van bewust hoe ze willen worden behandeld, en ze zijn daar ook gevoelig voor. Door je aan te passen aan de manier waarop andere mensen willen worden behandeld, kun je effectiever worden in je communicatie.

WAAROM IS DIT ZO BELANGRIJK?

Je helpt mensen jou te begrijpen door een veilige communicatie-arena te scheppen – op hun voorwaarden. De ontvanger kan zijn energie aan het begrijpen besteden en hoeft niet bewust of onbewust op jouw manier van communiceren te reageren.

We moeten allemaal onze flexibiliteit trainen om onze communicatiestijl te kunnen variëren zodat we die kunnen aanpassen wanneer we met mensen praten die anders zijn dan wijzelf. Want dat is een andere waarheid. Welke communicatiewijze we ook kiezen, jij als individu zult altijd in de minderheid zijn. Welk gedrag je ook hebt, de meerderheid zal altijd op een andere manier functioneren. En de anderen zullen altijd met meer zijn. Je kunt niet van jezelf uitgaan. Deze flexibiliteit en dit vermogen om de behoeften van andere mensen te interpreteren kenmerken een goede communicator.

Wanneer je de gedragsstijl, en communicatiewijze, van een ander kent en begrijpt, kun je beter inschatten hoe die persoon in bepaalde situaties zal reageren. Dit inzicht vergroot je vermogen om echt verbinding te maken enorm.

GEEN ENKEL SYSTEEM IS WATERDICHT

Laat me op een belangrijk punt duidelijk zijn. Dit boek pretendeert niet allesomvattend te zijn als het gaat om de manier waarop mensen met elkaar communiceren. Dat kan geen enkel boek, omdat alle verschillende signalen die we voortdurend uitzenden niet in één boek zouden passen. Zelfs als we rekening houden met lichaamstaal, met het verschil tussen een mannelijke en een vrouwelijke dialoog, met culturele verschillen en met alle andere manieren om verschillen te definiëren, zouden we niet alles kunnen opschrijven. We kunnen psychologische aspecten, grafologie, leeftijd en astrologie toevoegen, dan nog zal het beeld niet honderd procent zijn.

Maar dat is tegelijk de charme van het geheel. Mensen zijn geen

Excelsheets. We kunnen niet alles uitrekenen. We zitten te ingewikkeld in elkaar om volledig beschreven te kunnen worden. Zelfs de in onze ogen simpelste, minst opgeleide, laagst geplaatste persoon zit ingewikkelder in elkaar dan in een boek kan worden uitgedrukt. Maar we kunnen de grootste blunders vermijden door de basisprincipes van menselijke communicatie te begrijpen.

HET DUURT AL BEST LANG

> *'We zien wat we doen, maar we zien niet waarom we dat doen. Dus beoordelen en waarderen we elkaar op basis van wat we zien dat we doen.'*

Deze woorden zijn afkomstig van de psychoanalyticus Carl Jung. Verschillende gedragingen scheppen dynamiek in ons leven. Alle mensen vertonen immers gedrag. In bepaalde gedragingen herkennen we onszelf, terwijl we andere niet herkennen of begrijpen. Zoals bekend gedragen we ons in verschillende situaties allemaal anders, en dat kan voor de omgeving leuk of irritant zijn.

Er bestaat in dit opzicht eigenlijk geen goed of fout gedrag, en de meeste gedragingen zijn in orde. Er bestaat niet iets wat correct of incorrect gedrag heet. Jij bent wie je bent, en het heeft eigenlijk geen zin om erover na te denken waarom dat zo is. Je bent goed zoals je bent. Ongeacht hoe je je wilt gedragen, ongeacht hoe je wordt opgevat, ben je goed. Binnen redelijke grenzen natuurlijk.

Ik ben zo, oké?

In de ideale wereld zou je gewoon kunnen zeggen: 'Ik ben zoals ik ben en dat is oké, want dat heb ik in een boek gelezen.' En zou het niet prettig zijn om je eigen persoonlijkheid geen geweld te hoeven aandoen? Om altijd te kunnen doen en zeggen wat je op dat moment wilt? Dat kan. Je kunt je precies zo gedragen als jij wilt. Je moet er alleen de juiste situatie voor vinden.

Er zijn twee situaties waarin je helemaal jezelf kunt zijn:

- *De ene situatie* is wanneer je alleen in de kamer bent. Dan maakt het niet uit hoe je praat of wat je doet. Niemand heeft er last van als je wilt vloeken en tieren, of in alle stilte wilt nadenken over het grote mysterie van het leven, of waarom voormalig premier Fredrik Reinfeldt er altijd zo verdrietig uitziet. Als je alleen bent kun, en mag, je je precies zo gedragen als je wilt. Eenvoudig, toch?
- *De andere situatie* waarin je jezelf kunt zijn is wanneer alle anderen in de kamer precies hetzelfde zijn als jij. Wat leerden onze moeders ons toen we klein waren? *Behandel andere mensen zoals je zelf behandeld wilt worden.* Een uitstekend advies, en heel goedbedoeld. En het werkt ook, zolang iedereen hetzelfde is als jij. Het enige wat je hoeft te doen is een lijst maken van de mensen die in alle situaties *precies hetzelfde* vinden, denken en handelen *als jij*. En vervolgens zoek je hun gezelschap op.

In alle overige situaties kan het verstandig zijn om te begrijpen hoe je wordt opgevat en te leren hoe andere mensen functioneren. Ik denk niet dat ik iets nieuws zeg als ik beweer dat de meeste mensen die je tegenkomt niet precies zo zijn als jij.

In den beginne was het woord en het woord was bij God. En God zei: 'Er zij licht!' En er was licht.

Ongelooflijk, toch? De kracht die woorden kunnen hebben! Maar welke woorden we kiezen en hoe we ze gebruiken varieert. Zoals je aan de titel van dit boek hebt gezien, kunnen woorden op verschillende manieren worden geïnterpreteerd. En wanneer je verkeerde woorden gebruikt, ja, dan ben je misschien een idioot.

Omringd door idioten – of toch niet?

Wacht eens even. Hoe zit het eigenlijk? Tijdens het schrijven kwam ik de volgende vergelijking tegen: gedrag is als een versnellingsbak. Alle verschillende soorten zijn nodig. Want net als bij een versnellingsbak is de ene versnelling soms goed, en soms verkeerd. Je moet de auto in zijn één starten – in zijn vijf is dat lastig. Maar soms is de één verkeerd – bijvoorbeeld als je honderd kilometer per uur rijdt.

Sommigen keren zich tegen het idee om mensen in verschillende persoonlijkheidstypes in te delen. Misschien hoor jij tot de groep die vindt dat mensen niet op die manier in categorieën moeten worden ondergebracht. Dat het verkeerd is om mensen in hokjes te plaatsen. Toch doet iedereen het. Misschien niet op dezelfde manier als ik in dit boek, maar we nemen evengoed onze onderlinge verschillen waar. Feit is dat we allemaal anders zijn, en volgens mij kan het positief uitpakken om dat te benadrukken, als het maar op de juiste manier gebeurt. Alle instrumenten kunnen schadelijk zijn als ze verkeerd worden gebruikt. Het gaat niet zozeer om het instrument, maar om degene die het gebruikt.

Delen van wat je gaat lezen zijn afkomstig van het IPU, het Instituut voor Persoonlijke Ontwikkeling. Ik wil Sune Gellberg en Edouard Levit bedanken omdat ze hun ervaringen en lesmateriaal zo genereus met mij hebben gedeeld. Beschouw dit boek als een introductie van menselijk gedrag en dialoog. De rest is aan jou.

HOE VREEMD HET OOK LIJKT – IN PRINCIPE IS ALLES NORMAAL. GEDRAG...

...is betrekkelijk voorspelbaar. Maar:

- iedereen reageert werktuiglijk op gelijksoortige situaties.
- het is onmogelijk om alle denkbare reacties te voorspellen voordat ze plaatsvinden.

...maakt deel uit van een patroon.

- We reageren vaak volgens vaste banen. Daarom moeten we elkaars patroon respecteren. En dat van onszelf begrijpen...

...is veranderlijk.

- We moeten kunnen leren luisteren, handelen, vrijuit spreken, reflecteren, dat wil zeggen doen wat op dit moment relevant is. Iedereen kan zich aanpassen.

...kan worden geobserveerd.

- We moeten de meeste vormen van gedrag kunnen observeren en begrijpen zonder amateurpsycholoog te zijn. Iedereen mag zelf bedenken waarom.

...is begrijpelijk.

- We moeten kunnen begrijpen waarom andere mensen voelen en doen wat ze doen – op dit moment. Iedereen mag zelf bedenken waarom.

...is uniek.

- Ondanks de voorwaarden die we gemeen hebben, is elk gedrag uniek voor de persoon in kwestie. Slagen op je eigen voorwaarden.

...kan vergeven worden.

- Wijs persoonlijke jaloezie en verwijten af, het helpt om erover te praten. Leer tolerant te zijn en geduld te hebben, zowel met jezelf als met anderen.

HOOFDSTUK 2

WAAROM ZIJN WE ZOALS WE ZIJN?

Waar komen gedragingen vandaan? Waarom verschillen mensen zoveel van elkaar? Dat is een goede vraag. Kort gezegd is het een combinatie van aanleg en opvoeding. Al voor onze geboorte wordt de basis gelegd voor de gedragingen die we op volwassen leeftijd zullen vertonen. Erfelijke temperament- en karaktereigenschappen beïnvloeden onze gedragingen en zetten al in het genstadium een proces in gang. De wetenschappers zijn het er nog steeds niet over eens hoe het precies werkt, maar dat het een rol speelt, staat in feite wel vast. We erven niet alleen karaktertrekken van onze eigen ouders, maar ook van hún ouders. En in wisselende mate ook van andere bloedverwanten. We hebben allemaal weleens gehoord dat we op een oom of tante lijken of net als zij praten. Zelf leek ik als kind op mijn oom Bertil – dat had met mijn rode haar te maken. Het kost heel veel tijd om uit te leggen hoe dit genetisch werkt. Laten we nu alleen maar vaststellen dat deze erfenis de basis vormt voor onze gedragsmatige ontwikkeling.

Wat gebeurt er als we eenmaal ter wereld zijn gekomen? Kinderen worden in de meeste gevallen impulsief, onverschrokken en zonder enige remmingen geboren. Het kind zegt: ‘Nee, ik wil niet!’

of 'Ik kan het heus wel!' En het is vervuld van de gedachte dat het alles aankan. Dit spontane en soms volstrekt ongecontroleerde gedrag is natuurlijk niet altijd waarop de ouders hadden gehoopt. En voor je het weet begint de transformatie van wat ooit een origineel was – naar in het beste/ergste geval een kopie van iemand anders.

HOE WORDEN KINDEREN BEÏNVLOED?

Kinderen leren voornamelijk op twee manieren. Of ze proberen misnoegen en onvrede achter zich te laten en streven naar voldoening en tevredenheid, of ze leren door na te bootsen. Dat is de meest voorkomende leermethode. Kinderen apen na wat ze om zich heen zien en vaak staat de ouder van hetzelfde geslacht model voor de imitatie. (Dit is absoluut geen volledige verklaring voor het hele proces, maar dit boek gaat ook niet over hoe we onze kinderen beïnvloeden.)

MIJN KERNWAARDEN

Diep vanbinnen bevinden zich mijn kernwaarden, dingen die zo diep in mijn karakter zijn geworteld dat het eigenlijk geen zin heeft te proberen ze te veranderen. Het zijn dingen die ik als kind van mijn ouders heb geleerd en die me op heel jonge leeftijd op school werden ingeprent. In mijn geval waren het verschillende varianten op *maak je huiswerk en doe je best op school, dan krijg je later een goede baan*, of *het is verkeerd om te vechten*. Het laatste heeft er bijvoorbeeld voor gezorgd dat ik mijn hand niet ophef tegen andere mensen. Ik heb voor het laatst gevochten toen ik in groep 5 zat, en als ik me niet vergis verloor ik toen. (Ze was beresterk.)

Een andere belangrijke kernwaarde is dat alle mensen evenveel waard zijn. Omdat mijn ouders mij dat gedurende mijn hele jeugd hebben laten zien, zal ik mensen nooit op basis van hun afkomst, geslacht of huidskleur beoordelen. We dragen allemaal een verzameling kernwaarden in ons. We weten instinctief wat goed is en wat niet. Niemand kan deze kernwaarden van me afpakken.

ATTITUDE EN HOUDING

Dan zijn er mijn attitudes, die niet helemaal dezelfde zijn als mijn kernwaarden. Attitudes zijn kwesties waarover ik een mening heb gevormd op basis van eigen ervaringen, conclusies die ik heb getrokken uit dingen die ik op de middelbare school, op de universiteit, tijdens mijn eerste baan heb meegemaakt. Maar ook latere ervaringen kunnen attitudes creëren.

Een vrouwelijk familielid vertelde me ooit dat ze verkopers wantrouwde. Nu is ze lang niet de enige die een bepaalde attitude tot verkopers heeft, maar in haar geval kwam dit op een grappige manier tot uiting. Alles wat ze kocht, bracht ze terug. Een trui, een bank, een auto – het maakte niet uit. Alle feiten moesten worden bestudeerd en onderzocht. Maar hoeveel informatie ze van tevoren ook inwon, ze wilde het gekochte later toch weer terugbrengen.

Toen ik het patroon had geobserveerd, vroeg ik haar waarom ze zo deed, en toen kwam haar attitude aan het licht: vijfentachtig procent van alle verkopers zijn bedriegers. Het hielp weinig toen ik zei dat ik ook verkoper ben. Tot op de dag van vandaag weet ik niet of ik tot die vijfentachtig procent hoor, of dat ik me tot de gelukkige, resterende vijftien procent mag rekenen. Waar het om gaat is dat deze attitude kan worden veranderd. Waarschijnlijk is ze een paar keer flink misleid, waardoor ze verkopers is gaan wantrouwen. Maar door voldoende positieve ervaringen kan dit weer goed komen.

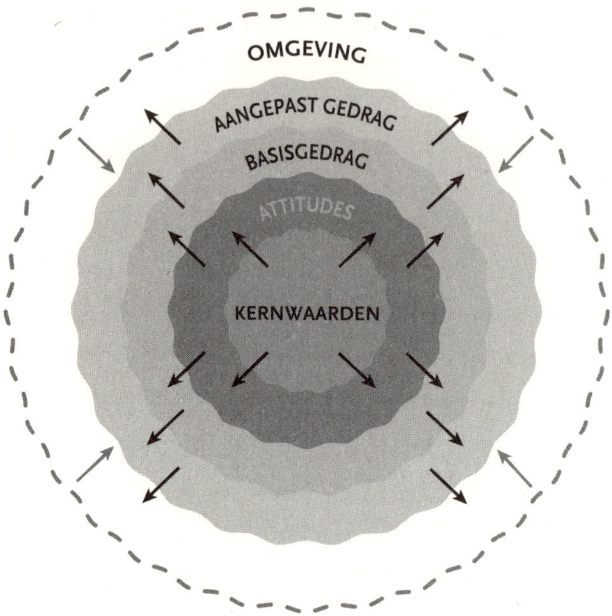

Een eenvoudig model dat tot hulp kan zijn

® IPU INSTITUUT VOOR PERSOONLIJKE ONTWIKKELING

WAT IS HET RESULTAAT?

Kort gezegd beïnvloeden zowel de kernwaarden als de attitudes welk gedrag ik kies. Samen vormen ze mijn basisgedrag, de persoon die ik het liefst wil zijn. Het basisgedrag is het gedrag dat ik in volledige vrijheid vertoon, zonder invloed van externe factoren.

Je ziet waarschijnlijk de uitdaging al: wanneer zijn we eigenlijk helemaal bevrijd van invloeden van buitenaf? Als ik hier in verschillende contexten met mensen over praat, komen we meestal tot de conclusie: in onze slaap.

Maar mensen zijn verschillend. Sommigen trekken zich nergens iets van aan. Ze zijn altijd zichzelf, omdat ze er nooit over hebben nagedacht hoe ze worden opgevat. Hoe sterker je zelfinzicht is, hoe groter je aanpassing aan de omgeving waarschijnlijk zal zijn.

WAT ZIEN ANDEREN EIGENLIJK VAN MIJ?

Wat anderen meestal zien is het aangepaste gedrag. De interpretatie van een specifieke situatie die we allemaal maken, en op basis waarvan we een bepaald gedrag kiezen, is wat anderen mogen zien. Het gaat om het masker dat we opzetten om in een bepaalde situatie te passen. En we kunnen natuurlijk meerdere maskers hebben. Veel mensen dragen op het werk een ander masker dan thuis. En bij hun schoonouders zetten ze misschien weer een ander masker op. Dit is geen verdiepingscursus psychologie – daarom constateer ik alleen maar dat we verschillende interpretaties maken en daarnaar handelen.

De omgevingsfactoren zorgen ervoor dat ik – bewust of onbewust – een bepaalde manier van handelen kies. Ik pretendeer niet dat ik met deze simpele verklaring alle factoren heb verklaard die iemands gedragspatroon creëren, maar ter introductie is het voldoende.

En zo handelen wij. Kijk naar deze formule:

GEDRAG = *f(PxOf)*

- *Gedrag* is een functie van *Persoonlijkheid* en *Omgevingsfactoren.*
- *Gedrag* is datgene wat we kunnen observeren.
- *Persoonlijkheid* is datgene wat we proberen uit te rekenen.
- *Omgevingsfactoren* zijn de dingen die we kunnen beïnvloeden.

Conclusie: We beïnvloeden elkaar voortdurend in een of andere vorm. De kunst is te ontdekken wat zich onder de oppervlakte bevindt.

HOOFDSTUK 3

EEN INTRODUCTIE VAN HET SYSTEEM DAT JE OP HET PUNT STAAT TE LEREN

Aan het eind van het boek wordt beschreven hoe het systeem tot stand is gekomen, maar omdat je waarschijnlijk meteen aan de slag wilt met het interessantste – hoe alles in de praktijk werkt – kun je rustig verder lezen. En anders kun je altijd direct naar pagina 270 gaan.

Zoals je ziet zijn er vier hoofdcategorieën van gedragstypes. Dit boek laat zien hoe je die kunt herkennen. Al vrij snel zul je gezichten voor je zien als je over bepaalde kleuren leest. Soms misschien zelfs je eigen gezicht.

Zo'n tachtig procent van alle mensen heeft een combinatie van twee kleuren die hun gedrag bepalen, vijf procent heeft slechts één kleur dat hun gedrag bepaalt en de rest heeft drie kleuren. In dit boek richt ik me op de kleuren afzonderlijk, omdat ze fundamentele componenten van iemands gedrag zijn. Het is net als bij een recept: we moeten alle ingrediënten kennen voordat we een cake kunnen bakken. Gehele groene personen, of groene personen in combinatie met één andere kleur, komen het meeste voor. Gehele rode personen, of rode personen in combinatie met één andere kleur, komen het minst voor.

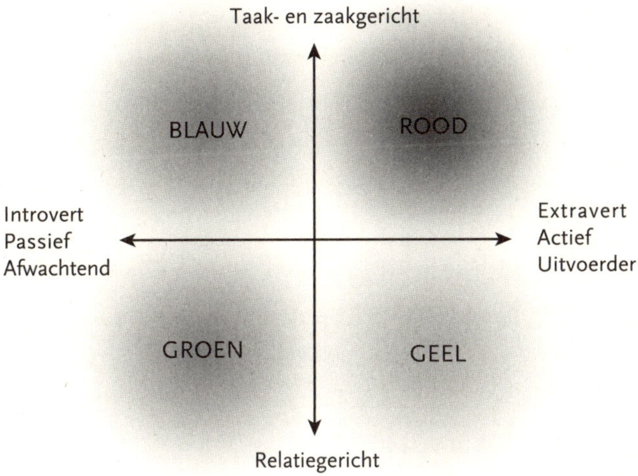

CORRECT (blauw)

- Langzame reactie
- Maximale inzet om te organiseren
- Minimale belangstelling voor relaties
- Historisch tijdskader
- Voorzichtige actie
- Neiging om inmenging af te wijzen

DOMINANT (rood)

- Snelle reactie
- Maximale inzet om te sturen
- Minimale belangstelling voor voorzichtigheid in relaties
- Actueel tijdskader
- Directe actie
- Neiging om inactiviteit af te wijzen

STABIEL (groen)

- Rustige reactie
- Maximale inzet voor samenhang
- Minimale belangstelling voor verandering
- Actueel tijdskader
- Ondersteunende actie
- Neiging om conflicten uit de weg te gaan

INSPIREREND (geel)

- Haastige reactie
- Maximale inzet om mee te doen
- Minimale belangstelling voor routine
- Op de toekomst gericht tijdskader
- Impulsieve actie
- Neiging om isolatie af te wijzen

Veel mensen beschikken over kwaliteiten die je zelf zou willen hebben, en soms ben je misschien zelfs jaloers op deze personen. Ze beheersen kennelijk dingen die jij niet beheerst. Misschien wil je doortastender zijn, net als de rode persoon, of zou je makkelijker met onbekenden willen omgaan, zoals de gele. Of je wilt minder stressen, en juist kalm zijn, wat de groene zo goed kan, en misschien wil je je aantekeningen beter geordend hebben, wat voor de blauwe heel natuurlijk is. In dit boek leer je hoe je zo kunt worden.

Maar het werkt natuurlijk ook de andere kant op. Je zult dingen lezen die je misschien doen inzien dat je te veel de baas speelt over anderen, zoals de roden geneigd zijn te doen. Of misschien praat je veel te veel, wat typerend is voor de gelen. Of je doet het nogal rustig aan en interesseert je nergens voor, wat de keerzijde is van de groenen. Of je bent altijd achterdochtig en ziet overal risico's, net als de blauwen. In dit boek leer je je eigen valkuilen te ontdekken, en wat je kunt doen om ze te omzeilen.

Wat je ook leest en ziet, maak vooral aantekeningen, onderstreep passages in het boek, zorg ervoor dat je eruit haalt wat je nodig hebt.

ROOD	GEEL	GROEN	BLAUW
DOMINANT	INSPIREREND	STABIEL	CORRECT
Drijvend	Extravert	Geduldig	Onderzoekend
Ambitieus	Overtuigend	Betrouwbaar	Voorzichtig
Wilskrachtig	Verbaal	Attent	Systematisch
Doelbewust	Open	Beheerst	Precies
Probleemoplossend	Positief	Aimabel	Grondig
Daadkrachtig	Empathisch	Volhardend	Logisch
Competitief	Optimistisch	Goede luisteraar	Conventioneel
Krachtig	Creatief	Vriendelijk	Afstandelijk
Nieuwsgierig	Spontaan	Voorzichtig	Objectief
Direct	Gevoelig	Ondersteunend	Perfectionist
Initiatiefrijk	Inspirerend	Uitvoerder	Methodisch
Vastberaden	Heeft aandacht nodig	Behulpzaam	Analyseert
Ongeduldig		Loyaal	Volgt regels
Eigenzinnig		Voorkomend	Gestructureerd

HOOFDSTUK 4

HET RODE GEDRAG

HOE JE EEN ECHT ALFAMANNETJE HERKENT, EN WAT JE MOET DOEN OM HEM NIET IN DE WEG TE LOPEN

Wat gaan we doen? Laten we het op mijn manier doen! Nu!

In zijn theorie over het menselijk temperament noemde Hippocrates dit persoonlijkheidstype cholerisch. Synoniemen voor cholerisch zijn onder meer: *heftig, vurig, opvliegend, heetgebakerd* en *lichtgeraakt*. Oei! Een rode persoon wordt snel opgemerkt, omdat hij op geen enkele manier probeert te verhullen wie hij is.

De rode persoon is een dynamisch en gedreven individu. Hij heeft doelen in het leven waar anderen moeite mee kunnen hebben. Omdat de doelen zo hoog zijn gesteld, lijken ze onhaalbaar. De roden streven altijd vooruit, doen altijd harder hun best en geven vrijwel nooit op. Ze zijn vast overtuigd van hun eigen kunnen. Ze denken oprecht dat ze in principe alles voor elkaar kunnen krijgen – als ze maar hard genoeg hun best doen.

Mensen met veel rood in hun gedrag zijn taakgericht, extravert, en houden van uitdagingen. Ze kunnen snel beslissen, nemen graag het voortouw en gaan risico's niet uit de weg. Het is een algemene opvatting dat rode personen *leidersfiguren* zijn. Het zijn mensen die graag de leiding nemen en vooroplopen. Ze zijn zo gedreven dat ze altijd vooruitkomen, zelfs als ze ergens door worden gehinderd. Hun karakter is perfect voor competitieve situaties. Het is dus niet ongebruikelijk dat een bestuursvoorzitter of een president veel rood in zijn gedrag heeft.

Deze vorm van rivaliteit zit in alles wat de roden doen. Je kunt misschien niet stellen dat ze voortdurend willen wedijveren en concurreren, maar als er iets te winnen valt – waarom niet? Wat ze kunnen winnen is meestal niet zo belangrijk, maar het wedstrijdelement zorgt er wel voor dat de roden alles uit de kast halen.

Een vroegere buurman, Pelle, was zo competitief ingesteld dat hij compleet nieuwe hobby's ontwikkelde. Omdat ik graag in de tuin werk, breng ik daar best veel tijd door. Dat deed Pelle niet, maar toen hij andere mensen zo vaak complimenten over mijn prachtige tuin had horen maken, werd hij het beu. Hij begon het ene project na het andere, allemaal met maar één doel: mij te overtreffen. Pelle legde tot verbazing van zijn vrouw nieuwe bloemperken aan, pootte talloze fantastische planten en bewerkte het gazon tot het op de green van een golfbaan leek. Ik hoefde maar te dreigen meer planten te kopen of hij ging weer aan de slag. Nog voordat ik kon zeggen dat hij een slecht verliezer was, was hij al naar het plaatselijke tuincentrum vertrokken.

Rode mensen zijn ook aan andere gedragingen te herkennen. Wie praat het luidst? De rode. Wie laat zich volledig gaan als hij iets moet uitleggen? De rode. Wie antwoordt het snelst op vragen? Opnieuw rood. Wie geeft, tijdens een gezellig etentje, onomwonden zijn mening over van alles en nog wat? En wie haalt het in zijn hoofd om op basis van een programma dat hij op tv heeft gezien een heel werelddeel te veroordelen?

In het gezelschap van rode personen zal er altijd wat gebeuren. Ze kunnen niet stilzitten. Inactieve tijd is verspilde tijd. Het leven is kort, je kunt maar beter meteen aan de slag gaan. Herken je het type? Altijd in de weer. Ga dus maar even opzij, want nu gaan we los.

Hier mag je zeggen wat je wilt – serieus

Rode personen hebben geen probleem om *te zeggen waar het op staat*. In specifieke kwesties laten ze meestal zonder veel omhaal van woorden precies weten wat ze ervan vinden. Ze hebben niet de behoefte om hun mening in allerlei holle frasen te verpakken. Als een gedachte bij hen opduikt, krijgen we die meteen te horen. Ze hebben over vrijwel alles een mening, die ze snel en effectief verkondigen.

Een veelgehoorde opmerking is dat rode personen zo eerlijk zijn omdat ze hun eigen waarheden tegen mensen durven te uiten. Zelf begrijpen ze niet wat er aan de hand is. Ze zeggen immers alleen maar waar het op staat.

Als je iemand nodig hebt met extra energie kan het goed zijn om een rode persoon aan het team of de projectgroep toe te voegen. Onverdroten zwoegen ze verder, terwijl anderen het allang hebben opgegeven. Dat wil zeggen, als ze hebben besloten dat ze willen slagen. Een opdracht die niet langer interessant of zinvol is, kan door een rode persoon volkomen worden genegeerd.

Ik noem dit verschijnsel *doorpezen of wegwezen*. Als een rode persoon de opdracht belangrijk genoeg vindt, zal hij er alles aan doen om die af te maken. Als hij het idee heeft dat de opdracht zinloos is, verdwijnt die in de prullenbak.

RODE PERSONEN beschouwen zichzelf meestal als:

Drijvend	Competitief	Tijdsbewust
Vastberaden	Zelfstandig	Overtuigend
Ambitieus	Snel	Wilskrachtig
Resoluut	Doelbewust	Resultaatgericht

Wat vind je ervan? Laten we verdergaan – plankgas!

Valt er iets te winnen? In dat geval doe ik mee

Rode personen houden dus van competitie. Ze waarderen het licht antagonistische element van het wedijveren – winnen in takken die misschien alleen in het bewustzijn van de roden bestaan. Het kan een potje kaarten zijn, of het vinden van de beste parkeerplaats. Of het winnen van de vijfkamp tijdens de festiviteiten op midzomeravond, terwijl die in feite alleen maar bedoeld is om elkaar beter te leren kennen en de andere deelnemers het helemaal niet als een wedstrijd zien. Voor een rode persoon is dit echter heel natuurlijk, omdat hij zichzelf als een winnaar ziet.

Laat me een voorbeeld geven. Ik werkte ooit bij een bedrijf met een rode bestuursvoorzitter. Hij was energiek en effectief – uiterst dynamisch dus. Vergaderingen onder zijn leiding duurden nooit lang. Maar hij had een zwak voor het wedstrijdelement. In zijn jonge jaren had hij floorball gespeeld en op deze werkplek werd elk voorjaar een floorballtoernooi georganiseerd, dat al voor zijn aantreden heel populair was.

Hij wilde natuurlijk meedoen. Geen enkele bestuursvoorzitter voor hem had dat ooit gedaan, maar dat was niet het probleem. Het probleem was dat hij een compleet ander mens werd zodra hij de stick in zijn handen had. Wild van wedstrijdlust rende hij iedereen omver die hem voor de voeten liep.

Dit ging zo een paar jaar door, tot iemand tegen hem durfde te zeggen dat hij nogal ruw optrad – het was maar een spelletje. De bestuursvoorzitter begreep er niets van. Hij pakte de uitnodiging erbij, waarop FLOORBALLTOERNOOI stond. Toernooi duidt op een wedstrijdelement, en als je een wedstrijd speelt, doe je dat om te winnen. Zo eenvoudig was het.

Hij wedijverde in het verkeer, op het floorballveld, in zaken. Geen enkel terrein was te onbeduidend om er een wedstrijd van te maken. Hij daagde zelfs zichzelf uit hoe snel hij een boek kon lezen. Wat voor anderen ontspanning was, werd voor hem een wedstrijd. Honderd bladzijden in een uur moest kunnen.

Op een gegeven moment bleek zelfs dat zijn vrouw hem had verboden memory met zijn kinderen van vijf en zes jaar te spelen. Omdat ze een veel beter geheugen hadden en ook echt beter speelden dan hij, wonnen ze vrijwel altijd en in zijn frustratie had hij hen meermaals behoorlijk bang gemaakt.

Laten we, voordat je denkt dat hij een onsympathieke vent was, eerst eens naar zijn bedoelingen kijken. Dit soort intens en prestatiegericht gedrag is voor andere mensen vaak storend, omdat ze denken dat het om dominantie en onderdrukking gaat. Maar niets is minder waar. Deze man had zelden echt kwade bedoelingen. Hij wilde alleen maar winnen.

Dit is een van de grootste uitdagingen van de roden. Het is niet ongebruikelijk dat andere mensen zich aan hen ergeren omdat ze zulke sterke persoonlijkheden zijn. Verderop in het boek zal ik vertellen hoe je met deze individuen omgaat, maar ik kan nu al onthullen dat het vrij eenvoudig is.

TIJD IS GELD

Rode personen hebben haast. Punt. Ga verder

Voor rode personen is snel synoniem met goed. Als je tijdens een vergadering ineens merkt dat een van de aanwezigen iets heel anders aan het doen is, dan is het goed mogelijk dat het om een rode persoon gaat die zijn belangstelling heeft verloren. Als je beter naar hem kijkt, zul je zien dat hij met zijn gedachten ergens anders is. Bijvoorbeeld bij de volgende stap in het proces dat wordt besproken. Omdat rode personen zo snel denken, zijn ze vaak al veel verder dan de anderen.

Er zijn maar weinig dingen die een rode persoon meer ergeren dan traagheid. Als een vergadering of discussie uitloopt, kan hij zomaar interrumperen en vragen of het echt nodig is dit nog verder te bespreken. We hebben het er al twintig minuten over. Mijn god, het gaat maar om een investering van een paar miljoen. Hoe moeilijk kan het zijn?

Als je erover nadenkt, hebben ze vaak gelijk. Als anderen in een groep moeite hebben om iets te besluiten, is de rode in zijn streven om vooruit te komen vaak bereid om welk besluit dan ook te nemen. Met een rode persoon in je team zal niets op de lange baan worden geschoven. Als puntje bij paaltje komt is het toch altijd beter om *iets* te doen dan *niets*. Nietwaar?

De voordelen zijn duidelijk. We hebben het over mensen die geen tijd verspillen aan dingen die niet vooruit leiden. Zodra een opdracht onduidelijk dreigt te worden of te lang gaat duren, zal de rode persoon ervoor zorgen dat het tempo erin blijft, of het nu een bepaald project, een gewone arbeidstaak of de bouw van een huis betreft. Het werk moet af.

Een jaar of vijftien geleden kreeg ik een baan bij een klein adviesbureau met een tiental werknemers. Het was een vlotte organisatie met een grote ondernemersgeest en een goed bedrijfstempo. Dat ze zo effectief waren, was mede te danken aan de persoonlijkheid van de rode oprichter. Voor Björn ging niets snel genoeg. Vergaderingen duurden nooit langer dan strikt noodzakelijk.

De tweede of derde week op mijn nieuwe werk stond ik in een file toen mijn mobieltje ging. Ik keek op het display en zag dat het Björn was. Ik nam – precies zoals ik had geleerd toen ik bij het bureau begon – op met *welkom, mijn naam* en *de naam van het bureau.*

Hij onderbrak me ongeduldig met een vraag.

'Heb jij me gebeld?'

'Nee,' antwoordde ik en ik wilde nog iets zeggen. Maar daar kreeg ik de kans niet voor.

'Oké,' zei hij en hij drukte me weg.

Acht seconden.

Onvriendelijk? Tja, destijds kenden we elkaar nauwelijks. Ik moet bekennen dat ik het – in elk geval op dat moment – best een beetje verontrustend vond. Pas drie weken bij het bedrijf en de boss himself belt, en hij klinkt ook nog eens vertoornd.

Toen we elkaar beter hadden leren kennen – en ik had ontdekt dat Björn rood was – vroeg ik hem waarom hij zo kortaf was geweest aan de telefoon. Behalve dat hij zich het voorval natuurlijk niet herinnerde, zei hij dat hij waarschijnlijk alleen had willen weten of ik geprobeerd had hem te bereiken. Toen bleek dat ik dat niet had gedaan, was er voor hem geen reden geweest om verder te praten. Tijd verspillen aan beleefdheidsfrasen of uitgebreid afscheid nemen was niets voor hem.

Tegelijk was dit iemand met een ongebruikelijk hoge arbeidscapaciteit. Björn deed op een gewone werkdag meer dan de meeste mensen. Hij heeft nog steeds het unieke vermogen om elk vrij moment te benutten. Een gaatje van vijf minuten vult hij met het schrijven van een mail, het plegen van een telefoontje of het doornemen van een protocol. Als je er van buitenaf naar kijkt, lijkt dit misschien een onnodig streven naar efficiency. Maar een rode persoon heeft een hekel aan inactiviteit. Er moeten dingen gebeuren. Voeg daar het gevoel van constante haast aan toe en er wordt gewoon een heleboel gedaan.

THE SKY IS THE LIMIT – MAAR IS DAT EIGENLIJK WEL ZO?

Voor een rode persoon is een realistisch budget een laf budget. Als we onszelf niet tot het uiterste uitdagen, hebben we ons niet genoeg ingespannen. Het ambitieniveau kent gewoonlijk geen grenzen, omdat rode personen gek zijn op moeilijke opdrachten. Het rode gedrag wordt immers gedefinieerd door het vermogen om met lastige situaties en uitdagingen om te gaan.

Wanneer een persoon met rode trekken zijn doelen opstelt, gebeuren er verschillende dingen. Om te beginnen wil hij bijvoorbeeld weten hoe goed een bepaalde opdracht onder de gunstigste omstandigheden zou kunnen worden uitgevoerd. Als alle negentien parameters goed samenwerken en het ook nog eens een beetje extra meezit – zou een fenomenaal resultaat kunnen worden behaald. Omdat er aantoonbare kansen bestaan om het doel te bereiken, is alles onder dat niveau oninteressant. Als een ander er bovendien in is geslaagd het onmogelijke voor elkaar te krijgen, weet de rode genoeg.

Niets is onmogelijk – het duurt alleen wat langer. Waarschijnlijk is deze uitdrukking afkomstig van een rode persoon.

Natuurlijk is het ook belangrijk wat er met het resultaat wordt beoogd. Zo is het krijgen van een onmogelijk verkoopbudget niet voldoende. Als de rode persoon niet van verkopen houdt, interesseert het budget hem helemaal niet. Omdat hij het liefst alle beslissingen zelf neemt, zal hij zich niet gauw laten overhalen dingen te doen die hij niet leuk vindt. Maar dat is ook niet het probleem. Rode personen stellen hogere eisen aan zichzelf dan welke andere kleur ook. En ze zijn altijd bereid hard te werken. Ik zal niet zo ver gaan dat ik zeg dat niemand zo hard werkt als een rode persoon, maar ik durf wel te beweren dat hij iedereen partij kan geven.

De ambities van de rode moeten niet verward worden met een verlangen naar macht. Rode personen vinden het geen probleem om zichzelf in machtsposities te plaatsen, ze staan er zoals gezegd om bekend niet bang te zijn. Uitdrukkingen als *Het is eenzaam aan de top* en *Hoge bomen vangen veel wind* schrikken hen niet af. Dat maakt ze niet uit. Maar de macht is geen doel op zich. De macht komt echter wel goed van pas voor mensen die het prettig vinden om eigen beslissingen te nemen en niet op anderen willen wachten.

Een rode persoon kan trouwens behoorlijk pretentieloos zijn. Hij heeft weliswaar een sterk ego, maar status en prestige hebben niet dezelfde waarde als voor andere kleuren. De reden is eenvoudig. Het laat de rode meestal koud wat anderen ervan vinden. Hij is er niet voor hen – hij is er voor zichzelf.

LUISTER NAAR MIJ, WANT IK WEET HOE HET ZIT

De rode persoon geeft dus alles. Als hij een bepaalde opvatting heeft of gewoon wil dat wij het met hem eens zijn, zal hij zijn uiterste best doen.

Ik nam een keer deel aan een vergadering met mensen die elkaar niet goed kenden. Het was een groep consultants die bijeen waren om over een eventuele samenwerking te praten. Het was midden in een recessie, en we maakten ons allemaal zorgen omdat de opdrachten uitbleven. Terwijl we op de voorzitter zaten te wachten, werd er rond de tafel over van alles en nog wat gepraat.

Aan het ene hoofd van de tafel zat Elisabeth, een vrouw die overal een mening over had. Op een gegeven moment zei ze met vaste blik dat bedrijf x nog steeds ongeveer zeshonderd miljoen kronen (€58,3 miljoen) per week verdiende, ondanks de recessie. Zo'n vijftien consultants, allemaal goed opgeleide, weldenkende en intelligente mensen, knikten eensgezind. Stel je voor – zeshonderd miljoen! Per wéék!

Terwijl Elisabeth uitlegde hoe de situatie binnen de consultancywereld moest worden opgelost, zat ik een beetje na te denken over de cijfers. Ik zei niets, omdat ik geen idee had waar haar informatie vandaan kwam. Die kon correct zijn, maar ook gefingeerd. Ik wist het eerlijk gezegd niet. Terwijl ik wachtte tot de vergadering officieel zou beginnen, probeerde ik uit te rekenen hoeveel zeshonderd miljoen per week in een jaar was. Het papier was niet groot genoeg.

Na de vergadering kwam het antwoord op mijn overpeinzingen. Ik zat in een taxi op weg naar de volgende bijeenkomst toen de chauffeur de radio aanzette. Op het nieuws vertelde iemand dat bedrijf x naar schatting tussen de acht en negen miljoen (€ 775.000 en 875.000) per week verdiende. Ik begreep dat Elisabeth haar informatie van het nieuws had. Ik begreep ook dat acht tot negen miljoen per week veel realistischer was dan de zeshonderd miljoen waaraan zij had gerefereerd.

Maar wacht eens even. Dit vraagt om een realiteitscheck. Waarom had niemand gereageerd? Niemand in de zaal had zijn hand opgestoken en aan haar verhaal getwijfeld. Waarom niet?

Omdat ze zo overtuigend klonk! Haar gezicht was resoluut en beheerst geweest en haar stem had niet gebeefd toen ze de cijfers noemde.

Want zo zitten rode personen in elkaar. Als ze iets geloven, verkondigen ze dat als de enig geldende waarheid. Er zullen mensen zijn die dit bedrog noemen, omdat we inmiddels weten dat bedrijf x acht miljoen per week verdiende en helemaal geen zeshonderd miljoen.

Maar ik ben ervan overtuigd dat Elisabeth echt geloofde wat ze zei. Ze had iets verkeerd begrepen, dat is inderdaad waar. En details interesseren haar niet, klopt ook. Waar het mij om gaat, is dat ze zó overtuigend klonk toen ze verklaarde dat bedrijf x per week twee jaarinkomens verdiende dat we het allemaal geloofden.

Of om een goede vriend van me te citeren: 'Er zijn twee manieren om het te doen – mijn manier en de verkeerde manier.'

De rest kun je vast zelf bedenken.

ALLEEN DODE VISSEN DRIJVEN MET DE STROOM MEE

Rode personen zijn zowel baanbrekend als wilskrachtig. En als we toch bezig zijn, kunnen we ook meteen resultaatgericht en vastberaden noemen. Voor hen is het niet voldoende om te doen wat anderen doen. En dat iets lastig is, wil nog niet zeggen dat je het niet moet doen.

Rode personen zijn niet bang om beslissingen te nemen. Wanneer anderen aarzelen, nadenken en zich afvragen wat de risico's zijn, neemt de rode de controversieelste besluiten. De drijfveren van rode personen zijn meestal bijzonder sterk. Als ze eenmaal iets hebben besloten, dan gebeurt het ook.

Door hun onverschrokkenheid durven ze dingen op zich te nemen waar anderen huiverig voor zijn. Dat blijkt vaak in spannende situaties en ze zijn niet bang om het hard te spelen of lastige beslissingen te nemen. Het is geen toeval dat veel ondernemers rood zijn. Een nieuw bedrijf starten – vooral als het gebaseerd is op een volstrekt nieuw bedrijfsidee – is in onze huidige economie niets voor watjes. Het kan geen kwaad als de stuwende kracht ook echt stuwend is. Om vooruit te komen heb je een sterke persoonlijkheid nodig, moet je je ervan bewust zijn dat risico's deel uitmaken van het dagelijks leven en bereid zijn van 's ochtends vroeg tot 's avonds laat keihard te werken – jarenlang. De roden realiseren zich dit al in een vroeg stadium, maar laten zich daar absoluut niet door afschrikken.

Heb je iemand nodig om een kwestie bij de bewonersvereniging aan te kaarten? Of ben je het niet eens met de elektriciteitsleverancier die zegt dat er niets aan de meter mankeert? Of heeft de aannemer die het dak heeft gelegd en de nieuwe liften heeft geïnstalleerd misschien slordig werk geleverd en wil hij nu zijn verantwoordelijkheid niet nemen? Zelf stuit je op een muur van telefonisten en info@-adressen en je staat op het punt je bij de situatie neer te leggen als de man op de derde verdieping in het naastgelegen portiek je ineens te binnen schiet. Was hij niet behoorlijk rood? Had hij op de laatste ledenvergadering de voorzitter niet tegengesproken in de kwestie over de vuilnisophaal? Ja, zo was het.

Schakel de man van de derde verdieping in en je zult zien dat er dingen gaan gebeuren. Je moet hem misschien een beetje motiveren, zeggen dat hij er zelf ook profijt van zal hebben. Maar hij zal ervoor zorgen dat er dingen gebeuren. Een deel zal goed zijn, echt goed. De leverancier die zei dat de meter in orde was zal weer van zich laten horen. De man op de derde verdieping zal er 's nachts niet minder om slapen als iemand boos op hem wordt.

In het algemeen kun je zeggen dat de sterke kanten van rode personen meestal heel uitgesproken zijn. Ze zijn bijzonder duidelijk in hun communicatie, en je hoeft niet lang te zoeken om een rood gedrag te identificeren. Natuurlijk hebben veel rode personen in de loop der jaren geleerd zich in te houden, maar dat is meestal niet van lange duur. In volledige vrijheid zullen ze toch vol gas geven. Met alle gevolgen van dien.

HET WAS VROEGER HELEMAAL NIET BETER. VERGEET DAT MAAR, EN SNEL OOK

Als een rode persoon er eenmaal van overtuigd is dat er een betere oplossing is, houdt hij niet vast aan zijn standpunt. Hij is vlug van begrip en vindt het geen probleem om zijn mening radicaal te herzien. Een van de voordelen hiervan is dat hij ideeën van anderen niet verwerpt als hij zelf geen plan heeft. Alles wat de ontwikkeling vooruitbrengt, is het waard nader bekeken te worden.

Soms worden beslissingen wel heel snel genomen, maar de wil om voortdurend te veranderen creëert een sterke dynamiek en flexibiliteit. Als iets te lang statisch is geweest – zeg een paar weken – zal de rode het een halve slag draaien. Anderen kunnen hier gestrest van raken, maar wanneer je hem vraagt waarom hij iets heeft veranderd wat goed werkte, kan het antwoord zijn: omdat ik het kon.

Natuurlijk zijn er keerzijden. Rode mensen verliezen eerder dan anderen hun belangstelling voor wat al is bereikt en de omgeving weet nooit wat er gaat gebeuren. Wanneer groene en blauwe personen aan de nieuwe organisatie beginnen te wennen en denken te begrijpen hoe die werkt, is de rode persoon al met de volgende stap bezig.

Goed of slecht? Wat vind jij?

CONCLUSIES OVER ROOD GEDRAG

En? Ken je rode personen? Komen ze in jouw omgeving voor? Als je nader kennis wilt maken met een paar bekende Zweedse rode personen kun je altijd even bij de voormalige premiers Fredrik Reinfeldt en Göran Persson langsgaan. Of bij de acteur Mikael Persbrandt of de crosscountryskiër Gunde Svan. Het is interessant om te zien hoe Reinfeldt en Persson hebben geleerd om in het openbaar op te treden, kalm en beheerst, en dit te vergelijken met hun basisgedrag. Internationaal hebben we Barack Obama en Moeder Teresa, en in Nederland zijn er bijvoorbeeld Louis van Gaal of Niels Gomperts.

Ja, echt waar. Als je bedenkt wat Moeder Teresa heeft gepresteerd, hoeveel kracht er nodig was en wie ze allemaal heeft gesproken – de belangrijkste wereldleiders – om te bereiken wat ze bereikte, dan besef je ongetwijfeld dat ze een uitermate doelbewuste en sterke persoon was. Een typisch rood profiel.

HOOFDSTUK 5

HET GELE GEDRAG

HOE JE IEMAND HERKENT DIE HET CONTACT MET DE AARDE KWIJT IS, EN WAT JE MOET DOEN OM HEM TERUG TE HALEN

Wie gaat deze leuke klus doen? Ik wil erbij zijn!

In de hippocratische wereld zijn we nu aanbeland bij de sanguinicus. Met welke synoniemen kan hij worden beschreven? De *optimist* en de *positivist*, iemand met een zonnige kijk op het leven? Ik ben zelfs het epitheton *man van mogelijkheden* tegengekomen… wat vind je daarvan? Feit is dat het een bijzonder goede omschrijving is van het gele gedrag. Dit zijn mensen die leven om te leven en die altijd mogelijkheden zien om te kunnen genieten. Het leven is een feest, waar gele personen het maximale uit willen halen. Plezier maken en aldoor lachen is hun drijfveer. En waarom niet? Ik bedoel, ergens op aarde schijnt toch altijd de zon.

Ken je iemand voor wie de zon altijd schijnt, terwijl alle anderen donkere wolken zien? Heb je weleens iemand ontmoet die kan lachen hoewel hij in geen maanden goed nieuws heeft gehoord? Dan heb je een gele persoon ontmoet. Ben je weleens op een feestje geweest waar je je afvroeg waarom iedereen rond een bepaalde persoon, man of vrouw, zwermde? Tja, in het midden van de kring staat een gele persoon die iedereen vermaakt die vermaakt wil worden. Gele mensen zorgen voor een optimale stemming en maken overal een echt feest van. En als het niet leuk meer is, gaan ze naar een andere plek waar de sfeer beter is.

De gele persoon is makkelijk te herkennen. Het is degene die de hele tijd aan het woord is. Die antwoorden geeft in plaats van vragen stelt. Vaak op vragen die niemand heeft gesteld. Die een vraag beantwoordt met een verhaal dat soms helemaal niets met de zaak te maken heeft. Maar dat maakt niet uit, want hij zal je in een goed humeur brengen. En door zijn onwrikbaar positieve houding kun je niet lang boos op hem blijven.

Ik durf zelfs te beweren dat gele personen populairder zijn dan anderen. Hoe kan ik zoiets zeggen? Kijk zelf maar. Ze entertainen, brengen je in een goed humeur, en er zullen altijd leuke dingen gebeuren als zij in de buurt zijn. Ze weten hoe ze de aandacht moeten trekken, en hoe ze die moeten vasthouden. Ze geven je het gevoel dat je belangrijk bent. Ze zijn gewoon verdomd aardig.

Het zijn ook echte gevoelsmensen. Net als de roden nemen de gelen snelle beslissingen, die ze meestal niet met rationele motieven kunnen verklaren. *Het voelde goed*, is een waarschijnlijker argument. En intuïtie moet natuurlijk niet worden onderschat. Er zijn studies die aantonen dat intuïtie vaker klopt dan we denken. Maar we hebben het hier niet over dat soort intuïtie. Hier gaat het om beslissingen die vooral op een gevoel zijn gebaseerd omdat de gedachte ontbreekt.

Ik heb een zus die geel is. Ze is zo makkelijk in de omgang dat ik nooit iemand een negatief woord over haar heb horen uiten. Echt nooit. Ik ben misschien bevooroordeeld, maar ik heb nog nooit iemand ontmoet die haar niet meteen aardig vindt. Ze heeft een volkomen uniek vermogen om iedereen die ze tegenkomt te bereiken.

Marita zegt vaak heel grappige dingen. Maar die zijn soms zo merkwaardig dat ik haar moet vragen wat ze eigenlijk bedoelt. Meestal antwoordt ze schaterlachend: 'Ik bedoel helemaal niets!'

In veel opzichten is het bevrijdend om bij haar en haar man Leif op bezoek te gaan. Het is zo fijn om te worden meegezogen in hun bijna onbegrijpelijke vermogen om overal lichtpuntjes in te zien dat mijn eigen luchtige kant bovenkomt. Ik ben nooit zo vrolijk en ongedwongen als wanneer ik bij hen ben. Ik heb me jarenlang afgevraagd hoe dat kwam en ben tot de conclusie gekomen dat geel gedrag gewoon besmettelijk is.

'Volgens mij gaat het regenen,' kan ik tegen mijn zus zeggen.

'Dat kan ik me niet indenken,' antwoordt zij.

'Daar begint het al,' zeg ik en ik wijs naar buiten. 'Het ziet er behoorlijk donker uit, misschien gaat het straks ook onweren.'

'Dat kan best,' zegt zij, 'maar daarna komt de zon! Wacht maar af.' En dan lacht ze. Opnieuw. Terwijl de tuin dichtgroeit, zit zij schaamteloos op de bank te lachen. En ik, en alle anderen, lachen mee omdat het zo aanstekelijk is.

HOE MEER ZIELEN, HOE MEER VREUGD EN JOUW VRIENDEN ZIJN MIJN VRIENDEN...

Mensen met veel geel in hun gedrag zijn gefocust op het creëren van relaties. Ze zijn extravert en kunnen bijzonder overtuigend zijn. Ze raken makkelijk enthousiast en opgewonden en vertellen anderen, ook volslagen vreemden, graag over hun gevoelens.

Gele personen kunnen met iedereen praten. Ze zijn absoluut niet verlegen en vinden de meeste mensen die ze tegenkomen aardig. Ook onbekenden worden als iets positiefs gezien – het zijn gewoon kennissen die je nog niet hebt leren kennen.

Een veelgehoorde opmerking is dat gele personen enorm positief zijn, omdat ze voortdurend glimlachen en lachen. Het is ongetwijfeld een van hun beste eigenschappen. Hun optimisme is onverwoestbaar. Als anderen zeggen dat het helemaal de verkeerde kant op gaat met de wereld, zeggen gele mensen: *Maar wat een prachtig uitzicht onderweg!*

Net als rode personen hebben de gelen heel veel energie. Ze vinden vrijwel alles interessant en zijn nieuwsgierig als geen ander. Alles wat nieuw is, is leuk en ze steken bijvoorbeeld veel energie in het vinden van nieuwe manieren om hun werk gedaan te krijgen.

Wie krijgt de meeste kerstkaarten, denk je? Gele personen. Wie heeft de meeste contacten in zijn mobieltje? Inderdaad – de gelen. De meeste vrienden op Facebook? Ik zie dat je het snapt – de gelen. Ze hebben echt overal vrienden en kennissen, en ze houden met iedereen contact om op de hoogte te blijven. Want gele personen willen weten wat er gebeurt. Ze willen erbij zijn als er iets gebeurt, en ze zullen hun uiterste best doen om elk feest bij te wonen.

GELE PERSONEN beschouwen zichzelf meestal als:

Enthousiast	Charmant	Overtuigend
Extravert	Inspirerend	Optimistisch
Flexibel	Open	Creatief
Spontaan	Makkelijk in de omgang	Communicatief

Ik besef dat je nu al heel geïnspireerd bent. Laten we daarom wat beter naar de details kijken.

IS HET NIET FANTASTISCH? IK BEN ER HELEMAAL WEG VAN!

Als iets kenmerkend is voor het gele gedrag, dan is het wel het onbegrensde optimisme en enthousiasme. Slechts weinig dingen kunnen het goede humeur lang weghouden. Het hele wezen van de gele is op maar één ding gefocust: mogelijkheden vinden en oplossingen zien.

Hippocrates noemde gele mensen in zijn tijd al sanguinici, en puur taalkundig betekent het gewoon optimisten. In feite is niets een probleem. Alles zal goed komen. Dat de wereld momenteel zorgen en problemen heeft, is eigenlijk niet relevant. Gele individuen zijn onverbeterlijk positief en met vrolijke uitroepen en leuke anekdotes monteren ze hun omgeving op.

Ik weet niet waar de enorme energie van de gele vandaan komt, maar ze is gericht op plezier hebben en op de omgang met anderen. Iedereen moet meedoen, en een gele persoon staat niet toe dat iemand het hoofd laat hangen.

Een goede vriend van mij is geel. Micke heeft in zijn leven voor heel wat uitdagingen gestaan. Zijn vrouw heeft hem verlaten, zijn kinderen hebben problemen op school gehad en hij is verschillende keren zijn baan kwijtgeraakt omdat zijn werkgevers failliet gingen. Ik ben de tel kwijt van de keren dat hij in zijn auto is aangereden, dat er bij hem is ingebroken en dat er dure spullen van hem zijn gestolen. Soms durf ik amper op te nemen als ik zie dat hij belt. Ik ken eerlijk gezegd niemand die zo door pech wordt achtervolgd als Micke.

Maar het bijzondere is dat hij zich er nooit door laat ontmoedigen. Natuurlijk is hij verdrietig als de nare dingen gebeuren, maar hij lijkt niet lang neerslachtig te kunnen blijven. Meestal bruist en borrelt hij vanbinnen.

Ik herinner me een keer toen we allebei nog vrij jong waren. Hij had net een oude Alfa Romeo gekocht. Het was een tweepersoonswagen met twee portieren, ernstig verroest, en dat hij überhaupt nog kon rijden was een wonder. Toen Micke de auto een week had, botste hij tegen een lantaarnpaal en kon niet aan de bestuurderskant uitstappen. Toen ik hem later sprak, vroeg ik bezorgd hoe hij zich had gered, of hij zich had bezeerd. Zijn antwoord?

Niets aan de hand! Er was immers nog een portier!

DE OPTIMISTISCHE CONSULTANT SLAAT WEER TOE. EN NOG EEN KEER

Omdat gele mensen zo positief en opgewekt zijn, verspreiden ze veel vreugde en warmte om zich heen. Door hun onverwoestbare optimisme breken ze effectief alle weerstand af.

En wie kan verdrietig blijven als iemand anders voortdurend op de lichtpuntjes wijst? Hoe kun je je niet laten inspireren door iemand die weigert een halfleeg glas te zien? Voor wie het glas altijd halfvol is?

Een van mijn klanten is salesmanager bij een farmaceutisch bedrijf. Marianne heeft via de zogeheten lange weg carrière gemaakt binnen het bedrijf. Haar leidinggevenden en collega's zijn het er allemaal over eens dat haar succes aan één ding te danken is: haar vermogen om haar omgeving te inspireren.

Ik heb een paar keer een salesmeeting van Marianne met haar verkopers bijgewoond. Ik beschouw mezelf als een redelijke inspirator, maar petje af voor Marianne. Binnen een paar minuten is het dak eraf, en als ze de verkopers zou vragen door het raam te springen, zouden ze het waarschijnlijk doen. Hoewel ze op de zesde verdieping zitten. Als zij praat, klinkt alles namelijk heel makkelijk.

Het is een goed idee om door het raam te springen! We kunnen het. Laten we het doen!

En de groep springt haar achterna. Met haar optimisme en positieve zienswijze weet ze als geen ander mensen tot grootse daden aan te zetten, gewoon door haar ogen te sluiten voor het negatieve. Door pure inspiratie tilt ze het zelfvertrouwen van anderen tot ongekende hoogten.

Ik heb een keer gezien hoe ze met een woedende klant omging die vond dat haar organisatie hem slecht had behandeld. Waarschijnlijk niet ieders droomsituatie. Maar voor Marianne bleek het geen probleem te zijn. Door in principe alleen maar naar de klant te glimlachen en te weigeren naar zijn negatieve opmerkingen te luisteren, kreeg ze het voor elkaar dat zijn woede verdween, er een voorzichtige glimlach op zijn gezicht verscheen en hij uiteindelijk stond te schaterlachen. Hoe dat precies ging? Ik geloof niet dat ze het achterliggende proces zelf kan verklaren. Het ging gewoon vanzelf.

WAT GEBEURT ER ALS WE ALLES OP ZIJN KOP ZETTEN?

Vindingrijkere mensen dan de gelen bestaan niet. Als ze ergens talent voor hebben, is het wel om oplossingen te vinden waar niemand anders die ziet. Ze hebben een uniek vermogen om de dingen van alle kanten te bekijken en zo verder te komen. Kort gezegd: ze zetten alles op zijn kop. Denken buiten de kaders. Noem het zoals je wilt, maar hun manier van denken volgt niet altijd een gegeven patroon.

Het gaat vlug: het intellect van gele mensen is heel snel, waardoor het moeilijk kan zijn om hen te volgen. En soms kunnen ze niet goed uitleggen wat ze eigenlijk bedoelen met hun vaak wilde ideeën.

Een goede vriend van mij vindt het leuk om met zijn huis bezig te zijn. Alles wat met woninginrichting en tuindesign te maken heeft boeit hem. Volgens mij zou Robban zelfs stiekem zijn huidige baan willen ruilen voor een fulltimebaan in de interieurbranche.

Ik heb het zelf gezien, maar ik heb vooral van zijn vrouw gehoord hoe het gaat. Hij maakt een rondje door zijn tuin. Zij begint van tien terug te tellen. En het is altijd raak. 'Schat, ik heb een idee,' zegt Robban als ze bij zeven is.

Ik denk dat dit verschillende oorzaken heeft. Deels kan hij makkelijk in plaatjes denken. Hij ziet dingen voor zich, lang voordat ze er zijn. Bovendien is hij moedig, hij is niet bang om nieuwe dingen uit te proberen. Of om erover te praten. Zijn mond begint gewoonlijk meteen te bewegen als hij een idee krijgt.

Ik heb zelf met een gele persoon gewerkt die tijdens het oversteken van een straat heel goede zakelijke ideeën bedacht gewoon door om zich heen te kijken. Hoe dat werkt? Ik weet het niet precies. Een tijdlang hebben we hem gevraagd zijn voorstellen op te schrijven, en wat er daarna gebeurde, vertel ik in het stukje over *zwaktes*.

Het helpt ook dat de gele zelden beperkingen voelt. Hij durft in zijn creatieve proces echt buiten de geijkte kaders te treden. Kaders vormen normaal gesproken een beperking, maar gele mensen maken zich daar zelden druk om. Er zijn aanwijzingen dat gele mensen de kaders niet eens opmerken.

Heb je hulp nodig bij nieuwe plannen of ideeën – ga naar de geelste persoon die je kent. Ben je vastgelopen in je eigen gedachten, heb je een nieuwe invalshoek nodig voor een oud probleem – praat met een gele persoon. Het is niet zeker dat de ideeën die hij aandraagt kunnen worden uitgevoerd – realisme staat niet op de kaart van gele mensen – maar van het een kan het ander komen en voor je het weet, heb je iets wat werkt.

SNEEUW VERKOPEN AAN PINGUÏNS EN ZAND AAN BEDOEÏENEN

Door al hun energie en optimisme zijn gele mensen heel overtuigend. Ze laten zich makkelijk meeslepen en zien kansen en oplossingen waar anderen misschien alleen obstakels zien.

Er wordt wel gezegd dat er verschil is tussen overtuigen en overreden, en het klopt dat veel gele personen die grens soms overschrijden. Maar vaak klinkt wat ze zeggen echt heel goed. Ze verstaan werkelijk de kunst om met behulp van de taal mensen aan hun kant te krijgen.

Over taal gesproken: de meeste gele mensen hebben, zoals ik in het hoofdstuk *Lichaamstaal* (zie pagina 133) beschrijf, een rijke en gevarieerde manier van gesticuleren. Hierdoor wordt de totaalbeleving heel sterk.

Maar het gaat niet alleen om energie en wil. Gele personen drukken zich op zo'n manier uit dat we overtuigd raken. Ze spreken vaak in beelden, en beïnvloeden daarom meer zintuigen dan alleen het gehoor. En dat creëert weer een indruk die in het hele lichaam wordt gevoeld.

Ze weten het lang niet altijd zelf, maar veel gele personen zijn bekwame redenaars. Ze weten instinctief dat hun ethos, de drager van de boodschap, even belangrijk is als de boodschap zelf. Daarom doen ze hun best om jou als individu echt te bereiken. Vaak door persoonlijk te zijn en je een hand te geven. Persoonlijke opmerkingen te maken. Je het gevoel te geven dat je belangrijk bent.

President Bill Clinton schijnt daar fenomenaal in te zijn geweest. Louter door zijn aanwezigheid wist hij mensen het gevoel te geven dat ze echt gezien en gewaardeerd werden. Hij had het soort charisma dat voor veel gele personen natuurlijk is, de zichtbare belangstelling voor andere mensen, het vermogen om precies de juiste vragen te stellen, waardoor anderen het gevoel kregen dat ze belangrijk waren. Of dat hem uiteindelijk problemen met zijn gulp opleverde, weet ik niet, maar dat is ook een heel ander verhaal.

IK KEN EEN HELEBOEL MENSEN, EIGENLIJK IEDEREEN

Als gele personen hun relaties niet mogen onderhouden, zullen ze langzaam maar zeker wegkwijnen en sterven. Oké, dat is misschien overdreven, maar denk er even over na – de definitie van geel gedrag is gelegen in het vermogen om relaties aan te gaan.

De gele aard staat voor *inspiratie*. Gele mensen inspireren simpelweg hun omgeving, en dat gaat het best door relaties op te bouwen. De gele persoon weet dat in zaken de relatie het allerbelangrijkste is. Als jouw klant niets voor jou voelt, wordt het moeilijker om iets te bereiken.

Gele personen kennen iedereen. Ze hebben meer kennissen dan anderen. Ze vinden iedereen aardig. Een gele persoon hoeft iemand niet bijzonder goed te kennen om hem zijn vriend te noemen. Ken je die oude uitdrukking uit het Nieuwe Testament? *Wie niet voor mij is, is tegen mij.* Voor de gele is het precies andersom. Wie niet actief tegen mij is, is natuurlijk *voor* mij. Waar rode mensen vragen *wat* er moet gebeuren, willen gele mensen meteen weten *wie* het gaat doen. Deze vraag is bepalend voor hun betrokkenheid. Als het team of de groep niet functioneert, zal de gele zich niet senang voelen. Hij heeft functionerende relaties nodig om tot zijn recht te komen.

CONCLUSIES OVER GEEL GEDRAG

Wat denk je? Heb je weleens een echt gele persoon ontmoet? Een bekend voorbeeld uit de wereldpolitiek is George Bush junior. Al zijn blunders zullen de geschiedenis in gaan, en dat waren dingen die recht uit zijn hart kwamen. Niemand zal vergeten dat hij tijdens een topontmoeting de schouders van Angela Merkel begon te masseren. Dat noem ik nog eens toegeven aan een spontane inval. Internet staat vol met zijn blunders, maar zo gaat dat nu eenmaal met gele personen. Ze begaan blunders. Bekende Zweden met duidelijke gele trekken zijn de atlete Carolina Klüft, de journalist en presentator Sven Melander, de zangeres en actrice Babben Larsson, de schrijver en artiest Jonas Gardell, de leider van de christendemocraten Göran Hägglund en prinses Madeleine. En dan hebben we het nog niet over het duo Filip en Fredrik gehad… probeer daar maar eens tussen te komen. Bekende Nederlanders met gele eigenschappen zijn Paul de Leeuw of Jan Versteegh.

HOOFDSTUK 6

HET GROENE GEDRAG

WAAROM HET ZO MOEILIJK IS OM DINGEN TE VERANDEREN – EN HOE DAT TOCH LUKT

Hoe gaan we dit aanpakken? Er is toch… geen haast bij geboden?

De groene persoon is het gewoonst, in principe zul je hem dus overal tegenkomen. Om op een eenvoudige manier uit te leggen wie hij is, zou ik hem willen beschrijven als de doorsnee van de andere kleuren. Dat is niet negatief bedoeld, je kunt zelf bedenken wat het in feite betekent. Waar de roden gestreste prestatiewonderen zijn, de gelen creatieve fuifnummers en de blauwen (zie pagina 67) perfectionistische Excelfanaten, zijn de groenen evenwichtiger. Ze bieden een goed tegenwicht tegen de andere extreme persoonlijkheidstrekken. Flegmatici, noemde Hippocrates hen. Aardemensen, zeiden de Azteken. *Traag*, *langzaam*, *bedaard*, *indolent*, *onverschillig* en *kalm* volgens velen.

En het is gewoon een feit: niet iedereen kan extreem zijn – dan zouden we niets voor elkaar krijgen. Niet iedereen kan een gedreven leiderstype zijn, omdat er niemand zou zijn om te leiden. Niet iedereen kan een vrolijke entertainer zijn, omdat er niemand zou zijn om te vermaken. En als iedereen een controlfreak was, zou er niets zijn om te controleren.

Dit betekent dat groene personen niet op dezelfde manier opvallen als de anderen. En dat brengt vaak rust in een situatie. Waar de rode en de gele op volle toeren draaien, doet de groene het beduidend rustiger aan. En waar de blauwe vastloopt in details, probeert de groene af te tasten wat goed is.

Een groene vriend zal je verjaardag niet vergeten. Hij zal je je succes niet misgunnen, en hij zal niet met de eer gaan strijken door zijn eigen verhaal te vertellen. Hij zal niet proberen je de loef af te steken, en hij zal je niet opjagen en stressen door voortdurend nieuwe en hogere eisen te stellen. Hij zal je ook niet als een concurrent beschouwen als jullie in een dergelijke situatie zouden belanden. Hij zal niet de leiding nemen als hij daar geen mandaat voor heeft. Hij zal ook niet…

Maar wacht eens even, hoor ik je denken. Dat zijn allemaal dingen die hij *niet* doet. Wat doet hij dan *wel*?

Het valt niet te ontkennen dat groene mensen passiever zijn dan andere. Ze zijn niet even gedreven als de roden, niet even vindingrijk als de gelen en niet even methodisch als de blauwen. Ze zijn gewoon *als de meeste mensen.*

Juist om die reden zijn ze makkelijk in de omgang. Ze laten anderen zichzelf zijn. Ze zijn niet veeleisend en ze maken nooit onnodig ruzie. Kinderen met groene trekken worden vaak engeltjes genoemd. Ze eten wanneer dat moet, slapen wanneer dat moet en maken hun huiswerk wanneer dat moet.

Maar dat is niet het enige. Groene personen beledigen andere mensen niet als ze dat kunnen vermijden. Ze willen het liefst helemaal niemand beledigen en ze zullen geen grote mond opzetten als hun chef een vreemde beslissing neemt. (Niet in zijn bijzijn in elk geval. Bij de koffieautomaat kan het heel anders klinken, maar daarover later.) Ze proberen zich meestal aan te passen, wat hen tot evenwichtiger mensen maakt. Zo zijn ze perfect om opgewonden gele personen te kalmeren. Of om de blauwen te ontdooien, die soms nogal koel kunnen zijn.

Wij zijn bevriend met een gezin waar de man geel is; hij mag graag de paljas uithangen en in het middelpunt staan – hij bedenkt leuke spelletjes en beantwoordt alle vragen graag zelf. De anderen vormen zijn publiek en hij zal het toneel nooit verlaten. Zijn vrouw is groen. Kalm, beheerst en cool. Als hij loopt te dollen (dit zijn mensen van middelbare leeftijd), zit zij rustig glimlachend op de bank. Zij vindt het allemaal minstens zo leuk als de anderen. Als je haar vraagt of ze nooit genoeg krijgt van haar drukke, grappen makende man antwoordt ze rustig: 'Maar hij heeft het zo naar zijn zin.'

En dat is een typisch groene karaktertrek. Groene mensen zijn enorm verdraagzaam jegens de meer speciale gedragingen van andere mensen. Begint het je te dagen? Groene mensen zijn gewoon de mensen aan wie je misschien niet denkt. Dat wil zeggen de meesten.

EEN PAAR EENVOUDIGE BEGINSELEN

Groene mensen zijn de vriendelijkheid zelve. Ze bieden je een helpende hand als je die nodig hebt. Het zijn uitgesproken relatiemensen, die er alles aan zullen doen om jullie relatie te redden. En ze zullen hun leven lang in je blijven investeren. Ze weten wanneer je jarig bent, wanneer je partner jarig is, wanneer jullie kinderen jarig zijn, et cetera. Het zou me niet verbazen als ze wisten wanneer de kat was geboren.

Een veelgehoorde opmerking is dat groene mensen heel goed kunnen luisteren, en dat is waar. Een groene persoon zal altijd geïnteresseerder zijn in jou dan in zichzelf, en mocht hij toevallig wel in zichzelf geïnteresseerd zijn, dan zou het niet bij hem opkomen dat te laten merken. Groene personen werken vaak in de publieke sector, waar ze zonder aan eigen gewin te denken andere mensen helpen.

Het zijn ook uitgesproken teamspelers. Het team, de groep en het gezin zijn altijd belangrijker dan het afzonderlijke individu, en ik durf te zeggen dat een samenleving die is opgebouwd door groene personen altijd voor haar zieken en zwakken zal zorgen. Ze laten een vriend in nood niet stikken, je kunt hen op elk moment van de dag bellen. Je mag altijd op hun schouder uithuilen.

Veranderingen zijn niet hun sterkste kant, al zijn die hun niet helemaal vreemd. Als je het maar kunt onderbouwen en hun genoeg tijd geeft, kunnen ook groene mensen zich indenken nieuwe dingen te proberen. Maar je weet wat je hebt en niet wat je krijgt. En het gras is niet automatisch groener aan de overkant, om het zo maar te zeggen.

GROENE PERSONEN beschouwen zichzelf meestal als:

Vriendelijk	Rustig	Betrouwbaar
Voorkomend	Prettig	Geduldig
Voorspelbaar	Stabiel	Teamspelers
Discreet	Behulpzaam	Goede luisteraars

Dat klinkt toch aardig? Laten we er eens wat nader naar kijken.

DE BESTE VRIEND TER WERELD

Ik heb het al eerder gezegd, dit zijn van nature vriendelijke mensen. Als ze zeggen dat ze zich oprecht zorgen om je maken, kun je ervan op aan dat ze er 's nachts wakker van liggen. Net als de gelen zijn de groenen relatiemensen, en hun belangstelling voor anderen is eerlijk en gemeend.

Als je in een groep vraagt of iemand kan helpen, zal de groene niet meteen naar voren stappen en *Ik wil wel!* roepen. Hij zal om zich heen kijken en als niemand zich aanbiedt, zal hij het doen. Waarom? Omdat hij je niet in de steek wil laten. Hij weet dat het vervelend voor je is als je geen hulp krijgt, en hoewel hij passief kan zijn, zal hij altijd klaarstaan voor een vriend.

Ik herinner me nog steeds een jonge vrouw die begin deze eeuw bij hetzelfde adviesbureau werkte als ik. Maja had weliswaar ook blauwe trekken, maar ze was vooral groen. Haar probleem was evident: als iemand om hulp vroeg, gaf ze gehoor. Elke keer weer.

Haar bureau was nauwelijks te zien onder alle papieren, maar uiteindelijk kreeg ze altijd alles gedaan. We konden er altijd van op aan dat zij dingen uitzocht die wij waren vergeten. We gaven haar een werkplek bij de receptie, omdat nieuwe klanten dan als eerste haar vriendelijke, warme glimlach zagen. Ze zorgde altijd voor koffie, schikte de kussens en hield in de gaten dat klanten niet te lang hoefden te wachten.

Maja vergat nooit iemands verjaardag of naamdag. Noch die van onze echtgenotes en kinderen trouwens. Ze stuurde ons, de gestreste consultants, regelmatig discrete mails dat we ook een gezin hadden. Natuurlijk konden we onszelf redden, maar haar vriendelijkheid en hulpvaardigheid maakten het ons wel heel makkelijk. Zo was ze nu eenmaal, en als we tegen haar zeiden dat ze ook aan zichzelf moest denken, werd ze bijna boos. Ze wilde ons bemoederen, dat gaf haar gewoon een goed gevoel. Natuurlijk waren er grenzen, en Maja liep voortdurend het risico dat er misbruik werd gemaakt van haar grote hart. Maar met een zekere balans is het een heel mooie eigenschap.

Voor groene personen is dit allemaal vanzelfsprekend. Als je met een groep koffie zit te drinken, vinden zij het logisch om te vragen wie er nog een kopje wil. Terwijl andere kleuren met hun lege kopje naar het koffiezetapparaat lopen, zal de groene de hele kan halen en iedereen bijschenken.

Hij wil met iedereen op goede voet staan, daarom zal hij ook proberen mensen te helpen die hij minder aardig vindt. Anders kan er, zoals bekend, ruzie ontstaan.

Hij gaat uit van het goede in de mens. En hij stelt vertrouwen in anderen. Soms zoveel dat het verkeerd afloopt, maar dat zegt meer over de omgeving dan over de groene persoon. Hij is zo goedaardig dat anderen af en toe misbruik van hem maken.

Een vriend van mij, Lasse, is zo'n in- en ingoede man. Het maakt hem niet uit hoe druk hij het zelf heeft, als iemand hulp nodig heeft, komt hij. In zijn ijver om anderen te helpen, blijven zijn eigen klussen soms liggen.

In de weekends brengt hij kinderen, zowel zijn eigen als die van anderen, overal naartoe. Hij helpt anderen verhuizen, hij leent zijn gereedschap uit zonder dat je erom hoeft te vragen. Hij luistert als je belt om ergens over te klagen, en hij vraagt altijd of hij koffie voor je mee zal nemen als hij zelf gaat halen. Dit kost hem natuurlijk allemaal veel tijd, maar hij vindt het leuk om te doen.

ALS ZE ZEGGEN DAT ZE IETS ZULLEN DOEN, KUN JE EROP VERTROUWEN DAT HET GEBEURT

Als een groene persoon zegt dat hij iets zal doen, kun je er donder op zeggen dat hij het doet. Als hij het voor elkaar kan krijgen, zal hij het voor elkaar krijgen. Niet meteen, maar het zal in je inbox verschijnen op het moment dat je het ongeveer had verwacht. Groenen proberen hun afspraken altijd na te komen, omdat ze anders misschien problemen voor anderen veroorzaken. En omdat het goede teamspelers zijn, willen ze geen dingen doen waar het team last van kan hebben. Het team is belangrijker dan het ik, en het team kan het bedrijf, de vriendenclub, het voetbalelftal of het gezin zijn. Voor de groene is het heel natuurlijk om met iedereen rekening te houden.

Er zijn verschillende redenen waarom groene personen zo prettig in de omgang zijn. Soms speelt mee dat ze niet van conflicten houden. Maar meestal willen ze hun omgeving gewoon gelukkig maken en tevredenstellen. Als ze jou blij kunnen maken door goed werk te leveren, zullen ze dat doen. Anderen ter wille zijn is voor groene personen bijna een drijfkracht op zich. Het gaat vanzelf en kost hun geen moeite. En altijd met een soort verheven kalmte die het stressniveau van de omgeving omlaagbrengt.

WE HOUDEN NIET VAN ONAANGENAME VERRASSINGEN. HET IS GOED OM TE WETEN WAT ER GAAT GEBEUREN. ALTIJD

Je weet wat je aan het groene individu hebt. Als je hem in een bepaalde hoek hebt geplaatst, kun je erop rekenen dat hij daar blijft staan. In sommige organisaties moet je op je collega's kunnen vertrouwen. Creativiteit en vindingrijkheid staan dan niet boven aan het verlanglijstje: hier zijn mensen nodig die goed zijn in hun vak en het werk zonder ongewenste eigen initiatieven uitvoeren.

Dan neem je groene personen aan. Zij vormen de stabiele kern medewerkers die doen wat hun wordt opgedragen. Ze vinden het niet erg om een bevel op te volgen – als het maar vriendelijk is geformuleerd. Ze vinden het prettig als ze zich stabiel kunnen voelen en er een zekere voorspelbaarheid op de werkplek heerst. Of thuis. Of in de bewonersvereniging. Of op de voetbalclub.

Stel het je maar eens voor. In turbulente situaties – dat kan de recessie zijn of de komst van een nieuwe manager – zien we allerlei interessante gedragingen in een groep. Rode personen luisteren natuurlijk niet naar de hele boodschap, maar stormen weg om te doen wat volgens hen op dat moment moet worden gedaan. Als ze de directie tenminste niet de huid vol schelden, omdat ze het misschien een slecht besluit vinden. De gelen beginnen meteen wild te discussiëren en vertellen alles en iedereen precies hoe ze over het gebeurde denken. In plaats van te werken zullen ze debatteren tot de lampen uitgaan. De blauwen gaan op hun achterste benen staan en formuleren een half miljoen vragen waar nog niemand het antwoord op weet.

En de groenen? Die werken stug door. Als het management hun gevoel van geborgenheid niet ernstig heeft gesaboteerd, zullen ze zonder mopperen doorwerken. Ze gaan gewoon op de ingeslagen koers verder. Het heeft geen zin om erover te mekkeren en ze gaan verder met wat ze omhanden hadden. En dat maakt een en ander wel makkelijker. Ik zal later vertellen hoe we de groenen van richting kunnen laten veranderen, maar ze verstaan als geen ander de kunst om in kritieke situaties de stemming op een beheersbaar niveau te houden.

Je zult altijd weten wat deze persoon op bepaalde vragen zal antwoorden, omdat hij maar zelden van opvatting verandert.

Een paar jaar geleden coachte ik Greger. Greger was al een paar jaar bestuursvoorzitter en de bedrijfsleiding bestond uit louter groene middenmanagers. Hij vond het leuk om een spelletje te spelen als hij nieuwe ideeën lanceerde. Hij maakte briefjes met daarop het antwoord dat de managers volgens hem zouden geven. *Nee* van Anna. *Ja* van Stefan. *Misschien* van Bertil. Het klopte altijd. Greger kende hen en wist hoe ze op zijn voorstellen zouden reageren.

Dat zou met gele personen nooit zijn gelukt. Ze weten zelf niet wat ze gaan antwoorden als ze hun mond opendoen. Spannend – zeker. Maar op den duur vermoeiend voor de omgeving. Daar hoef je bij groene medewerkers niet bang voor te zijn.

WIE? IK? IK BEN NIET BELANGRIJK. VERGEET DAT JE ME ZAG. KIJK LIEVER NAAR DE ANDEREN

De groep zal altijd voorrang hebben boven het afzonderlijke groene individu. Het team is belangrijker dan het ik. Onthoud dat. Dit is voor een groene persoon een fundamentele waarheid, die niet al te hard moet worden uitgedaagd. De collega's, het team, de club of het gezin – al deze verschillende groepen zijn belangrijk voor een groene persoon. Hij ziet vaak af van zijn eigen behoeften, als de groep maar krijgt wat ze nodig heeft.

Misschien zeg je nu dat groepen uit mensen bestaan, en dat als alle afzonderlijke individuen tevreden zijn, de groep als geheel zich ook goed zal voelen. Dat is misschien zo, maar voor de groene ligt de focus op het collectief, en niet op het individu. Voor groene mensen geldt: als het goed gaat met de groep, gaat het goed met het individu.

Groenen houden ook zoveel mogelijk rekening met anderen. Het is onder meer om die reden moeilijk om een rechtstreeks antwoord te krijgen van een groene persoon. Hij probeert immers iedereen tevreden te stellen.

Laat me een nogal sprekend verhaal vertellen. Een paar jaar geleden werd ik op een zondag gebeld door een collega die ik eigenlijk niet bijster goed kende. Ik werkte nog maar een paar maanden met Kristoffer en ik wist niet goed wat ik aan hem had.

Toen hij me die zondagochtend belde, nam ik verrast op. Ik kon zien wie het was, maar ik had geen flauw idee wat hij op dat uur van de dag van me wilde. Hij was opgewekt en vroeg wat ik aan het doen was. Ik had net een nieuw huis gekocht en was aan het klussen. Kristoffer vroeg natuurlijk wat er deze zondag op de agenda stond en ik weet nog dat ik antwoordde dat ik me een beetje zorgen maakte om de verwarmingsketel. Het was aan het begin van de winter en een paar graden onder nul. Een van de circulatiepompen werkte niet helemaal naar behoren en ik vroeg me af of de ketel wel een flinke koudegolf aankon.

Groen als hij was stelde Kristoffer een heleboel vragen en gaf me tegelijk allerlei goede adviezen. Hij had net zo'n ketel gehad en kende bovendien een loodgieter die misschien wel even langs kon komen. Als ik dat wilde, natuurlijk. We praatten nog even door, en ik werd steeds nieuwsgieriger naar de reden van zijn telefoontje.

Hij vroeg waar ik woonde. Ik gaf hem het adres, en hij beloofde het op te schrijven en aan zijn vriend de loodgieter te geven. Toen vroeg hij ineens of ik van plan was die dag naar de stad te gaan. Ik woonde ongeveer dertig kilometer van ons kantoor, en het lag niet in mijn bedoeling die zondag te gaan werken. Dat zei ik ook tegen Kristoffer.

We kletsten nog een tijdje door, en uiteindelijk vroeg ik hem op de man af waarom hij eigenlijk belde. Toen bleek dat hij in zijn T-shirt voor het kantoor stond omdat hij zich per ongeluk had buitengesloten toen hij iets te lunchen ging halen. Ik keek op de thermometer. Het vroor twee graden en sneeuwde licht. We hadden zeker een kwartier gepraat. Ik stapte in mijn auto en behoedde hem voor een bevroren neus, of erger.

Iedereen is belangrijker. Een groene persoon verlangt gewoon niets.

IK BEGRIJP PRECIES WAT JE BEDOELT

Er wordt wel gezegd dat groene personen introvert zijn, dat wil zeggen actief in de innerlijke wereld. Dat betekent dat ze niet praten om het praten. Als je stiller bent dan de omgeving, ga je vanzelf luisteren. En ze willen luisteren. Ze zijn geïnteresseerd in jou en je ideeën.

Ze horen ook echt wat je zegt. In tegenstelling tot rode personen, die alleen maar luisteren als het hun iets oplevert, of gele, die helemaal niet luisteren – al zullen ze dat meestal ontkennen – horen de groenen echt wat je zegt. Ze hebben een oprecht oor voor menselijke problemen. Ze komen misschien niet met een oplossing, maar ze missen geen woord van wat je zegt. Dat wil echter niet zeggen dat ze het met je eens zijn of dat ze je begrijpen – maar ze kunnen goed luisteren.

Je hebt inmiddels waarschijnlijk wel geprobeerd een puzzel te leggen. Waar passen de verschillende kleuren bij? Welke banen zijn geschikt voor de ene of juist de andere kleur? Dat zijn heel natuurlijke vragen, al zijn de antwoorden niet eenvoudig. Ik zie in mijn werk vaak dat mensen ervan uitgaan dat rode en vooral gele personen goede verkopers moeten zijn. En dat is waarschijnlijk ook zo. Maar vergeet de groenen niet. Een van de belangrijkste dingen die we verkopers leren is dat ze minder moeten praten en meer moeten luisteren, iets wat de groene van nature doet.

Helena was een groene verkoper die ik een paar jaar geleden heb gecoacht. Ze was groen en heel zachtaardig. De meeste mensen begrepen niet hoe ze in die harde branche overleefde. Maar ik heb een theorie. Ze vertelde eens dat ze een afspraak had met een veeleisende concernchef voor wie iedereen veel ontzag had. Het was niemand van het bedrijf gelukt hem iets te verkopen, maar Helena had na enige coaching van mij besloten dat ze een poging wilde wagen. En het lukte haar inderdaad een afspraak te maken.

Ze liepen elkaar al op de parkeerplaats van het restaurant waar ze een lunchafspraak hadden tegen het lijf. De stuurse concernchef had een Amerikaanse slee uit eind jaren zestig. Glimmend en mooi en overduidelijk heel bijzonder. Helena zei het enige wat ze kon bedenken: 'Wauw!'

'Houd je van auto's?' vroeg de concernchef nog voordat ze elkaar hadden begroet. Helena knikte. Vervolgens vertelde hij over de auto, wat hij allemaal had gedaan om hem in deze staat te krijgen, over de lak, de velgen, de motor. Hij liet haar zien hoe het er onder de motorkap uitzag en Helena knikte en humde en hoopte dat hij geen vragen zou stellen, omdat ze geen Ford van een Chevrolet kon onderscheiden. Maar ze onderbrak hem niet en luisterde alleen. Daarna volgde een makkelijke zege. Ze gingen zitten en hij wilde het contract zien. Het leuke is dat ze meteen een deal sloot. Hoe kreeg ze dat voor elkaar? Door maar één ding te doen – te luisteren. Hij tekende het contract nog voordat het eten was geserveerd.

CONCLUSIES OVER GROEN GEDRAG

Oké. Heb je groene personen in de familie? Waarschijnlijk wel.

Bekende Zweden met groene trekken zijn de arts en schrijver Stefan Einhorn, de journaliste Lottie Knutson, de journalist, schrijver en presentator Mark Levengood en koning Carl Gustaf. De voormalige premier Ingvar Carlsson is ook een heel goed voorbeeld. Hij stelde vragen over elk mogelijk onderwerp en had een hekel aan conflicten. Hij heeft zelf gezegd dat hij zijn beslissingen zo goed verankerde dat hij soms amper wist wat er eigenlijk was besloten. En misschien Jezus. Dat was een man die wist hoe je voor anderen opkwam. En denk aan de Nederlandse sporters Lieke Martens en Tom Dumoulin.

HOOFDSTUK 7

HET BLAUWE GEDRAG

WAAROM SOMMIGE MENSEN JE ALTIJD ALS EEN SLODDERVOS ZULLEN BESCHOUWEN

Waarom moeten we dit doen? Zit er een analyse achter?

De laatste van de vier kleuren is een interessant heerschap. Je kent hem waarschijnlijk wel. Hij zegt niet veel, maar hij weet heel goed wat er om hem heen gebeurt. Waar de groene vooral met de anderen instemt, heeft de blauwe alle juiste antwoorden. Op de achtergrond is hij bezig met analyseren: sorteren, evalueren, oordelen.

Je weet dat je een blauwe persoon hebt ontmoet als je bij iemand thuis komt waar alles op een bepaalde manier is georganiseerd. Duidelijke briefjes met namen aan de haken, zodat de kinderen precies weten waar ze hun jas moeten ophangen. Een eetschema voor zes weken op de deur van de koelkast om een evenwichtig voedingspatroon te garanderen. Als je naar zijn gereedschap kijkt, zul je zien dat alles een vaste plek heeft en dat er niets ontbreekt. Waarom niet? Omdat de blauwe thuisklusser de spullen altijd op de goede plek teruglegt.

Hij is ook een pessimist, neem me niet kwalijk: realist. Hij ziet de fouten en hij ziet de risico's. En hij is de melancholicus die de cirkel sluit. Hij wordt ook wel *zwaarmoedig, droefgeestig, weemoedig, terneergeslagen, somber* en *zwartgallig* genoemd.

SORRY, MAAR DAT KLOPT VOLGENS MIJ NIET HELEMAAL...

We hebben allemaal wel zo'n vriend. Stel je de volgende situatie voor: je zit met je beste vrienden in een restaurant. Jullie hebben het over katten, voetbal of ruimteraketten. Iemand maakt een achteloze opmerking. Dat kan de rode vriend zijn, die beweert dat de Zweedse astronaut Christer Fuglesang drie keer in de ruimte is geweest, het kan de gele zijn, die vrolijk stelt dat hij als kind in dezelfde wijk in Växjö, een stadje in Zuid-Zweden, heeft gewoond als Christer Fuglesang.

De blauwe vriend schraapt zijn keel en zegt met zachte stem dat Christer Fuglesang slechts twee keer in de ruimte is geweest, dat hij de tweede keer een tank van achthonderd kilo heeft opgetild (een record in gewichtloze toestand) en dat hij helemaal niet in Växjö is opgegroeid, überhaupt niet in de provincie Småland, maar in Nacka, niet zo ver van de koninklijke hoofdstad. Bovendien, zo voegt de goede vriend er zonder een spier te vertrekken aan toe, gezien het feit dat Christer tweeënvijftig was toen hij in 2009 zijn tweede ruimtereis maakte, is het niet aannemelijk dat er nog een derde zal volgen. Die kans moet als behoorlijk laag worden ingeschat. Minder dan 5,74 procent.

Leg je er maar bij neer, mannen. Deze vent weet waar hij het over heeft. Hij maakt er geen ophef over, maar door de manier waarop hij de feiten weergeeft kun je ze niet in twijfel trekken. Hij weet waar hij de informatie vandaan heeft en kan zo het boek pakken waar het allemaal in staat.

Zo is het nu eenmaal met blauwe personen. Ze hebben meestal uitgezocht hoe alles zit voordat ze hun mond opendoen. Ze hebben gegoogeld, de gebruiksaanwijzing gelezen – en op basis daarvan doen ze uitgebreid verslag.

Maar – en dit is belangrijk om op te merken: als de vraag *niet* aan de orde komt, is het helemaal niet zeker dat de blauwe vriend iets over het onderwerp zegt. Hij heeft namelijk niet de behoefte om iedereen te vertellen wat hij weet. Natuurlijk weet een blauwe persoon niet alles, niemand kan alles weten. Maar wat hij zegt klopt meestal.

BLAUWE PERSONEN beschouwen zichzelf meestal als:

- Bescheiden
- Correct
- Detailgericht
- Grondig
- Kwaliteitsgericht
- Logisch
- Methodisch
- Nadenkend
- Ordelijk
- Systematisch
- Voorzichtig
- Zorgvuldig

Is het je opgevallen? Natuurlijk heb je het gezien. Deze keer heb ik de verschillende eigenschappen alfabetisch opgesomd – iets wat een blauwe persoon op prijs zal stellen. Wat hij daarentegen minder leuk zal vinden is dat ik niet alle eigenschappen op de volgende pagina's ga bespreken. Tegen alle blauwe individuen die dit lezen – en vermoedelijk een aantekening in de kantlijn hebben gemaakt om op mijn site te kijken of daar misschien een verklaring voor deze misser staat – wil ik alleen maar zeggen dat ik niet meer gevelde bomen op mijn geweten wil hebben dan noodzakelijk.

Waar? Details? Alsjeblieft:

DAT WAS TOCH NIET ZO BIJZONDER – IK DEED GEWOON MIJN WERK

Wat is er bescheiden aan een betweter? De perceptie van de toeschouwer is natuurlijk bepalend, maar het blijft bescheiden om er geen ophef over te maken als je het antwoord op de meeste dingen weet.

Een volstrekt blauwe persoon heeft zelden de behoefte om op de barricades te staan, op de grote trom te slaan – of zichzelf op de borst – met de bedoeling de wereld te laten zien wie de echte expert is. Voor hem is het meestal voldoende om zelf te beseffen wie het het beste weet.

Ik wil niet beweren dat het alleen maar positief is. Ik heb diverse keren meegemaakt dat ik met andere mensen voor een concreet probleem stond dat we gezamenlijk probeerden op te lossen. Na twee uur kon er dan een blauwe persoon naar voren stappen die het antwoord had. Voor hem was er nooit een probleem geweest. Hij wist hoe het met de details zat, maar omdat blauwe personen het totaalplaatje vaak niet zien, handelen ze lang niet altijd. Als ik dan vroeg waarom hij niets had gezegd toen hij zag dat we een probleem hadden dat opgelost moest worden, was het antwoord vaak: 'Je hebt me niets gevraagd.'

Het is makkelijk om je daaraan te ergeren. Maar tegelijk kan ik de blauwe begrijpen. Als hij niet wordt uitgenodigd om mee te discussiëren, is dat eerder mijn probleem. Hij wist dat hij het antwoord wist, dat was voor hem voldoende.

Er is ook geen reden om te juichen of te applaudisseren of de blauwe in het zonnetje te zetten als hij een geweldige prestatie heeft geleverd. Op zich vindt hij het niet erg als er wordt gejuicht. Hij zal knikken, de lovende woorden en de cheque in ontvangst nemen en naar zijn bureau terugkeren om met het volgende project aan de slag te gaan. Maar het is heel goed mogelijk dat hij zich afvraagt waar alle commotie eigenlijk voor diende – hij had gewoon zijn werk gedaan.

SORRY, MAAR WAAR HEB JE DAT GELEZEN? EN WELKE UITGAVE BETROF HET?

Blauwe personen houden van feiten en hebben inzicht in de bijzonderheden. Het antwoord ligt in de details, heeft iemand ooit gezegd, en ik kan me indenken dat die iemand een blauwe persoon was.

Geen enkel detail is te klein om niet te worden opgemerkt. Onnauwkeurigheid is voor een blauwe persoon geen alternatief.

Ho eens even, hoor ik je denken: dat je geen inzicht hebt in de kleinste details wil nog niet zeggen dat je onnauwkeurig bent. Maar een blauwe persoon vindt dat wel. Onvolledig inzicht is voor hem hetzelfde als geen inzicht. En wat winnen we met onnauwkeurigheid? Hoe kun je dat motiveren?

Dat kan een blauwe persoon niet. Zeg tegen een blauwe persoon dat hij de details in het nieuwe contract kan negeren, de laatste dertig paragrafen kan overslaan – er staat toch niets belangrijks in – en hij zal je heel aandachtig aankijken en zich afvragen hoe het met je geestelijke vermogens is gesteld. Hij zal niet altijd reageren, maar de kans is groot dat hij zich niets van je woorden aantrekt. Hij blijft liever de hele nacht op om alle feiten in de zaak echt te controleren.

Een paar jaar geleden probeerde ik een leiderschapsprogramma te verkopen aan de bestuursvoorzitter van een bedrijf in de verpakkingsindustrie. Het leed geen twijfel dat de man blauw was. Zijn mails waren omslachtig en nogal droog, en voor ons eerste gesprek had hij vijftig minuten uitgetrokken. Geen uur, geen drie kwartier, maar vijftig minuten. (Dat had een reden: na het gesprek had hij een lunchafspraak en het was zes minuten lopen naar de eetzaal. Voor die wandeling, en een toiletbezoek van ongeveer twee minuten, had hij dan net tijd genoeg.)

De eerste keer dat we elkaar zagen, liet hij me op een bepaalde stoel aan een bepaalde kant van de bezoekerstafel plaatsnemen. Hij vroeg niet of ik het makkelijk had kunnen vinden – wat niet het geval was, het was een volstrekt onmogelijk adres – hij vroeg niet of ik koffie of thee wilde. Hij glimlachte niet toen hij me begroette. Hij bekeek mijn visitekaartje heel zorgvuldig.

Nadat de wensen en behoeften van het bedrijf waren besproken, zei ik dat ik op mijn kantoor een offerte zou opstellen. Eenmaal achter mijn bureau begon ik te piekeren hoe ik te werk zou gaan. Normaal gesproken zijn mijn offertes tien tot twaalf pagina's lang. Ik wist dat dat hier niet voldoende zou zijn. Ik zette mijn schouders eronder en wist er minstens vijfendertig pagina's van te maken.

Ik verstuurde het materiaal in fysieke vorm, omdat het geschreven en gedrukte woord voor een blauwe persoon veel meer waard is dan het gesproken – of digitale – woord. Een week later belde ik de bestuursvoorzitter. 'Dat waren interessante thema's,' zei hij, hij was bereid met mij verder te gaan. Kon hij nu de eigenlijke offerte krijgen? Wat hij eigenlijk zei, was: 'Is er meer materiaal?'

Ik weet nog dat ik aan mijn hoofd krabde. Volgens mij had ik het programma vrij goed beschreven in de offerte. Elk moment had een tijdplan, een duidelijk doel en een duidelijke ambitie. Ik had achtergrondfeiten gegeven, referenties en bronverwijzingen.

Maar een verkoper geeft nooit op, dus ik ging er weer voor zitten en deed mijn uiterste best. Deze keer lukte het me wel zo'n vijfentachtig pagina's vol te krijgen: elk onderdeel opgedeeld in intervallen van twee uur, nog meer achtergrondmateriaal, voorbeelden van oefeningen, analyse-instrumenten, mallen, de hele santenkraam. Details op een niveau waar een gele klant misselijk van zou worden.

Tevreden met mezelf verstuurde ik het hele zaakje.

Het duurde een paar weken voordat ik iets van de bestuursvoorzitter hoorde. Ik vroeg of hij genoeg wist om een besluit te nemen. Want hij had echt heel veel informatie tot zijn beschikking.

'Is er nog meer materiaal?' vroeg hij.

Hm. Deze keer wilde hij naar mijn kantoor komen. Negentig minuten lang zaten we aan dezelfde kant van de tafel in de vergaderruimte van mijn kantoor… de inhoudsopgave van de offerte door te nemen. Hij had de algemene voorwaarden (lees: de kleine lettertjes) op A1-formaat vergroot en naast elke paragraaf stonden vragen en aantekeningen. Na afloop zei hij met een volkomen uitdrukkingsloos gezicht dat dit voor hem de beste bijeenkomst in jaren was. Maar wat hij zich eigenlijk afvroeg, was: 'Is er nog meer materiaal?'

Ik deed hem uitgeleide en ging even zitten. Meer materiaal? Ik stuurde hem de hele opleidingsmap (dit was voor het tijdperk van e-learning en virtuele klaslokalen), die meer dan driehonderd pagina's bevatte en waarin elk kwartier van de vijftiendaagse cursus in vijf verschillende elementen van leiderschap was verantwoord.

Dit was al het materiaal dat ik had, zelfs informatie over wanneer de koffiepauzes moesten worden ingepland, exact welke vragen aan de afzonderlijke deelnemers van de cursus moesten worden gesteld, hoe de ruimte gemeubileerd moest worden, de hele mikmak. Ik verklaar plechtig dat er geen leemten waren.

Ik dacht dat hij nu wel tevreden moest zijn.

Een maand later vroeg hij of er nog meer materiaal was.

Dat was er niet.

Er wordt vaak gedacht dat blauwe personen geen beslissingen kunnen nemen, maar dat is niet helemaal waar. Het ging er niet om dat deze bestuursvoorzitter de beslissing voor zich uit schoof of dat hij niet kon beslissen. Hij had gewoon niet de behoefte om een beslissing te nemen. Voor hem was het proces naar de beslissing toe veel interessanter. En hij wilde alleen maar weten of er nog meer materiaal was.

WAAROM SOMMIGE MENSEN ER NOG ZOVEEL NACHTJES OVER MOETEN SLAPEN DAT JE BIJNA GAAT DENKEN DAT ZE IN WINTERSLAAP ZIJN GEGAAN

Het bovenstaande voorbeeld illustreert nóg een belangrijke eigenschap van blauwe personen. Ze zijn doorgaans erg voorzichtig. Vaak gaan ze voor zekerheid. Waar een rode of gele persoon de gok zou nemen, wacht de blauwe af en denkt er nog een keer over na. Want er kunnen toch meer variabelen zijn waar je rekening mee moet houden, nietwaar? Een blauwe persoon wil alles tot op de bodem uitzoeken voordat hij actie onderneemt.

Er bestaat een oude mop over wie de beste jurist is. Volgens de grap is het degene zonder armen, want die kan zijn handen niet opsteken en *enerzijds, anderzijds* zeggen.

Dit kan op allerlei verschillende manieren tot uiting komen. Feit is dat voor blauwe mensen het middel belangrijker is dan het doel, precies het tegenovergestelde van wat voor rode mensen geldt. Dit kan er natuurlijk toe leiden dat er geen beslissingen worden genomen, en het betekent ook dat blauwe mensen zelden grote risico's nemen. Geen risico's nemen is een garantie voor een voorspelbaar leven, daar kunnen we het wel over eens zijn. Ik zeg niet hoe opwindend en inspirerend jíj dat zou vinden, ik stel alleen een feit vast.

Soms begint de blauwe persoon ergens niet aan omdat hij de risico's niet kan inschatten. Ik heb ooit een blauwe verkoper ontmoet die van huis uit ingenieur was. Zijn stelling was dat de beste deal heel goed de deal kan zijn die je *niet* sluit. Risicobeoordeling is een ingewikkeld iets, en wie weet welke gevaren er allemaal op de loer liggen. Over het algemeen lossen blauwe personen een en ander op door geavanceerde systemen op te zetten die eventuele risico's opvangen. Ze zetten drie wekkers. Ze vertrekken twee uur eerder, terwijl een uur genoeg zou zijn. 's Ochtends controleren ze de rugzak die hun kind mee moet hebben voor het schoolreisje nog een keer, hoewel ze die de avond tevoren zelf hebben ingepakt en er 's nachts niemand aan heeft gezeten. Ze voelen nog een keer extra in hun zak of de sleutels daar echt liggen. En dat is natuurlijk zo. Waar zouden ze anders zijn?

De winst is duidelijk. Blauwe personen worden niet op dezelfde manier als anderen verrast door onvoorziene gebeurtenissen. En op den duur besparen ze enorm veel tijd.

HET MAAKT NIET UIT DAT HET ZO MISSCHIEN MAKKELIJKER GAAT. HET IS VERKEERD

Het mag niet fout gaan. Dat is eigenlijk het enige wat gezegd moet worden. Kwaliteit is het enige wat telt.

Wanneer een blauw individu ziet dat de kwaliteit van zijn werk achteruit dreigt te gaan, zal het tempo stagneren. Dit moet worden onderzocht. Waarom verslechtert de kwaliteit?

Zonder te willen generaliseren durf ik te beweren dat vrij veel ingenieurs blauwe trekken hebben. Grondig, systematisch, op feiten gericht en kwaliteitsbewust. Ik weet het natuurlijk niet zeker, maar de Japanse autofabrikant Toyota heeft waarschijnlijk redelijk wat blauwe ingenieurs onder zijn medewerkers. Ze stellen zich ook altijd vijf vragen om de kwaliteit te waarborgen. Ik zou willen zeggen dat dit een typisch blauwe instelling is. (Naast de Japanse mentaliteit, die op de lange termijn is gericht en nogal blauw van vorm is.)

Iemand ziet een olievlek op de vloer. Een rode persoon begint zijn buurman nu uit te schelden en draagt hem vervolgens op de vlek op te vegen. Een gele persoon ziet de vlek en vergeet hem en is heel verbaasd als hij er twee dagen later weer over uitglijdt. De groene ziet de vlek ook, maar krijgt buikpijn omdat de vlek echt een probleem vormt. Hij doet niets.

Een blauwe persoon stelt zich de vraag: waar komt de vlek vandaan? Het antwoord is misschien een lekkende pakking. Dat antwoord is natuurlijk niet bevredigend voor de blauwe persoon. Waarom lekt de pakking? Omdat die van slechte kwaliteit is. Hoe komt het dat we slechte pakkingen in onze fabriek hebben? Omdat de inkoopafdeling moet bezuinigen. We hebben *goedkope* pakkingen ingekocht in plaats van *deugdelijke*. Maar wie heeft ons gevraagd te bezuinigen en op de kwaliteit te beknibbelen? Zo gaat het maar door. Misschien wordt het probleem verholpen. Misschien krijgen we alleen een uitdraai met wat er fout is gegaan en volgt er geen actie.

Uiteindelijk zegt de blauwe misschien dat de inkoopstrategieën van het bedrijf moeten worden herzien, in plaats van gewoon de olievlek van de vloer te vegen.

Wat ik hiermee wil zeggen is dat een blauwe persoon bereid is om heel ver te gaan in zijn streven om alles echt honderd procent goed te krijgen.

Als een blauwe persoon een bepaalde opdracht krijgt, zal hij die goed willen uitvoeren. Het omgekeerde geldt ook – als een opdracht niet de moeite waard is om op correcte wijze te worden uitgevoerd, dan is die het überhaupt niet waard om te worden uitgevoerd. Omdat blauwe personen niet goed kunnen liegen, zullen ze altijd op de fouten wijzen die ze ontdekken – ook als ze daar zelf nadeel van ondervinden.

Ik herinner me nog goed de discussies tussen mijn ouders toen ik klein was. We verhuisden nogal eens, en meestal moest dan ook het oude huis worden verkocht. Mijn vader – de ingenieur – wilde natuurlijk alles zelf regelen, ook de bezichtigingen.

Mijn moeder werd altijd boos omdat hij bij elke bezichtiging op alle fouten en gebreken in het huis wees. Het lekte op sommige plaatsen en de verf achter de bank bladderde.

'Waarom vertel je dat?' vroeg mijn moeder.

'Omdat het op die plekken niet goed is,' antwoordde mijn vader.

'Maar moet je dat aan de eventuele kopers vertellen? Nu willen ze het huis misschien helemaal niet hebben!'

Mijn vader zag het probleem niet. Hij was bijzonder fatsoenlijk en eerlijk en kon de tekortkomingen die hij kende niet verzwijgen. Die waren er toch? Hij kon ermee leven dat ze zelden winst maakten op een verkoop. Hij had in elk geval gezegd hoe het zat. Want dat hoort zo.

ALS HET TERREIN NIET OVEREENKOMT MET DE PLATTEGROND, MANKEERT ER IETS AAN HET TERREIN

De blauwe persoon heeft het begrip 'logisch en rationeel denken' hoog in het vaandel staan. Weg met alle emoties, voor zover dat echt mogelijk is, en hier met de logica. Natuurlijk kunnen blauwe personen hun emoties niet volledig uitschakelen, dat kan niemand, maar ze gebruiken graag rationele argumenten als ze een beslissing nemen. Logisch denken is voor hen belangrijk, maar als de dingen niet gaan zoals zij willen, kunnen ze gedeprimeerd raken. En depressie heeft helemaal niets met logica te maken – maar alles met emoties.

Weinig mensen kunnen hetzelfde arbeidsmoment talloze keren op precies dezelfde manier herhalen, zoals de blauwen. Ze hebben een uniek vermogen om een instructie tot in het kleinste detail op te volgen zonder die in twijfel te trekken – dat wil zeggen, als ze de instructie begrijpen en goed vinden.

Hoe komt dat? Tja, omdat het logisch is. Als een bepaalde methode werkt, waarom zou je die dan veranderen? Waar een gele of rode persoon nieuwe manieren bedenkt omdat hij genoeg heeft van de oude, blijft het blauwe individu keer op keer hetzelfde herhalen.

Een interessant voorbeeld is het in elkaar zetten van een IKEA-meubel. Als er een gebruiksaanwijzing is, moet die uiteraard eerst worden gelezen. De roden, die natuurlijk zeker weten dat ze dit kunnen, beginnen te schroeven en zetten de verschillende onderdelen in elkaar zonder te kijken wat er verder in de doos zit. De gelen scheuren de doos open en verkondigen stralend dat het vreselijk leuk zal zijn als het meubel op zijn plaats staat – ze leven in de toekomst en zien al helemaal voor zich hoe de nieuwe kast met oma's kleed en een vaas prachtige tulpen tegen de juiste muur in de slaapkamer staat. Ze zetten de onderdelen lukraak in elkaar. Ze schroeven waar dat logisch lijkt en gaan vervolgens verder met een ander deel van de kast. Een groene thuisklusser zet de enorme doos tegen de muur en schenkt een kop koffie in. Hij heeft geen haast.

Wat doet de blauwe? Hij leest de gebruiksaanwijzing twee keer, bekijkt hoe alles eruitziet, of de verschillende zijkanten van de nieuwe kast overeenkomen met de plaatjes in de gebruiksaanwijzing. Met een licht bevochtigd – niet te nat – doekje veegt hij alle onderdelen af omdat ze waarschijnlijk stoffig zijn. Hij controleert het aantal schroeven in de verpakking twee keer om te voorkomen dat hij na afloop tot de ontdekking komt dat er iets ontbreekt (en als er onderdelen overblijven, is het goed mogelijk dat hij alles weer uit elkaar haalt).

Het kan de blauwe persoon wat extra tijd kosten om zijn kast te monteren, maar als die eenmaal staat kun je ervan uitgaan dat hij voor eeuwig blijft staan.

DE DUIVEL ZIT IN DE DETAILS

Een jaar of wat geleden zou ik het terras in de tuin opnieuw betegelen. Juist omdat ik overdag zoveel moet praten, mag ik graag met mijn handen werken. Daarom wilde ik de klus zelf doen. In elk geval een deel ervan. Mijn vader, die toen een eind in de zeventig was, zou komen helpen, omdat hij wist dat ik niet zoveel tijd had.

Zo gezegd, zo gedaan. Om het allemaal echt goed te krijgen zou er over een vrij groot oppervlak macadam worden gestort. Mijn vader arriveerde een poosje voor de vrachtwagen met het steenslag. Hij had een eigen kruiwagen meegenomen, speciaal ontworpen om grind in te vervoeren, en een speciale schep die hij zelf altijd voor dit soort doeleinden gebruikte. Hij begreep niet dat ik een gewone schep had. Iedereen wist toch dat je voor dit soort klussen een speciale schep moest gebruiken.

De vrachtwagen kwam en stortte een flinke hoeveelheid speciaal besteld steenslag op de oprit. Ik zag mezelf al een paar dagen scheppen, en eerlijk gezegd werd ik al moe bij het idee. Maar ik was klaar om aan de uitdaging te beginnen.

En mijn oude vader? Die pakte wat grind tussen zijn vingers, rook eraan, voelde eraan, beoordeelde de kwaliteit. Na een gegrom dat ik als een goedkeuring interpreteerde, begon hij de berg zelf te onderzoeken.

Hij mat de hoogte met zijn hand, berekende de omtrek met zijn passen. Ik vroeg wat hij aan het doen was. Hij antwoordde niet, mompelde alleen maar getallen.

'Een meter tachtig hoog, vijf meter in omtrek, hellingshoek, hm...' Na een halve minuut zei hij dat er tussen de 8,75 en 9,25 kuub grind op de oprit lag. Ik vertrouwde hem toe dat het exact negen kuub was.

Sceptisch vroeg mijn vader hoe ik dat wist. Ik wees. 'Dat staat op de vrachtwagen,' zei ik.

Mijn vader was maar matig onder de indruk. Ik vroeg of hij de grindkorrels wilde tellen. Dat achtte hij echter niet nodig.

Hij was uren bezig, hij voelde aan het grind, en harkte en verplaatste de massa's tot hij vond dat alles goed lag. Waterpas, schietlood, water, alle ons ter beschikking staande hulpmiddelen om ervoor te zorgen dat er niets fout ging.

De helling vanaf het huis moest precies één graad per meter zijn. Waarom? Omdat het in het boek staat. Als bouwkundig ingenieur weet hij wat je de mensen leert die dit werk elke dag doen. Eén graad per meter. Dan moet het dus één graad zijn. Niet meer en niet minder. Wie weet wat voor vreselijke gevolgen het kan hebben als je onzorgvuldig bent.

Let op het verschil tussen één graad en een graad. Het eerste is exact, het tweede heel onduidelijk. *Een* graad. Dat zou zelfs twee graden kunnen betekenen. En een helling van één of twee graden, dat is een verschil van maar liefst honderd procent – een gigantische afwijking!

(Het grappige van dit verhaal is niet zozeer het voorval zelf, maar de reactie van mijn vader toen hij het las in de eerste editie van dit boek. Volgens hem was het iets anders gegaan. Hij corrigeerde mijn beleving op een aantal punten en zei bovendien dat de vrachtwagen twaalf kuub had vervoerd – en niet negen. Verder vindt hij dat hij niet uitsluitend blauw is, en daar zit waarschijnlijk wel wat in.)

En zo is hij met alles. Als hij een technische vraag over een tv, een auto, een magnetron of een mobiele telefoon krijgt, dan pakt hij de gebruiksaanwijzing erbij en zoekt het desbetreffende gedeelte op. 'Zo staat het er,' zegt hij alleen maar. 'Waarom denken jullie dat ze dat schrijven als je het niet zo zou moeten doen?'

Wat antwoord je daarop? Hoe onderbouw je dat je iets niet volgens de handleiding wilt doen? Het is onmogelijk om argumenten te vinden die een echt blauwe persoon zal accepteren. (Mijn vader is zo iemand die ook midden in de nacht voor rood stopt, zelfs als hij de enige in een straal van tien kilometer is. Want dat hoort nu eenmaal.)

De grote waarde van deze instelling ligt voor de hand. Een blauwe persoon zal nooit om de tuin worden geleid, hij zal altijd waar voor zijn geld krijgen. Dat geeft hem een innerlijke rust, omdat hij weet dat hij alles heel grondig heeft gecontroleerd.

En als je blauwe personen kent, ben je het vast met me eens. Onder normale omstandigheden zijn ze heel kalm en evenwichtig. Misschien omdat ze alles onder controle hebben.

SPREKEN IS ZILVER, ZWIJGEN IS GOUD

Blauwe personen zijn introvert. Daar valt niet veel aan toe te voegen. Ik heb veel blauwe personen ontmoet die geen woord te veel zeggen. Zo is het gewoon. Betekent dit dat ze niets te zeggen hebben? Dat ze geen mening hebben? Absoluut niet, ze zijn alleen heel, heel erg introvert. Blauwe personen zijn de kalme, echt stabiele individuen die de Azteken gelijkstelden met de zee, het element water.

Kalm aan de buitenkant, maar onder de oppervlakte kan er van alles gebeuren. Introvert betekent feitelijk niet zwijgzaam, het betekent *actief in de innerlijke wereld*. Maar het effect is natuurlijk zwijgzaamheid.

In het algemeen zou ik willen adviseren om aandachtig te luisteren wanneer blauwe personen eenmaal praten. Ze hebben meestal goed nagedacht over wat ze gaan zeggen.

Waarom zijn ze zo zwijgzaam? Onder meer omdat ze in tegenstelling tot gele personen niet de behoefte hebben om gehoord te worden. Ze vinden het helemaal niet erg om in een hoekje te zitten waar ze niet gezien en gehoord worden. Het zijn observeerders, waarnemers, niet zozeer centrale figuren. Zonder iets te zeggen kunnen ze zich aan de rand van een groep mensen bevinden, waar ze observeren en registreren wat er wordt gezegd.

En vergeet niet dat zwijgzaamheid volgens de normen van het blauwe individu iets positiefs is. Als je niets te zeggen hebt, houd dan je mond.

CONCLUSIES OVER BLAUW GEDRAG

Weet je nu alles over blauwe personen? Heb je iemand in je naaste omgeving als blauw geïdentificeerd? Bekende blauwe Zweden zijn de alpineskiër Ingemar Stenmark en de vroegere minister van Financiën Bosse Ringholm. Tijdens een persconferentie die een uur duurde bleef hij hetzelfde antwoord keer op keer herhalen. Hetzelfde antwoord. Niet een vergelijkbaar antwoord, maar *hetzelfde* antwoord. De kranten maakten er een week lang grappen over. En de legendarische tennissers als Björn Borg en Richard Krajicek.

Van voormalig premier Fredrik Reinfeldt kun je denken dat hij blauw is, maar dat is gespeeld. Hij verbergt zijn rode kant door politicus te spelen. Kalm, waardig, onbewogen wat er ook gebeurt. Ook Stefan Ingves, president van de Zweedse centrale bank, is een typisch blauwe persoon. Hoeveel kritiek hij ook krijgt omdat hij de rentetarieven niet verder verlaagt, hij blijft rustig zijn standpunt uitleggen.

HOOFDSTUK 8

DE VERVELENDE KEERZIJDE VAN DE MEDAILLE – KENNELIJK IS NIEMAND HELEMAAL PERFECT

STERKE PUNTEN VERSUS ZWAKKE PUNTEN – DINGEN WAAR JE NIET MAKKELIJK OVER PRAAT

Zoals de titel van dit boek mogelijk suggereert worden we omringd door individuen die onder minder gunstige omstandighe-

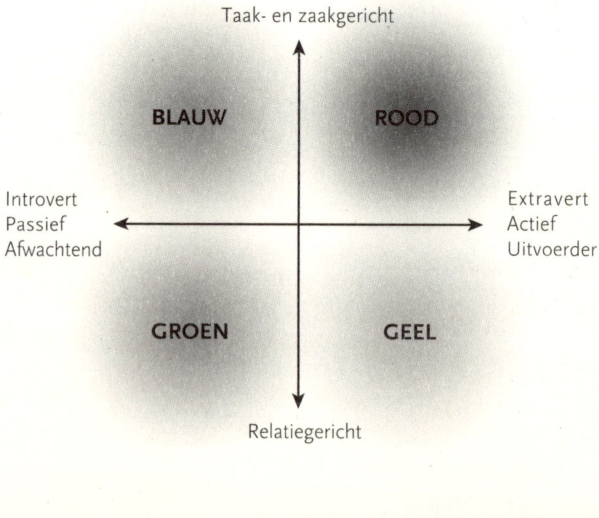

den misschien, eh, lastig te begrijpen zijn. Anderen snappen we überhaupt niet, ongeacht de situatie. En de mensen die anders zijn dan wij, omdat ze zich ogenschijnlijk op een verkeerde manier gedragen, zijn het moeilijkst om mee om te gaan.

De verschillen worden duidelijk

Ik vermoed dat je de verschillen tussen de vier kleuren in grote lijnen kunt onderscheiden. Bovenstaande schets laat zien hoe de kleuren van elkaar verschillen. Sommige mensen zijn zaakgericht en andere zijn relatiegericht. Sommigen zullen snel handelen, anderen zijn bedachtzaam. Dit geeft niet zelden aanleiding tot allerlei grote en kleine misverstanden. Ik kom hier op pagina 232 op terug, maar wil nu al het beeld van de verschillende basisgedragingen die elke kleur vertegenwoordigt nuanceren.

Ik zeg niet dat jij, zoals mijn eyeopener Sture in het begin van het boek, mensen voor idioot uitmaakt, maar de eerlijkheid gebiedt te zeggen dat we allemaal weleens hebben meegemaakt dat we geen begrip konden opbrengen voor opmerkingen uit onze omgeving, of voor gedrag dat we zelf nooit zouden vertonen.

Het uitgangspunt van een dergelijke redenering is dat ik altijd gelijk heb, maar dat betekent automatisch dat de ander ongelijk heeft. Een lastig punt. Een wijs persoon heeft ooit gezegd: alleen omdat jij gelijk hebt, hoef ik nog geen ongelijk te hebben. In feite zijn we erg alert op fouten en tekortkomingen van bepaalde mensen. Volgens kinderpsychologen winden we ons vooral op over gedragingen van onze kinderen die we in onszelf herkennen maar liever niet hadden gehad. En wie bepaalt trouwens wat goed en verkeerd is?

Tijd voor een echt cliché

Niemand is perfect. Dat is nog eens een gemeenplaats. Maar het klopt, er zijn niet veel echt perfecte mensen, van die lui die helemaal geen fouten of tekortkomingen hebben. In mijn jeugd zocht ik naar een voorbeeld, iemand die mijn mentor in het leven zou worden – die persoon, man of vrouw, die helemaal geen tekortkomingen had – maar ik heb hem nooit gevonden. Ik heb nog steeds geen glimp van hem opgevangen. En zo is het waarschijnlijk. We moeten leven met onze tekortkomingen en proberen er het beste van te maken.

Aan de andere kant – hebben we het echt over fouten en tekortkomingen als we zeggen dat iemand een idioot is? Of begrijpen we die persoon gewoon niet? Een eigenschap die in bepaalde situaties misschien handig is, kan in andere situaties absoluut onwenselijk zijn. Vergeet niet dat communicatie meestal op de voorwaarden van de ontvanger plaatsvindt. Wat mensen van mij begrijpen, dat begrijpen ze. Ongeacht wat ik eigenlijk bedoelde.

Het is interessant om te zien wat de tegenpolen over het ene of het andere gedrag zeggen. Als we hun de waarheid kunnen ontlokken, zijn we iets goeds op het spoor. Het gaat zoals altijd om zelfinzicht. Wat in bepaalde gevallen een uitstekende eigenschap is, kan, overdreven gezegd, een belasting worden, ongeacht welke eigenschap het is. En hier kan bovengenoemd model tot hulp zijn.

Een snel overzicht van de basisgedragingen

Rode personen zijn dus snel en nemen graag de leiding als dat nodig is. Ze laten dingen gebeuren. Maar als ze te hard van stapel lopen, worden ze controlerend en bazig en zijn ze soms hopeloos in de omgang. En ze trappen mensen voortdurend op de tenen.

Gele personen zijn vaak onderhoudend, makkelijk in de omgang en echte sfeermakers. Maar wanneer ze onbeperkt de ruimte krijgen, zullen ze alle zuurstof in de kamer gebruiken, laten ze niemand in het gesprek toe en zullen hun verhalen steeds minder met de werkelijkheid te maken hebben.

De vriendelijke groenen kunnen met iedereen opschieten omdat ze zo meegaand en aimabel zijn. Helaas kunnen ze te gestroomlijnd en vaag worden. Mensen die nooit stelling nemen worden uiteindelijk hopeloos in de omgang. Je weet dan niet wat je aan ze hebt. Hun besluiteloosheid is moordend voor de energie van de omgeving.

De analytische blauwen zijn rustig, beheerst, en denken overal goed over na. Ze hebben het vermogen om het hoofd koel te houden en dat is voor iedereen die dat niet kan ongetwijfeld een benijdenswaardige eigenschap. Maar hun kritische denken kan makkelijk omslaan in achterdocht en twijfel aan de omgeving. Alles wordt donker als de nacht.

Hieronder volgt een stuk over de zwakke punten van bepaalde gedragingen. Dit ligt om natuurlijke redenen gevoelig en kan makkelijk verkeerd worden begrepen. Wanneer ik afzonderlijke individuen coach, loopt het hier vaak spaak. Als je verder leest, wees je er dan van bewust dat veel in het oog van de toeschouwer besloten ligt. Wie heeft gelijk en wie heeft ongelijk? De gedragingen waar ik het over heb zijn dingen die de omgeving ziet, terwijl degene die net een blunder heeft begaan misschien een heel andere intentie had.

Het enige wat ik naar aanleiding van de verschillende kleuren met zekerheid weet, is dat verschillende kleuren hier verschillend mee omgaan. De roden en de gelen hebben de neiging om hun sterke punten te vergroten en vinden zelf dat ze geen zwakke punten hebben. Ze hebben een sterk ego en een groot deel van hun succes kan waarschijnlijk worden toegeschreven aan het feit dat ze niet in fouten en tekortkomingen blijven steken, maar op zoek gaan naar kansen en goed nieuws. Het spreekt vanzelf dat dit op den duur geen stand houdt.

Omgekeerd overdrijven groene en blauwe personen hun zwakke punten vaak, en ze kunnen hun sterke punten zelfs negeren. Het gevolg is evident. Wanneer je een groene of blauwe persoon positieve feedback geeft, lijkt hij daar soms immuun voor en brengt het gesprek op iets wat helemaal verkeerd is gegaan. Dat is natuurlijk uiterst improductief.

Goed – zullen we beginnen?

ZO KUNNEN ANDEREN RODE PERSONEN ERVAREN

Als je andere mensen vraagt wat ze van rode personen vinden, krijg je misschien een ander beeld dan wanneer de rode zichzelf beschrijft. Wat een verrassing! Mijn eigen privéstudies laten zien dat de roden door meer idioten worden omringd dan anderen. Veel mensen zullen het eens zijn met wat je tot nog toe over rode personen hebt gelezen, maar ik heb ook andere geluiden gehoord. Doorgaans niet in het bijzijn van de rode persoon, omdat mensen bang zijn voor zijn opvliegende temperament. We hebben hem horen zeggen dat hij de waarheid wil horen. *Zeg wat je ervan vindt*, heeft hij ons alle jaren voorgehouden. Maar als we dat eenmaal doen, belanden we plotseling in een verhitte discussie over wat wel of niet waar is. Wat je nu gaat lezen zal voor veel roden dan ook vaak volstrekt nieuw zijn. Want slechts weinigen van ons zijn echt tot het uiterste gegaan met de roden. Dat kost te veel energie.

Eigenlijk is het logisch. Sommigen zullen zeggen dat rode personen *strijdlustig*, *arrogant* en *egoïstisch* zijn. Ze worden ook als *onverstoorbaar*, *ongeduldig* en *commanderend* gezien. En dat is nog niet alles, er zijn zelfs mensen die hen *eigenmachtig*, *controlerend* en *agressief* noemen.

Ik ben het er absoluut niet mee eens, maar ik heb zelfs gehoord dat mensen met rood gedrag als onmenselijke Hitler-profielen werden bestempeld. Het beeld is ineens niet zo vleiend meer. De geboren leider laat zich van zijn slechte kant zien.

Laat me eerst dit zeggen: de rode persoon raakt niet noodzakelijkerwijs verontrust van wat hierboven is gezegd, aangezien hij meer zaakgericht dan relatiegericht is. Bovendien hebben alle anderen ongelijk. Maar laten we toch eens kijken wat de omgeving zegt.

Moet alles echt zo vreselijk lang duren? Schiet alsjeblieft een beetje op

Tja, wat kun je ervan zeggen? Iemand die de regels naast zich neerlegt om verder te komen, kan toch alleen maar ongeduldig worden genoemd. Als iets via de gewone bureaucratische weg te langzaam gaat, zal een rode persoon een paar beslissingsniveaus overslaan en snel degene zoeken die het echt voor het zeggen heeft.

Het eerste voorbeeld dat me te binnen schiet is het verkeer in Stockholm. Veel inwoners hebben wat meer haast dan de gemiddelde Zweed als ze achter het stuur zitten – dat schijnt statistisch aangetoond te zijn. In het kader van rood gedrag wil ik iets vertellen over een oud-collega van mij. Björn en ik gebruikten de auto als voornaamste vervoermiddel, ook in de binnenstad. Het kostte gewoon te veel tijd om met het openbaar vervoer te gaan. Björn raakte af en toe zijn rijbewijs kwijt en dat had alles te maken met zijn nogal liberale houding ten aanzien van snelheidsbeperkingen.

Hij woonde een eind buiten de stad, en de ongeveer dertig kilometer tellende reis van zijn huis naar het centrum duurde op een goede ochtend zo'n veertig minuten. Dat was dan een goede ochtend, het kon evengoed anderhalf uur kosten.

Björn voelde er meestal niets voor om zich aan het overige verkeer aan te passen. Volgens hem had hij geen reden om zich aan elke afzonderlijke verkeersregel te houden. Wat je hier en daar op de borden zag staan – zeventig, negentig, enzovoort – dat waren vooral aanbevelingen. Die golden niet voor hem. Die waren bedoeld voor mensen die geen auto kunnen rijden!

Op een dag hadden we het tijdens de koffiepauze met een paar collega's over de nogal zorgwekkende verkeerssituatie in de koninklijke hoofdstad. We hadden het gevoel dat Stockholm door een verkeersinfarct dreigde te worden getroffen. Björn begreep niet wat we bedoelden. Hij zag het probleem niet. Integendeel, hij vond dat het verkeer best goed doorstroomde. Toen we doorvroegen, bleek dat hij meestal de rijbaan van het openbaar vervoer gebruikte. De hele weg. Zeker twintig kilometer. Björn bepleitte zelfs dat het oké was, je kon bovendien een abonnement nemen op de busbaan. Dat had hij namelijk en het kostte hem rond de twaalfhonderd kronen (€115) per maand.

Hij werd ongeveer om de vier weken aangehouden door de politie, maar dat was het hem waard. Wisten we wel hoeveel tijd hij bespaarde! Die tijdsbesparing betaalde hij dus met de boetes die hij kreeg. Hij vond het een goede deal.

Deze anekdote laat goed zien hoe rood gedrag werkt. Rode personen weten net zo goed als anderen dat je je aan de regels moet houden, maar omdat de dingen dan minder snel gaan, doen ze dat niet. Het zijn notoire regelbrekers. Ik wil nogmaals herinneren aan hun intentie – gedaan krijgen wat gebeuren moet.

Rode personen hebben er geen moeite mee om af en toe een

kortere route te nemen, zolang ze daarmee het werk gedaan krijgen. En met zo'n genereuze houding ten opzichte van regels en bepalingen kom je inderdaad sneller vooruit. Ik zou zelfs willen zeggen dat een rode persoon vaak zo snel is dat hij zijn werk kan overdoen mocht er iets verkeerd zijn gegaan. Tegelijk weten wij anderen nooit goed wat er gaat gebeuren.

Ik schreeuw niet! IK BEN NIET BOOS! GRRR!

Omdat de rode manier van communiceren zo direct en rechtstreeks is, worden rode mensen vaak als agressief opgevat. Eigenlijk is dat logisch, maar tegelijk varieert deze opvatting afhankelijk van degene die aan de krachtige standpunten van de rode persoon wordt blootgesteld. In Zweden is confronterend gedrag niet even geaccepteerd als bijvoorbeeld in Duitsland of Frankrijk. Ik zeg niet dat in die landen meer ruzie wordt gemaakt, maar er wordt wel anders tegen conflicten aan gekeken.

Stel je het maar voor. Een vaak gebruikt cliché dat op veel werkplekken wordt gehanteerd is dat iedereen vrijuit moet kunnen spreken. Wat wordt daar eigenlijk mee bedoeld? Het is makkelijk om het te interpreteren alsof we eerlijk tegen elkaar moeten zijn, dat we moeten zeggen wat we ergens van vinden, toch? We willen echt een open en directe dialoog voeren. Goed, dat is uitstekend, een open communicatie over belangrijke kwesties is noodzakelijk voor de effectiviteit binnen een organisatie. Ik denk dat je de redelijkheid hiervan inziet.

Welke mensen kunnen een directe boodschap overbrengen? Of diezelfde boodschap incasseren zonder boos te worden? Antwoord: niemand. In principe.

Behalve rode personen natuurlijk. Voor hen is dit een non-issue. Waarom hebben we het eigenlijk over vrijuit kunnen spreken? Het spreekt toch vanzelf dat je zegt wat je denkt? Andere mensen kunnen dit als stressvol ervaren en hebben er moeite mee wanneer iemand hun voortdurend ongezouten de waarheid vertelt.

Merk op dat ik geen oordeel geef over wat goed of fout is – ik constateer alleen dat we verschillend zijn.

Waarom vinden we het rode gedrag dan soms bedreigend en strijdlustig? Omdat rode personen niet meteen capituleren? Omdat ze graag argumenteren en discussiëren, ook over kleine kwesties als ze die belangrijk vinden? Omdat ze ineens hun stem verheffen, ons plotseling fel aankijken, met hun vuist op tafel slaan als hun dat uitkomt? En zich soms inderdaad nogal bot uitdrukken?

Stel je het volgende scenario voor: je hebt een paar dagen, of misschien zelfs een paar weken, aan een klus gewerkt. Je twijfelt – ben je in je opdracht geslaagd? Is die zo goed geworden als je wilde? Durf je hem in zijn huidige vorm aan de opdrachtgever te laten zien, of moet je iemand van wie je weet dat hij altijd eerlijk antwoordt om feedback vragen?

Zo gezegd, zo gedaan. Daar komt een rode persoon aangelopen en je waagt het erop. Je bent je er volledig van bewust dat deze collega – partner, vriend, neef, buurman – eerlijk zal zijn. Je vraagt om een eerlijke mening. Je laat met zekere trots in je stem zien wat je hebt gedaan, je neemt het hele proces stap voor stap door. Zonder dat je het in de gaten hebt, wordt de rode persoon ongeduldig. Niet alleen omdat hij al weet wat hij gaat antwoorden, maar ook omdat hij genoeg heeft van jouw lange uitleg.

Met een handbeweging die jou effectief de mond snoert, zegt de rode persoon: 'Het ziet er niet goed uit. Wat je daar hebt gedaan is helemaal niet goed. Het is gewoon waardeloos. Het verbaast me dat je niet iets beters hebt geleverd. Ik vind dat je alles van begin tot eind over moet doen.'

Vervolgens loopt hij weg en denkt niet meer aan het voorval. Jij blijft met een vaag gevoel van totale wanhoop zitten. Ongeacht je eigen kleur.

Overdreven? Kan dit in het echt niet gebeuren? Als je nu denkt dat niemand zo gemeen kan zijn, dan heb je nog nooit een echt rode persoon ontmoet. Of de rode personen die je hebt ontmoet, hebben geleerd om te liegen.

Maar denk even na. Waarom zou iemand je zo volledig afkraken? Welke intenties had de rode persoon? Leveren waar jij om vroeg. Jij had namelijk zelf om een eerlijke mening gevraagd!

'Zeg precies wat je ervan vindt,' zei je. Het kan niet worden uitgesloten dat je eraan toevoegde: 'Ik zal niet boos/verdrietig/teleurgesteld/suïcidaal worden.' Maak je borst maar nat, denkt een rode persoon, want hier komt het. Door om een eerlijke mening te vragen heb je jezelf tot zinken gebracht. *Jij* komt er vast weer bovenop, maar alle anderen? Hoe zal het hun vergaan?

Als consultant heb ik talloze keren moeten uitleggen dat wanneer een rode persoon voor de volle honderd procent ergens voor gaat, als het iets betreft wat hij belangrijk vindt en waarin hij geen concessies wil doen – ja, dan kan het flink gaan stormen. Als je bang bent voor conflicten heb je in een dergelijke situatie niets te zoeken. Rode personen hebben geen probleem met conflicten. Ze creëren ze misschien niet bewust. Maar een verfrissende ruzie op zijn tijd is nooit verkeerd, toch? Het is gewoon een andere manier van communiceren.

Een tip: het ergste wat je kunt doen als je in conflict raakt met een rode persoon is terugkrabbelen. Die tactiek kan je serieus in de problemen brengen. Hierover later meer.

Waar zijn jullie mee bezig? Ik zie heus wel wat jullie (niet) doen!

Wat is controlebehoefte eigenlijk? Vereenvoudigd gezegd is het een *verschijnsel* waarbij een *individu* de behoefte heeft om controle te hebben en te beslissen over een situatie waarin ofwel groepen of afzonderlijke individuen voorkomen. Mensen met een controlebehoefte voelen zich doorgaans niet op hun gemak als ze zich aan een groep/situatie moeten aanpassen en bedenken allerlei strategieën om dit te vermijden. Veelvoorkomend gedrag is om nooit stil te zijn in een gesprek en anderen te onderbreken ten gunste van de eigen opvattingen, om zo de macht over het gesprek te behouden.

Rode personen kunnen inderdaad als erg controlerend worden ervaren; het gaat dan om de controle over de mensen in hun omgeving, niet zozeer om de controle over alle details. (We kunnen rode personen er niet van beschuldigen dat ze het leuk vinden om details te controleren.) Maar ze hebben graag het idee dat ze controle hebben over wat mensen doen, hoe ze in bepaalde specifieke kwesties zullen handelen.

Waar we het hier over hebben, is in feite het gevoel meer te weten dan anderen. En omdat rode personen denken dat zij alles het beste weten, moeten ze toezicht houden op anderen zodat die precies de goede richting op gaan. Het voordeel voor een rode persoon is dat hij krijgt wat hij wil. Het nadeel is duidelijk: andere mensen voelen zich gecontroleerd. Sommigen vinden het prettig dat iemand de beslissingen neemt en aanwijzingen geeft, anderen voelen zich beperkt en willen alleen maar weg.

Vrij lang geleden werkte ik voor een bedrijf met een behoorlijk rode manager. (Ze was ook een beetje blauw – zie het hoofdstuk over het blauwe gedrag.) Als zij taken aan haar collega's delegeerde had dat soms een grappig effect. Normaal gesproken vond ze het geen probleem om zaken aan anderen over te laten, ze kon ook leuke klussen delegeren, iets wat veel leidinggevenden moeilijk vinden. Maar omdat ze rood was, was ze erg snel in haar doen en denken. In concreto betekende dit dat ze na het delegeren van een opdracht een tijdje afwachtte – als er dan niets was gebeurd, voerde ze de opdracht gewoon zelf uit. Als de collega in kwestie op zijn actielijst bij de opdracht was aanbeland, kwam hij heel vaak tot de ontdekking dat het werk al was gedaan. Let wel, de deadline was nog niet verstreken.

Omdat deze manager rood-blauw was, deed ze het werk natuurlijk veel beter dan de collega die er nog niet aan was toegekomen. Rood betekent snel, blauw betekent hoge kwaliteit. Helaas kon ze het niet laten de traagheid van haar collega te bekritiseren. Omdat het blauwe deel van deze manager heel detailgericht was en het rode deel graag kritiek uitte, werd ze als nogal hard ervaren. En dat brengt ons bij het volgende punt.

Ik zou je best aardig kunnen vinden. Als je maar wat interessanter was

Heb je ooit iemand ontmoet die helemaal geen gevoelens had? Nee, dat dacht ik al. Ik zeg het nog een keer – rode personen zijn geen echte relatiemensen. Daar is niets mis mee, zolang degene met wie ze communiceren dezelfde focus heeft. Maar wanneer een rode persoon met een uitgesproken relatiemens praat, bijvoorbeeld een gele of groene persoon, kan hij als heel ongevoelig of onmenselijk overkomen.

Laat me dit illustreren met een voorbeeld dat ik zelf heb meegemaakt.

Het betreft een oud-collega die ik enorm waardeer (ik begin met het positieve, zodat niemand zal denken dat ik de persoon in het voorbeeld niet mag – een typisch Zweeds verschijnsel) en voor wie ik niet alleen als vakman maar ook als goede vriend veel respect heb. Ja, het gaat weer over de befaamde Björn.

Een paar jaar geleden maakten we een moeilijke periode in het bedrijf door. Het was een zware en vermoeiende herfst geweest: lange dagen, late avonden en niet zelden werken in de weekends. We hadden onszelf op de proef gesteld, we hadden elkaar op de proef gesteld en we hadden onze gezinnen op de proef gesteld. De meeste collega's waren helemaal kapot. We verdienden echt een rustige kerstvakantie om weer op krachten te komen.

We bevonden ons in een Japans restaurant, we hadden onze schoenen uitgetrokken en zaten op kussens met een glas sake in de hand. We bestudeerden het menu en hielden op typisch Zweedse wijze in de gaten wat de anderen zouden bestellen. Want de meesten wilden geen gerecht bestellen dat niemand anders nam.

Behalve Björn. Hij keek snel de menukaart door en verkondigde wat hij van plan was te nemen. Hij was klaar en vond het maar niks dat de anderen maar niet konden beslissen. Om iets te doen te hebben begon hij een gesprek. Mijn dochter was destijds net naar een andere school gegaan en Björn was nieuwsgierig.

'Je dochter zit toch op een nieuwe school? Hoe gaat het met haar?'

Blij verrast over zijn belangstelling voor mijn dochter begon ik te vertellen. Na ongeveer twintig seconden merkte ik dat Björns blik afdwaalde. Hij keek om zich heen in het restaurant met een gezicht dat ik interpreteerde als: *waarom vertelt hij me dit?*

Hij keek me glimlachend aan en zei: 'Je kent me toch. Je weet hoe ik ben. Ik heb geen zin meer om erover te praten!' En snel stapte hij over op een ander onderwerp.

Normaal gesproken zou je verwachten dat ik lichtelijk gekrenkt zou zijn, misschien zelfs beledigd. Hoe kan iemand zo ongevoelig zijn? Vooral omdat hij zelf naar mijn dochter had gevraagd.

Betekent dit dat Björn harteloos is, dat hij niet om andere mensen geeft? Absoluut niet. Hij geeft net als iedereen om anderen, maar toen hij had begrepen dat het goed ging met mijn dochter, verloor hij gewoon zijn belangstelling. Zoals voor hem te doen gebruikelijk deelde hij mee dat het communicatiekanaal was gesloten. In plaats van te knikken en te hummen en te doen alsof hij geïnteresseerd was in allerlei meer of minder zinvolle details, zei hij precies wat hij dacht.

Vergeet niet dat we het hier over interpretaties hebben. De intentie achter een bepaald gedrag is één ding, hoe we dit als ontvanger opvatten is iets anders. Zelf kon ik er alleen maar om lachen, omdat ik Björn heel goed ken. Hij zou nooit bewust iemand kwetsen. Dat hij mensen soms op de tenen trapt is niet zijn bedoeling – het gebeurt gewoon. Hij is een van de warmste en genereuste mensen die ik ooit heb ontmoet. Maar je moet hem wel kennen om dat te begrijpen.

Je vraagt je wellicht af wat het goede antwoord was geweest op de vraag hoe het op de nieuwe school ging.

Goed.

Dat was voldoende geweest.

Alleen is sterk, en ik ben de sterkste van jullie allemaal

Het woord 'egoïstisch' komt van het Latijnse *ego*, dat 'ik' betekent. Mijn *ik* is dus mijn *ego*. Taalkundig hebben we er daarmee voor gekozen om een soort isgelijkteken te plaatsen tussen een sterk ego hebben en zelfzuchtig zijn. En zeker, in de wereld om ons heen zien we massa's mensen die zelfzuchtig en egoïstisch zijn. Het wemelt ervan. Voordat ik verderga, wil ik je eraan herinneren dat we het over ervaren gedragingen hebben en niet noodzakelijkerwijs over feitelijke eigenschappen.

Als we kijken hoe een rode persoon communiceert, begrijpen we waarom veel mensen hem egoïstisch vinden.

- *__Ik__ vind dat we op het voorstel moeten ingaan.*
- *__Ik__ wil die opdracht krijgen.*
- *Zo denk __ik__ erover.*
- *__Ik__ heb een goed idee.*
- *Zullen we het op __mijn__ manier doen of op de verkeerde?*

Voeg daar een scherpe blik en een duidelijke lichaamstaal aan toe en je ziet iemand die zal pakken wat hij wil hebben. Hij zal vechten voor zijn belangen. Hij zal aan iedereen die het maar wil horen vertellen dat hij dit kan. Vooral groene personen vinden het storend dat rode personen in de ik-vorm praten. Hun bewustzijn wordt in beslag genomen door de ik-boodschap. (Dit delen ze in principe volledig met gele personen, die ook een sterk ego hebben.)

Maar we hebben geleerd om voor elkaar te zorgen, we weten dat alleen niet sterk is, dat we elkaar nodig hebben om te overleven. Samenwerking is het model, dat verkondig ik al meer dan twee decennia. Daarom vinden we het egoïstisch als rode mensen alleen maar vanuit zichzelf praten. Ze verschaffen zich eigen voordelen voordat ze anderen helpen. Ze halen anderen omlaag als ze een kans op eigen gewin zien. Ze doen het misschien niet bewust, maar het effect is hetzelfde.

Hierdoor winnen rode personen vaak discussies. Voor hen is dat een natuurlijk onderdeel van het gesprek. Ze weten het altijd beter en vertellen graag dat alle anderen het mis hebben. Het past bij hun ego om zich zo te gedragen. Het gevolg is dat ze vrienden kwijtraken, dat ze niet aardig worden gevonden, dat ze worden afgesneden van informatie omdat niemand hen in de groep wil hebben. Als ze dit merken, is het goed mogelijk dat ze alle anderen voor idioot verklaren.

Een paar jaar geleden zat ik met zes mensen te eten. Een man, groen-blauw, vertelde zichtbaar gekweld dat hij niet goed in zijn vel zat. Hij kon de verantwoordelijkheid die zijn werkgever hem had gegeven niet waarmaken. Hij leed onder de werkdruk en kon 's nachts niet slapen. Dat gaf hem nog meer stress, omdat hij wist dat als hij zijn nachtrust niet terugkreeg, het hem nog meer moeite zou kosten om zijn werk goed te doen. Zijn vrouw zat naast hem en probeerde haar tranen te bedwingen. De situatie was voor alle aanwezigen bijzonder ongemakkelijk. Er kwamen louter bemoedigende opmerkingen, voorzichtige vragen hoe hij dacht de vervelende situatie te kunnen keren. We probeerden ons allemaal zo behulpzaam mogelijk uit te drukken.

De enige rode man aan tafel kreeg er na een poosje genoeg van en schold de gekwelde en gestreste stakker min of meer uit.

Zijn analyse was zonneklaar: 'Ik vind dat je te veel klaagt. Je verdient toch geld. Ik ben nooit ziek geweest en ik vind dat mensen over het algemeen te veel toegeven aan hun gevoelens en ik zou nooit in zo'n situatie belanden en ik vind eerlijk gezegd dat je je moet vermannen.'

Dat was het etentje. De stemming werd er die avond natuurlijk niet beter op.

Laten we eerlijk zijn – vooral rode personen worden omringd door idioten.

ZO KUNNEN ANDEREN GELE PERSONEN ERVAREN

Leuk, onderhoudend en bijna goddelijk positief. Absoluut. Wederom – dit zijn eigen interpretaties. Als je andere mensen vraagt wat ze van gele personen vinden, krijg je wellicht een ander beeld.

Velen zullen het eens zijn met wat je tot nu toe hebt gelezen, maar je zult ook andere geluiden horen. Het leukste is om het aan blauwe personen te vragen.

Zij zullen zeggen dat gele personen *zelfzuchtig*, *oppervlakkig* en *veel te zelfverzekerd* zijn. Sommigen vinden dat ze *te veel praten* en *slecht luisteren*. Voeg daaraan toe dat ze *ongeconcentreerd* en *slordig* kunnen zijn. Het beeld is ineens niet zo vleiend meer.

Als de gele persoon deze dingen hoort, kunnen er twee dingen gebeuren. Of hij raakt diepbedroefd en oprecht gekwetst, of hij begint boos te argumenteren. Dat ligt er een beetje aan. Het grappige is dat het hem uiteindelijk niet heel erg raakt. Deels omdat hij slecht luistert, en deels omdat hij, zoals sommige psychologen het zouden noemen, een selectief geheugen heeft. Hij vergeet de vervelende dingen simpelweg en met zijn positieve kijk op het leven denkt hij algauw dat hij geen fouten en tekortkomingen heeft.

Laten we eens kijken waar gele mensen mee worstelen, vaak zonder het zelf te weten.

Hallo, allemaal. Moeten jullie horen wat IK heb meegemaakt! Dat willen jullie toch zeker wel?

In het begin van dit hoofdstuk wees ik erop dat gele individuen heel goede communicatoren zijn. Dat ga ik nu herhalen.

Gele personen zijn heel goede communicatoren. Met nadruk op *heel*. Geen van de andere kleuren komt ook maar in de buurt van het gemak waarmee gele personen woorden vinden, zich uitdrukken, verhalen vertellen. Het is echt indrukwekkend hoe makkelijk, eenvoudig en soepel hun dit afgaat. Het is algemeen bekend dat de meeste mensen het niet prettig vinden om voor een publiek te spreken. Ze krijgen hartkloppingen en zweethanden en zijn doodsbang om af te gaan. Hier herkennen gele personen zich niet in. Afgaan komt niet voor in hun woordenboek, en mocht dat onverhoopt toch gebeuren, dan strijken ze het glad door een grappige anekdote te vertellen.

Maar het kan ook te veel van het goede worden. Ongeacht waar je goed in bent, op een gegeven moment bereik je een grens waar je je gewonnen moet geven. Gele personen, vooral die zonder zelfinzicht, hebben zo'n grens niet. Het komt niet bij hen op zich in te houden, als ze iets te zeggen hebben, dan moet het eruit. Dat niemand anders het belangrijk vindt, doet er niet toe.

Een gele persoon doet wat de meeste mensen doen – hij doet waar hij goed in is. En hij is goed in praten. Er zijn talloze voorbeelden van gele personen die alle beschikbare zuurstof in een gesprek gebruiken. Voeg daar een grote dosis slecht luisteren aan toe en er ontstaat een interessante (lees eenzijdige) communicatie.

Veel mensen voelen zich enorm geprovoceerd door deze onbegrensde woordenvloed. Het wordt vaak als egocentrisch ervaren als iemand nooit stil kan zijn. Begrippen als 'kletskous', 'woordenpoeper' en 'goed van de tongriem gesneden' zijn waarschijnlijk bedacht met gele personen voor ogen.

Het volgende voorbeeld heb ik tal van keren meegemaakt. Rond een vergadertafel zit een aantal mensen. De hoogste in rang verkondigt een mening, maakt niet uit waarover. Als er vervolgens een rondje langs de tafel wordt gemaakt, versterken alle gele personen die mening door hetzelfde te herhalen, mogelijk in hun eigen woorden. (Tegen alle vrouwen wil ik zeggen dat ik me ervan bewust ben dat dit eerder mannelijk gedrag is dan vrouwelijk.) Waarom doen ze zo? Tja, enerzijds is het belangrijk om te laten merken dat ze het ermee eens zijn, anderzijds kunnen ze het allemaal zoveel beter zeggen.

Een paar jaar geleden werd ik gevraagd de groepsdynamiek van een managementteam te bestuderen. Ik had toen net een nieuwe mobiele telefoon met een leuk speeltje: een stopwatch. Daarmee kon ik bijhouden wie er praatte, en hoeveel.

Er gebeurde iets heel interessants. In de kamer zaten de bestuursvoorzitter en zijn zeven naaste medewerkers. De echt gele onder hen, salesmanager Peter, had een van de negentien punten op de agenda ingebracht. Kijk even naar de verhouding 1/19. Dat is ongeveer 5,3% van de agenda.

De vergadering werd ingeleid door de bestuursvoorzitter, maar al vrij snel werd een helder patroon zichtbaar. Peter had over elk punt op de agenda een mening. Ik gebruikte mijn stopwatch en was gefascineerd door wat ik zag. Hij was *negenenzestig procent van de tijd* aan het woord. Het is echt waar. De overige eenendertig procent was voor de andere zeven, inclusief de bestuursvoorzitter.

Als je geel bent, heb je dit misschien alleen maar even snel doorgelezen omdat je wellicht jezelf herkent en dit een bijzonder slecht voorbeeld vindt. Anderen zullen zich afvragen hoe dit mogelijk is. Het *is* mogelijk, omdat gele personen probleemloos meningen en standpunten verkondigen en goede raad geven, of ze nu verstand hebben van het onderwerp of niet. Ze staan heel ruimhartig tegenover hun eigen kunnen – als een gedachte in hun hoofd opduikt, openen ze hun mond.

Over rode mensen wordt gezegd dat doen en denken hetzelfde zijn. Over gele mensen zou ik het idee willen lanceren dat denken en praten met elkaar samenhangen. Gele personen produceren niet zelden volstrekt onbewerkt materiaal dat uit de grote opening aan de voorkant naar buiten rolt. Het kan natuurlijk weloverwogen zijn, maar meestal is het dat niet. Het bedrieglijke is dat het bijna zonder uitzondering *geweldig klinkt.* Gele personen zijn goed in het presenteren van een tekst, wat ze zeggen klinkt altijd fantastisch. Als je deze persoon niet goed kent, is het goed mogelijk dat je alles wat hij zegt voor waar aanneemt – een ernstige vergissing.

Meestal is de gele zowel onderhoudend als inspirerend, en zoals eerder gezegd kunnen die eigenschappen anderen op nieuwe ideeën brengen. Maar als je een gesprek met hem wilt voeren, moet je alert zijn als hij even ademhaalt. Dat is het moment om zelf iets te zeggen. Of om het gesprek te beëindigen.

Ik weet dat het er rommelig uitziet, maar er zit systeem in de chaos!

Een gele persoon zal niet gauw toegeven dat hij slordig is. Maar het is voor hem niet natuurlijk om dingen te ordenen. Hij vindt het bijvoorbeeld saai om gestructureerd te werken. Dan moet hij zich in een mal voegen, binnen de kaders blijven. Als er iets is waar hij een hekel aan heeft, dan is het wel het gevoel gestuurd te worden door vaste systemen.

De oplossing is om de meeste informatie in het hoofd te hebben, wat echter onmogelijk is. Je kunt niet alles onthouden. De gele vergeet dus dingen, en de omgeving vindt hem nonchalant. Hij komt te laat, controleert dingen niet voordat hij levert omdat hij als hij ergens mentaal klaar mee is, niet teruggaat. Hij gaat verder. Door naar de volgende opdracht. Met iets anders bezig.

Details. Om een klus goed uit te voeren, moet je soms op de details letten. Gele personen vinden dat niet leuk. Ik durf zelfs te beweren dat ze er niet in geïnteresseerd zijn. Ze schilderen met brede penseelstreken.

Gele personen zijn over het algemeen goed in het op gang brengen van dingen. Ze zijn immers vindingrijk, en met zoveel creativiteit in hun bagage starten ze vaak allerlei projecten op. Maar ze zijn niet even goed in het afmaken van die projecten. Iets voor de volle honderd procent voltooien vereist een concentratie die de gele vaak mist. Hij verliest zijn belangstelling en gaat verder. En wij vinden hem onzorgvuldig en nonchalant. Zelf vindt hij dat hij best goed werk heeft geleverd. Allemachtig, waarom zou je je blindstaren op details? Het is toch best goed geworden? Dat er losse draden aan de trui hangen of dat het document vol spelfouten staat is niet even belangrijk als nieuwe dingen bedenken.

Dit gebeurt op allerlei gebieden. Ik heb een paar kennissen die nooit op tijd komen. Ze zijn altijd opgewekt en bedenken de leukste dingen, maar het zijn tijdsoptimisten. Het doet er niet toe hoe laat je afspreekt, ze komen altijd te laat. Zeven uur, halfacht of acht uur. Het maakt niet uit. Ze zijn toch niet op tijd. En als we het er later over hebben wordt drie kwartier te laat slechts een kwartiertje te laat. En na een poosje geloven ze het zelf ook nog. Het geeft niet. Wij wachten wel, omdat hun aanwezigheid de avond alleen maar gezelliger maakt.

Ik kan echt heel veel ballen in de lucht houden – het liefst allemaal tegelijk!

We moeten het even hebben over het onvermogen van gele mensen om langere tijd gefocust te blijven. Ze staan altijd open voor nieuwe indrukken. En dat is de keerzijde van hun ongelooflijke ontvankelijkheid voor nieuwe dingen, ideeën en indrukken. Er is zoveel nieuws!

En omdat nieuw synoniem is met goed, kan er maar beter de hele tijd iets gebeuren, anders verliest onze gele vriend algauw zijn aandacht. Hij kan niet naar het hele verhaal luisteren, of naar de achtergrond, en vooral niet naar alle details en feiten, die soms toch echt relevant zijn. Dat is allemaal niet interessant voor hem en hij zal zijn concentratie verliezen.

Wat gaat hij dan doen? Dat is heel eenvoudig. Iets anders. Hij gooit een nieuwe bal op. Het probleem is dat hij de ballen wel een tijd in de lucht kan houden, maar niet op het juiste moment in het goede vak krijgt. In plaats daarvan loopt hij weg en ploffen de ballen als valfruit neer op iemands hoofd.

Tijdens een vergadering kan hij zomaar met zijn mobieltje of computer gaan spelen, of hij begint met zijn buurman te kletsen. Aanvankelijk zachtjes, in de veronderstelling dat de anderen het niet merken. Maar dat doen ze natuurlijk wel, ze raken zelfs behoorlijk geïrriteerd. Maar zolang niemand er iets van zegt, gaat hij gewoon door. Wat dat betreft zijn gele personen net kinderen. Ze vinden het leuk om te kijken hoe ver ze kunnen gaan. Ze gaan net zo lang door tot iemand boos wordt en er op scherpe toon iets van zegt. En natuurlijk zijn ze dan gekwetst. Ze wilden toch alleen maar...

Dat ze zich snel vervelen kan echter beduidend grotere gevolgen krijgen dan een storend optreden tijdens een vergadering. Ze zijn niet goed in alledaagse dingen zoals administratie en follow-up. De meeste gele personen zullen ontkennen wat ik zojuist heb geschreven. In hun ogen zijn ze ook hier een meester in. Maar de follow-up, of liever gezegd het ontbreken daarvan, kan echt een serieuze bedreiging vormen voor de voltooiing van een project.

Nieuwe projecten – top! Een nieuwe, dynamische groep interessante mensen samenstellen – check! De boel opstarten en visies en doelstellingen formuleren – maak je een grapje? Is al gebeurd! In het begin keihard werken om de vaart er goed in te krijgen? Natuurlijk. Maar daarna? Toezicht houden op wat er wel of niet in een project gebeurt is absoluut niet leuk. Dat is achteromkijken, en dat is vervelend en gaat niet gebeuren. De gele kan zijn concentratie niet lang genoeg vasthouden om ergens voldoende follow-up aan te geven. Hij zegt liever tegen zichzelf dat je moet laten zien dat je de mensen vertrouwt.

Toen ik een aantal jaren geleden verkopers van een grote commerciële televisiezender coachte, maakte ik een grappig voorval mee. Op een gegeven moment was ik in gesprek met een vrouwelijke verkoper, een slimme vrouw die belangrijke deals sloot. We hadden een aantal tekortkomingen in haar persoonlijkheidsprofiel geïdentificeerd – nadat ze haar best had gedaan om mij ervan te overtuigen dat ook slechte dingen best goed kunnen zijn – en zouden nu een plan opstellen voor de groei van haar persoonlijke ontwikkeling.

Dat ging bij het eerste punt al bijna mis: wanneer moest ze beginnen?

Dat kon niet dezelfde dag, want het was al drie uur in de middag. En de volgende dag stond vol met afspraken. Volgende week dan maar. Maar dan was ze op pad. Misschien de week daarna, ze zou wel zien.

Nog voordat ze begonnen was, had ze de wedstrijd al bijna verloren.

Ik! Ik!!! IK!!!

Gele personen zijn niet per se zelfzuchtiger dan andere, maar ze wekken wel die indruk. Waarom? Dat heeft voor een groot deel te maken met de manier waarop de dialoog wordt gevoerd. Ze praten namelijk bijna voortdurend over zichzelf. En wanneer ze andere mensen niet interessant en spannend genoeg vinden, onderbreken ze hen en brengen het onderwerp op iets veel interessanters – vaak zichzelf.

Ik herinner me een verkoper met wie ik begin deze eeuw op een congres van een farmaceutisch bedrijf in contact kwam. Gustav vertoonde alle minder positieve kanten van het gele gedrag, en het probleem was dat hij zich daar absoluut niet van bewust was. Hij praatte vrijwel uitsluitend over zichzelf en de dingen die hij had gedaan, en hij gedroeg zich alsof hij het congres leidde en niet ik. Ik heb zo mijn methodes om met dit soort jongens om te gaan. Maar ik vind het leuk om ze een tijdje te observeren, voordat ik ze in de eerste pauze onder vier ogen met een paar welgekozen woorden op hun gedrag wijs.

Een paar voorbeelden: elke keer dat ik de groep een vraag stelde, antwoordde Gustav. Snel en rap, en als teken van sterke betrokkenheid. Ware het niet dat hij vaak onzin uitkraamde. Hij zei gewoon wat er in zijn hoofd opkwam. Hij kon niet voor zich houden wat hij dacht, het moest er allemaal uit. Toen ik met een handgebaar aangaf dat ik wilde horen wat Gustavs collega's te zeggen hadden, ging hij in mijn gezichtsveld zitten en praatte gewoon verder.

Toen ik mijn vragen tot specifieke personen in de kamer richtte – door hen bij hun naam te noemen – bleef Gustav antwoord geven. Best indrukwekkend, toch? Hij was een poosje aan het woord en zei daarna tegen Sven: 'Dat had je toch willen antwoorden, Sven?' Sven schudde meestal alleen maar zijn hoofd. *Waarom vraag je dat nog?* Hij was eraan gewend. En zo ging Gustav de hele ochtend door, tot ik hem erop aansprak. Hij vulde anderen aan zodra er een gaatje viel of het even stil was.

Hij liet niemand anders aan het woord en alles wat hij zei moest als waar worden beschouwd. Hij gebruikte de meeste zuurstof in de kamer en stond er geen moment bij stil dat de andere negentien aanwezigen misschien iets op het hart hadden. Het grappige was dat iedereen wist wat er aan de hand was. Maar niemand had de puf om Gustav op zijn gedrag aan te spreken. Ze staarden mij met iets wanhopigs in hun blik aan en hoopten dat ik een manier wist om hem stil te krijgen.

Tijdens de lunch verkondigde hij luid en duidelijk dat het congres naar zijn mening heel goed verliep. In feite had de meerderheid van de groep een hekel aan het geluid van zijn stem. Ze konden Gustav amper verdragen.

Dat heb ik nog nooit gehoord – anders had ik het echt nog wel geweten!

Als de gelen iets niet goed kunnen, dan is het wel luisteren. Daar zijn ze echt heel slecht in. Ik heb veel gele personen ontmoet die denken dat ze wel degelijk goed kunnen luisteren – en dit onbetwistbare feit illustreren ze natuurlijk met amusante voorbeelden – er mankeert alleen iets aan hun geheugen. Ze vinden dat ze alles heel goed opnemen, maar ergens onderweg naar de opslagruimte in hun hersenen raakt het simpelweg… zoek.

Nee, het gaat niet om het geheugen. Het gaat erom dat gele personen vaak niet geïnteresseerd zijn in wat anderen zeggen, omdat zij het zoveel beter kunnen. Ze verliezen hun aandacht, gaan aan andere dingen denken, andere dingen doen. Ze willen niet luisteren – ze willen praten.

Ze zijn ook best kinderlijk, in die zin dat ze het liefst leuke dingen doen. Als een uiteenzetting of een verhaal of een gewoon gesprek saai wordt, sluiten ze zich gewoon af. Natuurlijk is er een remedie – volg een cursus vermakelijke retorica, dan kun je de aandacht van je gele vriend, partner of collega wellicht vasthouden. Als je je boodschap wat leuker verpakt, zal hij in elk geval langer blijven zitten. Retorica is tenslotte niet de kunst om te praten, maar de kunst om anderen te laten luisteren.

Heb je inmiddels iemand uit je vriendenkring als geel geïdentificeerd? Dan weet je precies wat ik bedoel. Midden in een zin doet hij zijn mond open en begint over iets heel anders te praten. Een slecht geheugen? Nee, jouw verhaal begon hem gewoon te vervelen. Maar het is duidelijk – als er ook nog sprake is van een slecht geheugen, wordt het echt een probleem.

Veel succesvolle mensen in de maatschappij zijn vaak betere luisteraars dan het gemiddelde. Ze luisteren liever dan dat ze praten. Ze weten al wat ze weten, en om meer te leren moeten ze simpelweg hun mond houden en horen wat anderen zeggen. Dat is een manier om nieuwe kennis te vergaren. Het is iets wat gele personen beter zouden moeten begrijpen, willen ze niet als volstrekt hopeloos worden beschouwd. Of in hun persoonlijke ontwikkeling stagneren. Ze moeten bijvoorbeeld luisteren naar wat ik hierover heb gezegd. Als ze weigeren daar lering uit te trekken omdat het een lastige en misschien saaie boodschap is, zullen ze nooit iets leren.

ZO KUNNEN ANDEREN GROENE PERSONEN ERVAREN

Wat vinden andere mensen – met andere kleuren – van groene personen? Het beeld is niet eenduidig. Behalve dat ze als heel aardig, vriendelijk en zorgzaam worden beschouwd, zijn er ook minpuntjes. Iemand die uit angst voor conflicten ja zegt maar nee bedoelt – hoe ga je met zo iemand om? Hoe weet ik wat hij er eigenlijk van vindt?

Vooral rode en gele personen hebben moeite met wat ik *het stille verzet* noem. Zwijgen in plaats van duidelijk je mening geven. Er zijn echter groene mensen die wel de waarheid zeggen – achter de rug van de persoon in kwestie om. Daarom worden ze soms als vals opgevat. Terwijl ze alleen maar conflicten willen vermijden. Over het algemeen vrezen groene personen altijd het ergste en daarom hebben ze de neiging zich afwachtend op te stellen.

Dan is er de relatie tot verandering. Begrijpen dat er iets moet veranderen, maar er toch nee tegen zeggen kan ertoe leiden dat de omgeving denkt dat groene mensen niet willen veranderen, dat ze zelfingenomen, eigenwijs, ongeïnteresseerd en onverschillig zijn. Net als eerder hebben we het hier over interpretaties van de omgeving. En als we rode personen vragen wat ze ervan vinden, zal het zware waarheden regenen.

Stijfkoppigheid zal nooit een deugd worden

Wat doe je met iemand die nooit van mening verandert? Echt nooit? Zelfs niet als de feiten ervoor pleiten dat het tijd is om een andere richting in te slaan? Wanneer de wil om op de ingeslagen weg verder te gaan het helemaal heeft overgenomen?

Het verschil tussen groen en blauw is dat blauwe personen eerst meer feiten willen horen, terwijl groene wachten tot het overwaait. Ze willen namelijk niet veranderen. Ze hebben iets besloten en zijn niet van plan te zwichten. Waarom niet? Omdat ze dat niet gewend zijn.

Ga maar na. Je bent misschien je hele leven bezig geweest om een bepaalde mening te vormen over het gevaarlijke cholesterol in voedsel, ruimtereizen of Britney Spears. Nu komt er een man die zegt dat je je eerdere mening moet vervangen door de zijne.

Dat gaat niet gebeuren. Groene personen wachten misschien tot het juiste gevoel zich aandient. En als dat niet gebeurt, tja... ze zijn over het algemeen vrij geduldig.

Laat me vertellen over een jonge man. Hij is de zoon van een bevriend echtpaar. Deze jongen doet het best goed op school, hij haalt voldoendes. Hij heeft veel vrienden.

Om te beginnen wil ik erop wijzen dat je voorzichtig moet zijn als je het over jonge mensen hebt, in dit geval een tiener. Hun persoonlijkheid en hun karakter zijn nog niet volledig gevormd. Voor jonge mensen valt er nog steeds veel te leren over het leven. De indrukken zijn nog niet definitief.

Wat is dan het probleem?

Deze jonge man heeft zijn eigen ideeën over wat goed en fout is. En echt helemaal niets kan hem van opvatting doen veranderen. Het kan gaan om iets wat hij van een vriend heeft gehoord, op tv heeft gezien of op school heeft gehoord. Wanneer deze kennis of dit idee, om welke reden dan ook, zich in zijn bewustzijn heeft genesteld laat hij zich door niets en niemand op andere gedachten brengen.

Het maakt niet uit welke feiten zijn ouders aandragen, met welke harde bewijzen ze komen – zijn mening staat vast. Zelfs als zijn ouders op eventuele gevaren wijzen, trekt hij zich daar niets van aan.

Stel het je eens voor. Je geeft hem alle mogelijke feiten en de jongen zegt dat hij het begrijpt. Hij is het ermee eens dat het logisch klinkt. Je verwacht dus dat hij zijn mening zal bijstellen. Maar deze jongen is niet van plan dat te doen. Sommigen zouden dat stijfkoppig noemen.

Hoe komt dit? Dat is een goede vraag. Het kan te maken hebben met de herkomst van de informatie. Als een vriend zegt dat je als vuilnisman evenveel kunt verdienen als een afgestudeerd arts maakt het niet veel uit of dat waar is of niet. Als diezelfde vriend zegt dat je niet voor rijden onder invloed kunt worden gepakt als je na drie flesjes bier op je brommer stapt, dan wordt dit een waarheid, zelfs als wij met feiten kunnen aantonen dat het niet klopt.

Als deze jongen hoort dat hij een geweldige baan zal krijgen als hij maar wat beter zijn best doet op wiskunde, dan wordt het waar.

Als de informatie van zijn beste vriend komt, moet het wel waar zijn. Als de groene persoon veel of erg veel vertrouwen heeft in een bepaald iemand, dan worden de woorden van die persoon wet. Groene personen laten zich makkelijk uitbuiten, omdat ze nogal naïef en goedgelovig zijn. En er zijn helaas mensen die daar misbruik van maken.

Soms is deze eigenzinnigheid een kracht, laat daar geen twijfel over bestaan. Maar wanneer de omgeving het als pure stijfkoppigheid opvat, geeft het alleen maar problemen.

Waarom zou je je best doen? Het is toch allemaal niet de moeite waard

Omdat er geen grote betrokkenheid lijkt te zijn – er kan een zekere gemakzucht worden waargenomen en de groenen hebben de neiging om afwachtend om zich heen te kijken wat de anderen gaan doen – kan de indruk ontstaan dat de groene niet noemenswaardig geïnteresseerd is. En vaak klopt dat. Hij is eerder passief dan actief en dit zie je terug in zijn gedrag. Er gebeurt gewoon niet bijzonder veel.

En wat maakt het eigenlijk uit? Als je thuisblijft kan er niet veel fout gaan, toch? De groene heeft niet door dat veel andere mensen dingen willen ondernemen. Hij gaat ervan uit dat iedereen er net zo over denkt als hij en blijft lekker op de bank zitten. Hij is tevreden met nietsdoen. Alles wat deze opvatting verstoort, wordt als bedreigend ervaren. Het resultaat? Nog meer passiviteit.

Ik heb een keer een rood-gele manager ontmoet die zijn medewerkers als ongeïnspireerd en ongeïnteresseerd beschreef. Het zat hem behoorlijk dwars, maar wat hij ook probeerde, ze kwamen niet uit de startblokken. Hij had allerlei voorstellen gedaan – sommige echt heel interessant – maar er gebeurde niets. Zo kan dat gaan met groene personen. Ze herkennen een goed idee even snel als alle anderen. Maar waar bijvoorbeeld de rode collega's er als een speer met het estafettestokje vandoor gaan, blijven de groene zitten wachten. Meestal op het juiste gevoel, en als dat zich niet aandient, tja... eigenlijk willen ze toch niets doen en dat lukt op deze manier.

Deze manager liet alle medewerkers een voor een bij zich komen en vroeg hun wat ze van het werk en het bedrijf vonden. Hij maakte zich zorgen om hun zichtbare gebrek aan betrokkenheid. Een paar mannen van begin veertig zeiden onomwonden dat ze niets konden bedenken wat ze de moeite waard vonden om zich voor in te zetten. Dat frustreerde de manager enorm. Hij probeerde van alles, maar kreeg nauwelijks respons.

Dit kan ook in een huwelijk gebeuren. Er bestaan allerlei stereotypen. Dat sommige vrouwen zich aangetrokken voelen tot het rustige, sterke type bijvoorbeeld. Daar is niets mis mee. Maar als de vrouw na verloop van tijd merkt dat haar man alleen dat is – rustig en sterk – gaat ze het misschien minder leuk vinden. En als ze plannen maakt en hij zegt dat het hem allemaal niet uitmaakt, raakt ze verward. En maakt nog grotere plannen. En hij pakt de leuning van zijn lievelingsstoel nog steviger vast.

Dat is de paradox. Hoe groter de plannen, hoe minder betrokkenheid de groene toont. Hij wil alleen maar rust.

Hier volgt een voorbeeld: ik schrijf al twintig jaar fictie en hoopte altijd een uitgever voor mijn werk te vinden. De hele familie wist ervan. Niet dat ik er veel ophef over maakte, maar ik stak mijn ambities ook nooit onder stoelen of banken. Toch zijn er verschillende familieleden die helemaal geen belangstelling en betrokkenheid tonen. Eén groene persoon in mijn naaste omgeving weet heel goed hoe belangrijk dit voor mij is. Ik heb herhaaldelijk verkondigd dat dit mijn droom is, dat ik het geweldig zou vinden als het me zou lukken. Toch heeft hij nooit echt geïnformeerd hoe het ging. Misschien kwam er om de vijf jaar een opmerking dat ik het niet zo serieus moet nemen omdat het alleen maar op een teleurstelling zal uitlopen. En als ik dan zei: 'Dit jaar gaat het gebeuren, nu moet ik er keihard tegenaan om te slagen!', dan was zijn antwoord: 'Wat vreselijk. Zoveel werk.' Veel werk is de grootste vijand van de groene, juist omdat het dat is: werk. Groenen leven vanuit een soort perceptie dat alles makkelijk moet zijn.

Deze vorm van onverschilligheid en ontbrekende betrokkenheid kan dodelijk zijn voor het enthousiasme van de geïnspireerdste persoon. Zelf stelde ik mijn vertrouwen in anderen om de energie te vinden om door te gaan. Maar dat begrijpt de groene persoon niet. Hij wil niet dat mensen betrokken zijn, dat is alleen maar lastig. Laten we liever... lekker nietsdoen.

Wat je niet duidelijk denkt, kun je niet duidelijk zeggen

Groene personen nemen niet graag stelling in gevoelige kwesties. Ze hebben net zoveel meningen en ideeën als iedereen, maar die bazuinen ze niet rond. Om de eenvoudige reden dat er ruzie van kan komen.

Het gevolg is dat ze zich soms nogal vaag uitdrukken. In plaats van te zeggen dat *iets niet kan*, zeggen ze dat *het ernaar uitziet dat er wat problemen zijn met de levering*. Natuurlijk betekent het alle twee hetzelfde. We hebben meer tijd nodig. Maar met een minder directe manier van uitdrukken neem je ook minder risico's. Als je duidelijk stelling neemt, moet je er ook voor staan. En dat is lastig.

De groene neemt graag het zekere voor het onzekere. Door zich onduidelijk uit te drukken hoeft hij geen verantwoordelijkheid te nemen. Bij twijfel komt zijn goede naam niet op het spel te staan. Want als hij geen stelling *voor* iets neemt, neemt hij ook geen stelling *tegen* iets. Hoor je hoe onlogisch het klinkt? Maar als je groen bent, weet je precies wat ik bedoel. Ik heb ooit een vrouw ontmoet die zei dat ze hetzelfde dacht als alle anderen. Had ik hen al gevraagd…?

Maar worden groene mensen vaag gevonden alleen omdat ze de relatie willen redden? Nee, absoluut niet. Groene personen zijn alleen niet even precies als de andere kleuren. Wanneer een rode persoon zegt dat hij het echt vreselijk vindt om naar Laila Westersund te luisteren, zegt de groene dat hij betere zangeressen kent. Wanneer een blauwe persoon zegt dat hij sinds vorige week dinsdag – rond koffietijd – 3,65 kilo is afgevallen, zal de groene zeggen dat hij de afgelopen tijd een paar kilo is kwijtgeraakt.

Het hangt ook samen met het feit dat groenen niet even zaakgericht zijn als rode en blauwe personen. Groenen praten niet op dezelfde manier over feiten als zij. Ze hebben het liever over relaties en gevoelens en dan is het moeilijker om exact te zijn. Want hoe meet je een gevoel?

Ik houd precies twaalf procent meer van je dan vorige maand. Nee. Niet erg waarschijnlijk.

Ik weet dat ik dat meteen zou moeten veranderen – ik wil er alleen nog (lang) over nadenken

Dit is het grote struikelblok. Wil je veranderingen doorvoeren in een groep die uit veel groene personen bestaat? Succes ermee. Als het om grote veranderingen gaat, moet je je afvragen of het überhaupt de moeite van het proberen waard is. Als het ook nog snel moet, kun je het eigenlijk wel vergeten. Want zo ziet het eruit in het hoofd van groene personen:

- *Je weet wat je hebt, maar niet wat je krijgt.*
- *Vroeger was alles beter.*

- *Zo heb ik het altijd gedaan.*
- *Het gras is niét groener aan de overkant.*

Herkenbaar? Het is inderdaad waar dat niet alle veranderingen goed zijn, maar kom op! Ik zeg niet dat het altijd verkeerd is om je op bovenstaande manier uit te drukken, maar wanneer veranderingen echt noodzakelijk zijn, kan een dergelijke mentaliteit heel gevaarlijk zijn.

Een klassiek cliché – inmiddels een beetje versleten, ik weet het – is hoe vaak je thuis aan de ontbijttafel op een andere plek gaat zitten. Ik stelde deze vraag vroeger regelmatig aan groepen die ik coachte. De meeste mensen glimlachten en zeiden dat ze gingen zitten waar ze altijd zaten, dat ging vanzelf. Ik doe het soms ook. Maar als iemand me erop wijst dat ik vastzit in een slechte gewoonte, dan doe ik daar wat aan. De groene daarentegen verandert niet.

Kijk hoe een groene persoon op deze vraag reageert en je ziet het probleem. Ik heb volwassen mensen wit zien wegtrekken en hun voorhoofd zien afvegen bij de gedachte dat ze aan de andere kant van de tafel moesten gaan zitten. Ik heb met een man gewerkt, Sune heette hij, die in de kantine altijd een bepaalde routine had. Als dat om de een of andere reden niet lukte, was de rest van zijn dag inktzwart. Sunes lievelingsplek was onder een bepaald schilderij. Daar lunchte hij, week in, week uit, maand in, maand uit, jaar in, jaar uit. Altijd op dezelfde stoel.

Als hij in de kantine kwam en zag dat de plaats bezet was, stopte hij midden in een pas. Eenmaal van de schrik bekomen liep hij door naar zijn reserveplaats, een niet even goede maar toch acceptabele plek bij een raam. Als hij zijn soep daar moest eten, zat hij de hele maaltijd boos naar de persoon te kijken die 'zijn' plaats had gestolen. Natuurlijk zei hij er nooit iets van. Maar hij zat wel de rest van de dag te mokken. Dat is ook zo'n specialiteit van de groenen – ze keren hun frustratie naar binnen en laten iedereen zien dat ze zich ellendig voelen. Als ook Sunes reserveplaats bezet was, liep hij de kantine uit en was zijn hele dag verpest.

Laat me nog een voorbeeld geven. Mijn moeder – helaas overleden en voor eeuwig gemist; we blijven altijd van je houden, lieve mama – die echt groen was, wilde altijd op de kleinkinderen passen als we dat vroegen, vooral toen ze nog klein waren. Ik kan me herinneren dat mijn vrouw en ik een keer op een vrijdagavond bij vrienden zouden gaan eten. Ik had mijn moeder al weken van tevoren gevraagd of ze wilde oppassen omdat ik wist dat ze tijd nodig had om zich daar mentaal op voor te bereiden.

Op de dag van het etentje belde de gastvrouw: haar man was ziek en de afspraak kon niet doorgaan. Ik belde mijn moeder en vertelde wat er aan de hand was. We zouden thuisblijven. Het werd helemaal stil aan de andere kant. Ik zei dat ze nog steeds van harte welkom was en dat de kinderen hun oma graag wilden zien.

Mijn moeder twijfelde. 'Wat doen we nu?' vroeg ze. Ik zei dat we zouden doen wat we hadden afgesproken. Omdat haar tas al was gepakt en het bed in de logeerkamer al was opgemaakt, was het toch een perfecte gelegenheid om gewoon te komen? Ze aarzelde. Want het zou nu helemaal anders zijn. *Jullie zijn immers thuis.* Het voelde niet goed en ze had bedenktijd nodig. Ze beloofde terug te bellen.

Wat was eigenlijk mijn moeders probleem? In feite betekende dit helemaal geen verandering voor haar. Ze zou nog steeds een nacht komen logeren. Ze kon nog steeds de kleinkinderen zien. Maar ze hoefde geen verantwoordelijkheid te dragen, wij zouden voor haar zorgen, in plaats van zij voor ons.

De situatie was veranderd. Wij waren thuis. En dat was het probleem. Mijn vrouw en ik zouden er zijn. Misschien had mijn moeder zich verheugd op een bepaald tv-programma. Misschien had ze een speciaal gerecht voor de kinderen willen maken. Misschien, ik weet het niet. Ze zei er niets over, we weten het dus niet. Maar de verandering was zo groot dat ze bedenktijd nodig had.

(Ze is uiteindelijk gekomen. Een leuk bijkomstig verhaal, dat misschien met haar generatie te maken heeft, is dat ik haar om halfvijf kwam halen. Ze vroeg waarom ik zo laat was. Ik antwoordde dat ik had beloofd er om vijf uur te zijn en dat ik dus een halfuur te vroeg was. Haar antwoord? Ze zat al sinds vier uur te wachten.)

Ik ben nog nooit zo ontstemd geweest, maar zeg het alsjeblieft tegen niemand

Dit is het andere grote dilemma van het groene gedrag. Groene personen hebben een hekel aan ruziemaken. Deze weerzin tegen conflicten leidt bovendien tot allerlei andere uitdagingen, zoals eigenwijsheid, onduidelijkheid, de onwil om te veranderen. Omdat groene personen uitgesproken relatiemensen zijn, is niets belangrijker dan het intact houden van de relatie. Het probleem is alleen dat de methode niet werkt.

Je kunt op twee manieren naar conflicten kijken. Of je kiest voor het *harmoniemodel*, dat wil zeggen dat je naar harmonie streeft. Alles is gericht op eensgezindheid. Het eens zijn wordt een doel op zich. Iedereen die een conflict veroorzaakt, is in de ogen van groene personen een lastige ruziezoeker. Conflicten duiden op slecht leiderschap, slechte communicatie, onenigheid. Daarom smoren de groenen conflicten in de kiem en doen ze net alsof ze niet bestaan. Niemand wil toch een ruziemaker kennen?

Ik heb ooit een vrouwelijke coach ontmoet die een interessante metafoor voor dit gedrag gebruikte. Ze zei dat het was alsof je aan tafel naar de afgehakte kop van een eland zat te kijken. Je weet wel, met een gewei en vliegen en alles. Iedereen ziet de elandenkop liggen, maar niemand zegt er iets van. Het eten wordt door de stangen van het gewei heen doorgegeven alsof er niets aan de hand is. Uiteindelijk vraagt iemand of er echt een elandenkop op de tafel ligt. Iedereen antwoordt ontkennend. Dan zegt iemand anders dat ze er iets aan moeten doen. Die persoon wordt de onruststoker, omdat er nu iets aan die akelige afgehakte elandenkop moet worden gedaan. Had hij niet gewoon zijn mond kunnen houden?

Tegenwoordig weet de gedragswetenschap wel beter. Nastreven dat iedereen het voortdurend met elkaar eens is, is een utopie en zonde van de moeite. Uiteindelijk zal iemand het deksel optillen dat alle onenigheid zo lang effectief en hermetisch heeft bedekt – en wat gebeurt er dan? Kijk eens wat hier ligt? Wat een stank. Het *harmoniemodel* leidt op den duur gegarandeerd tot conflicten.

Het tegenovergestelde is het *conflictmodel*. Dit betekent kort gezegd dat we accepteren dat er conflicten voorkomen – dat dat in feite natuurlijk is. Er bestaan geen mensen die het voortdurend over alles eens zijn.

Het *conflictmodel* komt erop neer dat elke afwijkende kwestie meteen wordt aangepakt. Dit doen rode personen, maar ook bepaalde gele, van nature. Als ze iets zien wat niet werkt, zeggen ze dat. Dat betekent ook dat de problemen in een vroeg stadium kunnen worden opgelost. Ze pakken het probleem aan voordat het naar verrotte eland gaat stinken.

Het *conflictmodel* zorgt meestal voor harmonie.

Maar de groene wil daar niets van weten. Hij zal er alles aan doen om het toverachtige gevoel dat iedereen het met elkaar eens is vast te houden. Het is toch veel leuker als we er allemaal hetzelfde over denken? Zou de wereld niet veel mooier zijn als er geen conflicten waren?

Neem de volgende situatie, die we allemaal weleens hebben meegemaakt. We hebben een vergadering op het werk. Er zijn zo'n tien mensen in de kamer. Het kunnen er een paar meer of minder zijn, maar je ziet het voor je. Iemand – de baas of willekeurig wie – heeft net zijn verhaal gehouden en wil nu weten wat de anderen ervan vinden. Vol verwachting kijkt hij in het rond en wacht op feedback.

Als er rode of gele personen in de kamer zijn, zullen ze zeggen wat ze van het zojuist gelanceerde voorstel vinden. De roden omarmen of verwerpen het. De gelen praten over hun eigen reflecties op het voorstel. Een paar blauwen hebben ongetwijfeld een aantal vragen.

Wat doen de groenen? Helemaal niets. Ze zakken weg op hun stoel en blijven zo zitten. Ze zwijgen en geven alleen antwoord op directe vragen. Ze kijken angstig om zich heen en hopen dat iemand zal zeggen dat het in feite een belachelijk voorstel is. De groep is te groot om een afwijkende mening te laten horen. Als ze iets schokkends of negatiefs zeggen, worden alle ogen op hen gericht en dat willen ze niet. Als ze zeggen wat ze er echt van vinden, zal er een verhitte discussie losbarsten en omdat groene personen niet graag aan verhitte discussies deelnemen – ze willen niet eens in dezelfde ruimte verkeren – houden ze hun mond.

Hoe zal de spreker reageren? Hij zal denken dat iedereen het met hem eens is. Wat hij niet weet, is dat de helft van de aanwezigen dit het domste voorstel vindt dat ze ooit hebben gehoord. Als de waarheid aan het licht komt – want dat gebeurt vroeg of laat – wat krijgen we dan? Precies – een conflict.

Want je kunt er zeker van zijn wat er bij de koffieautomaat en in het rookhok wordt gezegd: de waarheid. Als groene personen hun ei kwijt moeten, praten ze achter je rug om. In groepjes van twee of drie ventileren ze met plezier hun misnoegen. En daar zijn ze goed in. Zolang ze denken dat jij niets in de gaten hebt, zullen ze op een manier die je nooit van een groene persoon had verwacht kwaad over je spreken...

ZO KUNNEN ANDEREN BLAUWE PERSONEN ERVAREN

Soms krijgen ook de perfectionistische blauwe individuen kritiek. Ze zijn *ontwijkend*, *defensief*, *perfectionistisch*, *gereserveerd*, *kieskeurig*, *pietluttig*, *onzeker*, *conservatief*, *onzelfstandig*, *sceptisch*, *achterdochtig*, *traag*, *afstandelijk* en *koel*. Pf! De lijst met de gebreken van deze muggenzifters kan behoorlijk lang worden.

Maar ze vinden het vooral moeilijk om op gang te komen, omdat ze zich zo grondig willen voorbereiden. Overal zijn risico's aan verbonden en ze zijn bijna bezeten van details. Zet nooit te veel blauwe personen in dezelfde groep. Ze blijven tot in het oneindige plannen, maar beginnen nooit ergens aan.

Verder worden veel blauwe personen als erg kritisch en bijna achterdochtig ervaren. Ze zien alles en hebben de neiging om hun observaties nogal ongevoelig kenbaar te maken. Wat ze produceren is meestal van hoge kwaliteit, maar hun haarkloverij en hun kritische houding brengen het humeur van de omgeving op een bedenkelijk laag niveau. Ze beschouwen zichzelf als realisten. Terwijl ze – in de ogen van alle anderen – in feite pessimisten zijn.

Zet een poosje je gele bril op en kijk wat er gebeurt.

Goed moet echt goed zijn, anders gaat het faliekant fout

Laten we eerlijk zijn. De focus op feiten en details gaat zo nu en dan echt te ver. Soms is het niet redelijk om nog verder te zoeken. Herinner je je de bestuursvoorzitter die een leiderschapsprogramma wilde kopen? Hij kwam nooit uit de startblokken.

De controlebehoefte van de blauwen kan problemen voor de omgeving veroorzaken. De anderen, die misschien tevreden zijn met *good enough*, trekken het gewoonweg niet om alle vragen aan te horen en te zien hoe de details van alle kanten worden bekeken. Maar voor een blauwe persoon is *good enough* nooit *good enough*.

Ik vind het leuk om thuis te klussen, iets aan de inrichting te doen en af en toe een behangetje te plakken. Een paar jaar geleden hadden we een nieuwe keuken gekocht en hoewel mijn familie goed meehielp, deed ik het meeste zelf. Ik werkte hard en was heel tevreden toen alles klaar was. Voor een leek had ik het best goed gedaan.

Een goede vriend, Hans, kwam langs. Hij ziet altijd alles en we kennen elkaar al jaren. Hij wist dat ik me flink had uitgesloofd en dat ik enorm tevreden was over mezelf. Toen hij in de keuken kwam, keek hij rustig om zich heen en zei: 'Nieuwe keuken? Mooi. Dat deurtje hangt geloof ik scheef.'

Goed, dat was misschien niet wat ik wilde horen. Maar voor Hans was het de hoogste vorm van logica. Hij zag een fout en die kon hij door zijn gevoel voor perfectionisme niet negeren. Omdat hij ook geen uitgesproken relatiemens is, moest hij er iets van zeggen. Hij richtte zijn kritiek niet rechtstreeks op mij, alleen op iets wat ik had gedaan. Namelijk het scheef ophangen van een deurtje.

Dit soort pietluttigheid kan op verschillende manieren tot uitdrukking komen. Het kan iemand zijn die er niet tegen kan dat de stapels papieren op zijn bureau scheef liggen, die een e-mail vijftien keer herschrijft tot die perfect is, of iemand die urenlang aan een eenvoudige Excelsheet of een powerpointpresentatie zit te schaven.

Ze zijn nooit klaar. Er is altijd meer te doen

Ik gaf een keer een cursus gedragswetenschap aan een groep personen die allemaal in dezelfde ruimte werkten. De groep bestond uit een twintigtal mensen. De eerste middag deelde ik de schriftelijke analyse uit van de test die elk afzonderlijk individu had gemaakt. Iedereen las met stijgende fascinatie over zichzelf en de meesten leken heel tevreden.

Behalve één vrouw. Ze was bijzonder boos over haar analyse. Die klopte namelijk van geen kanten. Nadat ik haar had gevraagd of het goed was dit met de hele groep te bespreken, vroeg ik waar ze ontevreden over was.

Te veel dingen klopten niet met hoe ze eigenlijk was, deelde ze mee. Zo zou ze volgens de analyse een pietlut zijn. Dat was ze helemaal niet. Ik merkte dat een aantal mensen begon te glimlachen. Kennelijk dachten haar collega's er anders over.

Ik vroeg haar of ze enig idee had waarom de analyse haar een pietlut noemde. Ze had geen flauw idee. Het was haar allemaal een raadsel. In feite was het een waardeloos instrument.

Omdat ik besefte dat de vrouw blauw was, was ik voorzichtig met wat ik zei. Ze zou me toch niet geloven. Ik was tenslotte slechts een consultant die nog maar twintig jaar met dit instrument werkte. Wat wist ik er eigenlijk van?

In plaats daarvan vroeg ik haar om een voorbeeld waaruit bleek dat ze geen pietlut was. Geen probleem, ze had voorbeelden genoeg. Haar kinderen namen regelmatig alle drie hun drie beste vriendjes en vriendinnetjes mee naar huis. Als ze 's avonds thuiskwam, struikelde ze bijna over alle schoenen in de gang. Ze begon meteen met het uitschudden van de vloerkleden en het sorteren van de schoenen. Ze vertrouwde me toe dat ze schoenen met maat 45 helemaal achteraan neerzette, die gingen het laatst naar huis, dus dat leek haar het meest logische. De kleinste schoenen plaatste ze in keurige rijtjes vlak bij de deur.

Vervolgens ging ze naar de keuken. Wat zag ze daar? Overal kruimels. Alle kinderen hadden boterhammen gegeten en de keuken was een waar slagveld. Het kostte haar twintig minuten om de boel op te ruimen, te stofzuigen en de tafel en het aanrecht schoon te vegen. Pas daarna kon ze haar jas uittrekken en enigszins tot rust komen.

Een pietlut? Zij? Welnee.

Haar collega's lagen krom van het lachen. De vrouw keek in het rond en snapte niet wat er zo grappig was. Dat haar verhaal ook maar in de verte op pietluttigheid duidde, begreep ze niet. Het was gewoon een bende bij haar thuis.

Het leuke was dat ik deze vrouw een paar jaar later in een heel ander verband tegenkwam. Ze begroette me hartelijk en zei dat de analyse van haar gedrag honderd procent correct was. Verbaasd vroeg ik hoe ze tot die conclusie was gekomen.

Ze vertelde dat ze de analyse in haar tas had gestopt en overal mee naartoe had genomen. Na verloop van tijd had ze ontdekt dat een aantal punten uit de analyse bleek te kloppen en vervolgens had ze die stuk voor stuk afgevinkt. Uiteindelijk waren ze allemaal afgekruist. Ze vond het een goede analyse. Echt een fantastisch instrument.

Ik ken jou niet, blijf dus maar bij me uit de buurt

Jij hebt het gedaan. Ik heb het gedaan. Iedereen heeft het weleens gedaan. Een praatje aangeknoopt met iemand van wie je denkt dat het een leuke persoon is. Je verwacht dat het gesprek plezierig zal verlopen. Na een poosje valt het je op dat jij de enige bent die aan het woord is. Als je bovendien gele trekken in je persoonlijkheid hebt, merk je misschien dat er vreemde pauzes in de dialoog ontstaan. Als het al een dialoog is. Misschien zie je dat de ander onrustig begint te bewegen en laat blijken dat hij niet aan het gesprek wil deelnemen.

Wat is er aan de hand? We hebben het toch alleen maar over de wedstrijd van gisteren, of over wat we van de zomer hebben gedaan, of over jullie volgende vakantiebestemming. Is dat soms een probleem?

Ja, dat is het inderdaad. Want deze persoon praat liever niet met onbekenden. Ho eens even, denk je nu misschien. We werken al drie maanden samen, inmiddels kan ik toch wel vragen hoe zijn hond heet? Maar deze man heeft een vrij ruime privézone, zowel fysiek als psychologisch. Hij moet iemand behoorlijk goed kennen voordat hij zich openstelt. Hij is niet als de rode die alles zegt wat hij maar kwijt wil, niet als de gele die zijn duisterste geheimen onthult omdat hij denkt dat iedereen daarin geïnteresseerd is, en ook niet als de groene die in een klein gezelschap en een gestructureerde situatie best persoonlijk kan zijn.

De blauwe persoon heeft geen behoefte om over koetjes en kalfjes te praten. Hij lijkt niet om andere mensen te geven, omdat hij geen relaties cultiveert. Hij geeft echter wel degelijk om anderen, alleen ligt zijn behoefte op een ander niveau. Hij voelt zich prettig in zijn eigen gezelschap en met zijn naaste familie.

Wat de omgeving hiervan vindt is helder: ze vinden hem koel en afstandelijk. Zijn zone is duidelijk en vooral gele en groene personen kunnen die heel kil vinden. Daarom noemen ze hun blauwe vriend een saaie piet. Een blauwe persoon kan ons een ongemakkelijk gevoel geven. Waarom is hij zo koud en afwijzend? Geeft hij eigenlijk wel om me?

Je kunt maar beter het zekere voor het onzekere nemen. Het liefst drie keer

Een goede vriendin van de familie kon haar huis niet verlaten zonder te controleren of ze de sleutels echt in haar tas had gestopt, hoewel dat altijd het laatste was wat ze deed voordat ze naar de voordeur liep.

Toen ik in de jaren tachtig op een bank werkte, kon het gebeuren dat er mensen bij het loket kwamen die een halfuur in de rij hadden gestaan voor maar één ding: controleren of het saldo dat de pinautomaat had aangegeven echt klopte. Een lange wachttijd. Dezelfde computer. Hetzelfde saldo. Maar je kunt het nooit zeker weten. Daarom willen ze het checken. En dubbelchecken. Als ze het hadden kunnen driedubbelchecken, hadden ze dat gedaan.

Waar komt deze controlebehoefte vandaan? Waarom kunnen blauwe personen niet vertrouwen op wat anderen zeggen? Op de informatie die ze horen? Antwoord: dat kunnen ze natuurlijk wel. Maar als ze het *daarnaast* zelf controleren, zijn alle risico's pas echt geëlimineerd, nietwaar? Daar komt bij dat ze andere mensen waarschijnlijk inderdaad niet vertrouwen. Alles moet worden gecontroleerd. En genoteerd, en zorgvuldig gedocumenteerd.

Vergeet niet dat we het over gedragingen hebben zoals de omgeving die opvat. Een blauwe persoon onderzoekt alles nog een keer extra omdat alles nog een keer extra *kan* worden onderzocht. Als alle mogelijkheden zijn benut, kunnen ze een besluit nemen.

Een goede vriend van mij maakt vlijtig gebruik van Excel. Maar anders dan wij. Deze man doet het op een heel speciale manier. Hij stelt een formule op en voert alle gegevens in. Voordat hij belangrijke bestanden naar zijn superieuren stuurt, controleert hij alles met zijn rekenmachine.

Waarom doet hij dat? Vertel dit aan een rode persoon en hij zal de man voor altijd een idioot vinden. Zeg het tegen een gele persoon en hij zal zich kapot lachen. Maar de blauwen begrijpen het meteen. Er bestaat een theoretische kans dat er een fout optreedt in Excel. Hoewel hij de formule zelf heeft opgesteld, zou er iets verkeerd kunnen gaan. Het is beter om het zekere voor het onzekere te nemen.

Hoe vat de omgeving dit op? Lees vooral verder.

Je kunt alleen jezelf en je eigen ogen vertrouwen

De man die aan Excel twijfelt, heeft natuurlijk het een en ander uit te leggen. Veel mensen in zijn omgeving vinden het vervelend dat hij alles wat hijzelf en anderen doen dubbel- en driedubbelcheckt. Ze worden boos als hij door zijn manier van handelen duidelijk laat merken dat hij hen niet vertrouwt.

Een klein probleem is dat alles vreselijk lang duurt. Maar dat is te doen, je moet alleen meer uren werken. Erger is dat relaties eronder kunnen lijden. Hoe leuk is het wanneer je iemand vertelt dat er misschien een doorbraak is, en het eerste wat die iemand doet is alles uit elkaar halen en elk onderdeel in twijfel trekken?

Als je lang genoeg zoekt, zul je altijd wel fouten vinden.

Gelijk hebben is ook niet voldoende. Je moet je voor de blauwe persoon bewijzen. Als hij jou als een autoriteit op een bepaald gebied beschouwt, zal hij beter naar je luisteren. Maar de weg daarnaartoe kan lastig zijn.

Ik heb veel cursussen en lezingen over het onderwerp gegeven en de mensen die ingewikkelde vragen stellen zijn ingenieurs, technisch salesmanagers en financieel controllers. Misschien af en toe een fiscalist. Ze hebben vaak blauwe trekken en ik boezem hun geen ontzag in. Ik mag hier dan al twintig jaar de kost mee verdienen, dat wil nog niet zeggen dat ik weet waar ik het over heb. (Denk ook aan de vrouw die ervan werd beschuldigd een pietlut te zijn.)

Het enige wat je kunt doen is accepteren dat deze personen hogere eisen stellen aan de bewijslast. Feiten zijn er altijd – als ik me goed voorbereid, kan ik bewijzen dat wat ik zeg waar is. Op den duur zullen ze me geloven.

HOOFDSTUK 9

NIEUWE DINGEN LEREN

LEER HOE JE DE VERSCHILLENDE MANIEREN WAAROP MENSEN FUNCTIONEREN KUNT HERKENNEN

Nieuwe kennis opdoen is niet altijd makkelijk. Het is misschien eenvoudig, maar het is niet makkelijk. Er is zoveel te doen, zoveel te lezen, zoveel te leren. Waar moet je beginnen? De persoonlijke belangstelling geeft vrijwel altijd de doorslag. Natuurlijk is het eenvoudiger om extra tijd te besteden aan dingen die ons nieuwsgierig maken en onze belangstelling wekken, daar is niets vreemds aan.

Mijn wil om te leren werd getriggerd toen ik me realiseerde hoe Sture over mensen dacht – de stelling over alle idioten in het begin van het boek. Maar het heeft me jaren gekost om deze kennis te verwerven. Ik heb boeken gelezen, cursussen gevolgd, me keer op keer op allerlei gebieden laten certificeren. Bovendien heb ik talloze trainingsdagen over het onderwerp gegeven. Nu ik de middelbare leeftijd heb bereikt, begin ik het idee te krijgen dat ik redelijk goed doorheb hoe mensen functioneren. Maar waarschijnlijk weet ik nog maar een fractie.

Als er oneindig veel tijd was geweest, was er niets aan de hand
En het heeft tijd gekost. Misschien heb ik niet het natuurlijke instinct dat vele anderen wel bezitten. Ik weet het niet. Maar ik weet het een en ander over pedagogiek en hoe je nieuwe dingen leert. Mensen zijn voor mij het belangrijkste onderwerp dat er bestaat. Wat voor werk je ook doet, waar het leven je ook brengt – je zult altijd andere mensen tegenkomen.

Je kunt bijvoorbeeld het volgende zijn:

- Werknemer met collega's
- Verkoper met klanten
- Projectmanager die zonder echte lijnautoriteit toch leidinggeeft aan mensen
- Manager met aangestelde medewerkers
- Middenmanager met mensen boven en onder je in de organisatie
- Zelfstandig ondernemer die eigen opdrachten binnenhaalt
- Ouder met thuiswonende tieners
- Man met vrouw
- Vrouw met man
- Teammanager van het voetbalelftal
- Voorzitter van de ouderraad

De kennis waar ik het over heb, kan op alle mogelijke gebieden worden toegepast. Als je mensen niet begrijpt, zul je nooit je levensdoelen bereiken, welke dat ook zijn.

Kijk eens naar het model op de volgende pagina. Het is geen nieuw model, maar het zegt veel over de manier waarop theoretische kennis wordt omgezet in echte competentie. Een boek lezen is één ding. Ik ben blij dat je dit boek leest. Het is een uitstekende manier om een begin te maken met je eigen leerproces. Maar uiteindelijk gaat het erom wat je met de theoretische kennis uit het boek doet.

Hoe gaat het leerproces tegenwoordig?

Dat probeer ik de mensen elk jaar op seminars en in lezingen uit te leggen. Ik wil dat de toehoorders in elk geval het niveau van vijftig procent halen. Maar mijn uitleg is niet voldoende, de aanwezigen moeten actief deelnemen. Dat bereik ik door geavanceerde, pedagogisch goed doordachte trainingsprogramma's te gebruiken. Maar om tot een hoger percentage te komen is meer nodig.

Mijn missie is duidelijk – ik wil dat meer mensen dit begrijpen. Er zijn zoveel conflicten die vermeden kunnen worden. Op zich heb ik niets tegen conflicten; ik heb er zelf weinig last van omdat ik weet hoe ik ermee om moet gaan. Maar wanneer mensen meer afbreken en kapotmaken dan dat ze opbouwen, vind ik dat je andere wegen moet zoeken om vooruit te komen. Het leven bestaat

MODEL VAN HET LEERPROCES

We hebben de neiging om het niveau van onze deelname te onthouden bij

uit zoveel meer dan alleen maar leren van je fouten. Een deel van die fouten kan worden vermeden.

EEN TAAL ALS ALLE ANDERE

Waar ik het over heb, de manier om kleuren of de DISC-taal ®*IPU*, zoals hij officieel heet, te gebruiken, werkt wat het leerproces betreft als elke andere taal. Als je op school Spaans of Duits hebt gehad, weet je wat ik bedoel. Leren voor een proefwerk is één ding. Maar echt Spaans spreken is iets anders. Het is niet genoeg om één keer per jaar voor de vakantie je kennis op te frissen. Wil je echt Spaans kunnen praten (meer dan eten bestellen in een restaurant) als je in je eigen land een Spanjaard tegen het lijf loopt, dan moet je de taal oefenen. Het is een vers product. Er zijn geen snellere manieren.

Natuurlijk kun je na het lezen van dit boek de wereld in trekken en vrolijk gaan experimenteren met de mensen die je tegenkomt. Ik raad je aan dat te doen. Je zult in het begin vaak verkeerd raden en er kunnen pijnlijke situaties ontstaan, wat een uitdaging zal zijn.

HOOFDSTUK 10

LICHAAMSTAAL – OF WAAROM HET BELANGRIJK IS HOE WE ERUITZIEN

HOE ZIE JIJ ER EIGENLIJK UIT?

Introductie

Eén factor is de lichaamstaal van de verschillende kleuren. Zo kun je een zekere lichaamstaal aan je medespelers tonen, een behoorlijk nuttige ervaring. Deze lichaamstaal moet vervolgens worden geanalyseerd. Maar de vraag rijst: kun je iemand spelen die je niet bent? De wetenschap is het hier niet over eens.

Laten we wat nader naar de lichaamstaal kijken.

Met lichaamstaal worden alle vormen van niet-verbale *communicatie* bedoeld, zowel bewust als onbewust. Verschillen in lichaamstaal komen niet alleen tussen individuen voor, maar ook tussen verschillende groepen mensen. Onze lichaamstaal fungeert tevens als sociale en culturele indicator, al zijn er gemeenschappelijke biologische gronden.

Onze taal bevat ongeveer 100.000 woorden, waarvan er zo'n 5000 regelmatig door gewone mensen worden gebruikt. En daarvan gebruiken we er misschien 1000 in ons dagelijkse spraakgebruik. Ter vergelijking: volgens sommige onderzoekers zou de lichaamstaal zo'n 700.000 signalen bevatten. Ja, er valt over de cijfers te twisten, maar daar gaat het niet om. Waar het wel om gaat, is dat er veel meer signalen zijn dan we ons misschien bewust zijn.

Ik zal niet op alle signalen ingaan, maar het is wel interessant om op basis van de diverse profielen naar de verschillen te kijken. Vergeet alleen niet dat gemoedsgesteldheid, situatie en of we ons veilig of onzeker voelen een beslissende invloed kunnen hebben op onze lichaamstaal.

De houding

Een ontspannen, natuurlijke maar niet slappe houding zal vaak worden opgevat als teken van een goed zelfvertrouwen. Een ingezakte houding daarentegen kan als berusting en teleurstelling worden geïnterpreteerd. Als je een rechte, enigszins stijve lichaamshouding hebt, kunnen mensen denken dat dit een teken van dominantie is, dat je respect van de omgeving verlangt. Of dat je een opleiding aan een militaire academie hebt gevolgd.

De blik

We gebruiken onze blik voor uiteenlopende dingen. Een onrustige blik suggereert meestal dat de persoon in kwestie het liefst ergens anders wil zijn. Anderen kijken je zonder met hun ogen te knipperen recht aan. Dat geeft een heel andere indruk. Er wordt wel gezegd dat leugenaars geen direct oogcontact maken, dat ze in een bepaalde hoek omhoogkijken, afhankelijk van of ze rechts- of linkshandig zijn. Maar omdat ze dit zelf ook weten, hebben de grootste leugenaars geleerd om mensen strak aan te kijken als ze liegen. Dus niets is zeker. (Dat iemand die zonder reden zijn nek aanraakt vermoedelijk liegt, is een accuratere analyse.) Als mensen iets verschrikkelijk of onaangenaam vinden, slaan ze vaak hun handen voor hun gezicht. En wanneer ze moeten nadenken, doen ze even hun ogen dicht.

Het hoofd en het gezicht

Wanneer we met iemand praten, knikken of schudden we met ons hoofd, afhankelijk van of we het met die persoon eens zijn of niet. Als we beter naar een gesprek willen luisteren, houden we ons hoofd scheef. Wanneer iemand zijn hoofd laat hangen of zijn voorhoofd fronst, is dat meestal een teken van neerslachtigheid. Als we ons ergens over verbazen fronsen we onze wenkbrauwen, terwijl we onze neus ophalen voor dingen waar we niet van gediend zijn. Vlak onder de huid liggen niet minder dan vierentwintig gelaatsspieren, die op talloze manieren kunnen worden gecombineerd.

De handen

Dit is een echte klassieker. Hoe hard moet je iemands hand bij de begroeting eigenlijk drukken? Een handdruk kan veel onthullen. Een slappe, flauwe handdruk wijst vaak op een onderdanige persoonlijkheid. Ben je niet onderdanig, dan kan het verstandig zijn om wat harder te drukken. Een stevige handdruk daarentegen duidt vermoedelijk op een resolute persoon. Wie veel te hard drukt, hoort waarschijnlijk tot de eerste categorie, maar wil graag tot de tweede horen. Een dichtgeknepen hand is zelden goed nieuws en betekent dikwijls agressie. Nerveuze personen plukken vaak aan hun kleren, halen haren of draden weg. Deze gebaren betekenen dat ze zich op andere dingen willen concentreren. Handen achter de rug drukken vaak macht en zelfverzekerdheid uit.

Weet je nog wat ik net over leugens zei? Je kunt meteen zien dat iemand liegt als hij zijn hand op zijn borst legt – het liefst de rechterhand op het hart – en verontwaardigd verzucht dat hij ervan wordt beschuldigd een leugenaar te zijn. *Zou ik liegen? Hoe kun je zoiets over mij zeggen?* Het gebaar is bedoeld om zijn eerlijke bedoelingen te versterken, maar maakt de omgeving juist waakzamer, omdat het zo onnodig en overdreven is. Hier is meer aan de hand.

Territorium

Het is heel belangrijk dat alle mensen een eigen persoonlijk territorium hebben, omdat iedereen een gebied nodig heeft dat van hemzelf is. Het territorium kan de afstand zijn die je tot andere mensen neemt als je met hen praat. De persoonlijke zone is doorgaans 0,5-1 meter en de sociale zone is 1-4 meter. De persoonlijke zone heeft betrekking op de communicatie tussen twee mensen die elkaar kennen. De sociale zone op communicatie met onbekenden. Maar dit is zeer cultuurafhankelijk. In Scandinavië is de persoonlijke zone veel groter dan bijvoorbeeld in het Middellandse Zeegebied.

WAT DOEN WE HIERMEE?

Wat is het verschil in lichaamstaal bij de verschillende kleuren? Het is duidelijk dat bepaalde 'bekende' feiten over de lichaamstaal niet voor iedereen gelden. Dat iemand die schuin links omhoogkijkt, staat te liegen is misschien soms waar – als hij niet linkshandig is. Want dan kijkt hij rechts omhoog. Onzekerheid uit zich op verschillende manieren. Een groene persoon die onzeker is, leunt naar achteren. Een rode persoon die onzeker is, leunt naar voren. Hij heft zijn onzekerheid op door te proberen het gesprek te domineren. Op de volgende pagina's geef ik meer voorbeelden van verschillen. Kijk in het echte leven of je de gedragingen herkent. Maar vergeet daarbij niet dat de lichaamstaal heel individueel is. Natuurlijk zijn er algemene uitingen die in de hele wereld en voor alle mensen gelden – het gezicht is zo'n typisch gebied, zo ziet minachting er overal ter wereld hetzelfde uit – maar er zijn zoveel verschillen dat je je medemensen echt moet bestuderen om je bekwaamheid aan te scherpen. De volgende stukjes zijn bedoeld als een eenvoudige leidraad.

ROOD GEDRAG

Een paar simpele grondbeginselen om in gedachten te houden. Rode personen:

- houden afstand tot anderen
- hebben een krachtige handdruk
- leunen graag naar voren
- maken direct oogcontact
- gebruiken controlerende gebaren

Zoals ik eerder al zei, hebben rode personen vaak een duidelijke en expliciete lichaamstaal. Ze zijn doorgaans al van een afstand te herkennen.

In grote menigten zie je mensen krioelen, stilstaan, met anderen praten of alleen maar kijken waar alle commotie over gaat. Stel dat je over een plein uitkijkt dat wemelt van de mensen. Als je goed kijkt, zul je iemand zien die in hoog tempo over het plein loopt zonder zich iets aan te trekken van de mensen die in de weg staan. Met zijn blik op een punt voor zich gericht steekt de rode persoon het plein zonder problemen over. Hij wijkt niet, maar laat anderen opzijstappen. Zijn passen zijn vermoedelijk resoluut en krachtig. Hij gaat ervan uit dat iedereen voor hem opzijgaat.

Bij een eerste ontmoeting zal een rode persoon gewoonlijk een zekere afstand bewaren. Geen hartelijke handdruk, maar een stevige. Je kunt ervan op aan dat de rode – man of vrouw – extra hard zal drukken om te laten zien wie de baas is. (Sommige onderzoeken noemen dit alfamannetjesgedrag, maar het komt ook bij vrouwen voor. De rode heeft de behoefte om aan te geven dat hij iemand is met wie je rekening moet houden.)

Verwacht geen sprankelende glimlach. Het gezicht kan zelfs grimmig zijn, vooral als het een zakelijke ontmoeting betreft. Maar ook in sociale contexten heerst een zekere afstand. De rode zal je niet om de hals vliegen (zolang hij nuchter is, onder invloed van alcohol is alles mogelijk).

Wanneer de gemoederen verhit raken – wat meestal snel het geval is als er rode personen bij zijn – zullen ze zich over de tafel buigen en hun zaak fel bepleiten. Ze zullen heel direct oogcontact maken en hun blik niet afwenden. Als het om de taal van de macht gaat, zijn rode personen al vanaf het eerste begin geactiveerd. Stel je daarop in.

Stel je er ook op in dat de rode relatief weinig gebaren gebruikt, maar de gebaren die hij maakt kunnen heel controlerend zijn. Een rode persoon mag graag naar anderen wijzen. Hij trekt zich er niets van aan dat het niet netjes is. Hij gebruikt ofwel één vinger of zijn hele hand. Hij kan ook zijn handpalm naar beneden richten. Vraag maar eens of iemand zo naar jou wil wijzen en ervaar hoe dat voelt.

Je kunt ook duidelijk zien dat rode personen – al staan ze daarin natuurlijk niet alleen – anderen graag onderbreken. Ze proberen voortdurend een gaatje in het gesprek te vinden. Als het hun te lang duurt, breken ze met luide stem in en nemen het gesprek gewoon over.

Stem

Wat kan er over de stem van de roden worden gezegd? Meestal is die krachtig. We zullen deze individuen goed horen, omdat ze niet aarzelen hun stem te verheffen om zich verstaanbaar te maken. Natuurlijk zijn rode personen ook weleens nerveus en maken ze zich zorgen, maar dat is meestal niet te horen. Hun stem beeft niet noemenswaardig.

En dat is een van de geheimen van de roden. Ongeacht hoe het er achter de façade uitziet, zullen ze overtuigend klinken. Geen gestotter en geaarzel. Hup ertegenaan. Als we niet luisteren, doen ze hun verhaal nog een keer. Maar luider. Uiteindelijk zal de boodschap overkomen.

Snelheid in praten en doen

Zoals ik eerder al zei heeft de rode altijd haast. Snel is synoniem met goed. Dat geldt normaal gezien ook voor praten en doen. Alles wordt in een razend tempo uitgevoerd. Omdat snelheid de factor is waarmee veel roden succes meten, zal de vaart er goed in zitten. Met hier en daar een abrupte beweging als de koers moet worden bijgesteld.

GEEL GEDRAG

Een paar simpele grondbeginselen om in gedachten te houden. Gele personen:

- raken andere mensen graag aan
- zijn ontspannen en geestig
- maken vriendelijk oogcontact
- gebruiken expressieve gebaren
- komen vaak dichtbij.

De lichaamstaal van gele personen is vaak bijzonder open en uitnodigend. Ze glimlachen voortdurend, ook als er eigenlijk niets te lachen valt. Ze maken grapjes en kunnen heel relaxed zijn. Een gele persoon kan zomaar bij een buurman die hij eigenlijk helemaal niet goed kent op de bank gaan hangen. Maar dat is typerend voor de gele. Als hij zich op zijn gemak voelt, laat hij dat zien. Hij is als een open boek.

De overeenkomst met het rode gedrag ligt hoofdzakelijk in het tempo. Gele personen bewegen snel en vrij opvallend. Ze stralen dikwijls een sterke zelfverzekerdheid uit.

De privézone is een betrekkelijk iets. Terwijl sommige mensen anderen het liefst op veilige afstand houden, komt de gele juist graag dichtbij. Gele personen zijn spontane knuffelaars. Man of vrouw maakt niet uit. Bepalend zijn het gevoel en het humeur van de dag.

Anderen kunnen hiervan schrikken, tot verdriet van de gele. Soms gaat het helemaal niet zo ver als omhelzen, maar is het een kleinere aanraking. Een hand op een arm, een tikje op een been – met die gebaren wil de gele persoon alleen maar versterken wat hij net heeft gezegd. Wat voor de gele natuurlijk en spontaan is, kan door anderen als een uitnodiging worden opgevat. En dat kan natuurlijk helemaal verkeerd aflopen…

Verder worden er veel grappen gemaakt en de vrolijke gezichten zijn natuurlijk legio. Oogcontact is geen probleem, dat komt veelvuldig voor en is positief en vriendelijk.

Stem

De stem van een gele persoon getuigt van betrokkenheid, van begin tot eind. Gele personen zijn enorm betrokken. (En als ze ergens geen zin in hebben, doen ze gewoon niet mee.) Je hoort ze van verre: gelach, plezier, intensiviteit. Enthousiasme. Vreugde. Energie.

Door de bank genomen geven gele personen duidelijk blijk van empathie. Ze participeren ofwel voor de volle honderd procent of helemaal niet. En dat hoor je aan hun stem, die gaat op en neer, varieert in tempo, kracht en intensiteit. Gele personen praten vaak erg melodieus.

Je zult altijd aan zijn stem kunnen horen door welk gevoel de gele op een bepaald moment is gegrepen.

Snelheid in praten en doen

Tempo. Niet helemaal dezelfde vorm van actie als bij een rode, maar beslist een hoog tempo. Ben je weleens iemand tegengekomen die zoveel haast heeft met wat hij wil zeggen dat hij als het ware over zijn woorden struikelt? Slechts de helft is verstaanbaar. Je kunt vermoeden wat hij zegt, maar af en toe is het echt onbegrijpelijk. Dat zijn gele personen van wie de mond domweg niet kan bijhouden wat ze willen zeggen. Hun mond kan de hersenen niet bijbenen.

GROEN GEDRAG

Een paar simpele grondbeginselen om in gedachten te houden. Groene personen:

- zijn ontspannen en komen dichtbij
- handelen methodisch
- leunen graag naar achteren
- maken heel vriendelijk oogcontact
- geven de voorkeur aan kleine gebaren.

Een groene persoon is vaak – maar niet altijd – rustig in zijn bewegingen. In volledige harmonie heeft hij een ontspannen lichaamstaal die kalmte en vertrouwen uitstraalt. Geen heftige bewegingen, geen plotselinge rukken met het hoofd of de handen. Rustig en bedaard.

De gebaren zijn meestal klein en geschikt voor kleine gezelschappen. De groenen voelen zich minder op hun gemak in grote groepen, dan klappen ze dicht en lijken ze gereserveerd. Hun lichaamstaal verraadt hen vaak. Ze proberen hun echte gevoelens te verbergen, maar dat lukt niet altijd. Als ze uit balans zijn of in het nauw zitten, is dat meestal te zien.

Als je rond een tafel zit, zul je zien dat de groenen graag naar achteren leunen. Dat is een beetje een paradox, omdat ze het eigenlijk geen punt vinden om dicht bij anderen te komen. Net als de gelen raken ze andere mensen graag aan. Dat wil zeggen, als het bekenden zijn. Wees echter voorzichtig als je zelf een groene persoon wilt aanraken die niet heeft aangegeven dat hij je goed genoeg kent. Voor je het weet heb je een grens overschreden. De privézone is voor de meeste groenen heilig.

Wanneer rode personen door een kamer bewegen, is dat meestal goed te zien. De groenen zijn in veel opzichten de tegenpool van de roden en ik durf te beweren dat discretie voor hen een erezaak is. Ze proberen zich vaak onzichtbaar te maken.

De reden? Ze houden er niet van in het middelpunt te staan.

Het gezicht van een groene persoon staat vrijwel altijd vriendelijk. Als dat niet zo is, staat het neutraal. Verwacht geen overdreven glimlach of uitbundige begroeting. Hij zal nogal afwachtend zijn. Maar als de groene je kent, zal het er heel anders aan toegaan. Als hij je als een goede vriend beschouwt, kan het erg intiem worden, als je begrijpt wat ik bedoel. Maar als hij vindt dat jullie elkaar nog maar kort kennen, ja, dan stelt hij zich afwachtend op.

Laat de groene naar jou toe komen. Dring je niet aan hem op. Na verloop van tijd, als hij je vertrouwt, zal hij ontspannen en zich natuurlijker gedragen.

Stem

De stem van een groene persoon zal nooit sterk zijn, het is niet waarschijnlijk dat hij de groep zal overstemmen. Je zult enige moeite moeten doen om hem te verstaan. Als een groene persoon voor een grote groep praat (dat kan hij, als het echt moet), zal hij praten alsof jullie met z'n drieën rond een tafel zitten. Soms is het net alsof de groene de andere honderd aanwezigen niet ziet. Hij spreekt over het algemeen met zachte stem en het kan moeilijk zijn om te horen wat hij zegt.

Maar zijn stem zal altijd vriendelijk klinken en warmte uitstralen. De snelheid waarmee hij praat zal lager liggen en zijn stem zal minder variëren dan wanneer een gele aan het woord is.

Snelheid in praten en doen

Het tempo van de groenen ligt over het algemeen lager dan dat van de roden en de gelen, maar is niet even traag als dat van de blauwen. Snelheid heeft op zich geen waarde. Als een te geforceerd tempo de samenwerking op de afdeling in gevaar dreigt te brengen, zal de groene gaan vertragen. De deadline kan hem niet zoveel schelen. Hoe de mensen zich voelen zal voor hem altijd het belangrijkste zijn.

BLAUW GEDRAG

Een paar simpele grondbeginselen om in gedachten te houden. Blauwe personen:

- houden bij voorkeur anderen op afstand
- staan of zitten
- hebben vaak een gesloten lichaamstaal
- gebruiken direct oogcontact
- praten zonder gebaren.

Een eenvoudige manier om de lichaamstaal van de blauwe persoon te beschrijven is zeggen dat die niet bestaat.

Oké, dat was misschien iets te makkelijk. Wat ik bedoel, is dat er bij een blauwe persoon niet veel te interpreteren valt. Noch het gezicht noch het lichaam onthult veel. Wanneer ik het met salesmanagers over lichaamstaal heb, zeggen ze soms dat sommige mensen onmogelijk te duiden zijn. Als ik vraag of dat mensen zijn die helemaal stilzitten zonder ook maar een spier van hun gezicht te vertrekken, knikken ze en vinden het maar raar.

Ik vermoed dat ze het over blauwe personen hebben. Maar iemand die niet veel beweging of temperament laat zien, verraadt ook iets. In dit geval vertelt de afwezigheid van een duidelijke lichaamstaal wat we moeten weten.

Veel blauwe personen kunnen volstrekt onaangedaan bijzonder pijnlijke boodschappen brengen. Ik kreeg zelf ooit van een blauwe chef te horen dat de afdeling zou worden opgeheven en dat we nu een afvloeiingsplan voor driehonderd werknemers moesten opstellen. Geen enkele onnodige spierbeweging in zijn gezicht.

Volgens mij geven dit soort voorvallen veel mensen het idee dat blauwe personen geen gevoelens hebben, maar dat is natuurlijk niet zo. Laat ik nogmaals in herinnering roepen dat de blauwe persoon introvert is, dat wil zeggen dat zijn emoties zich vooral onder de oppervlakte afspelen.

Het werkt ook de andere kant op. Jaren geleden zag ik op tv een vrouw vijf miljoen kronen (€478.000) winnen met een kraslot.

Achter de camera hoorde je haar man schreeuwen van blijdschap, terwijl de vrouw zelf, weliswaar met een kleine glimlach, roerloos bleef zitten. De presentator lachte en gebaarde en gedroeg zich alsof hij had gewonnen. De vrouw zelf zei niet meer dan *dank je wel, wat leuk.* Ze bewoog amper. Ik denk niet dat ze al miljonair was. Ik denk dat ze blauw was. Zo werkt het bij blauwe personen. Ik ga ervan uit dat ze onder de oppervlakte best blij was met het resultaat. Misschien dat ik de televisiezender ooit bel om te vragen of ze de opname nog hebben, omdat die zo veelzeggend is.

Als je een blauwe persoon voor een grote groep ziet spreken, wordt het heel duidelijk. Net als de groene heeft hij niet de behoefte om in het middelpunt te staan. Het verschil is echter dat de groene het liefst door de grond wil zakken, terwijl de blauwe er gewoon staat. Onbeweeglijk en met een stijf gezicht probeert hij zijn toehoorders op te zwepen.

Een andere aanwijzing is dat blauwe personen een vrij grote privézone om zich heen hebben. Ze voelen zich vaak meer op hun gemak als ze anderen op enige afstand kunnen houden. Het hangt er natuurlijk van af hoe goed ze de ander kennen, maar hun zone is beduidend groter dan bijvoorbeeld die van de gele.

Als andere mensen te dichtbij komen, kan de lichaamstaal een beetje gesloten worden. Armen en benen worden over elkaar geslagen om afstand te markeren.

Blauwe personen bewegen, zoals ik eerder al zei, minder dan de andere kleuren. Als ze stilstaan, dan staan ze stil. Geen heen-en-weergezwaai of gedrentel. Ze kunnen heel goed tijdens een lezing van een uur op dezelfde plek blijven staan. Als ze zitten, dan blijven ze vrijwel de hele tijd in dezelfde houding zitten. 'Rust' is een woord dat goed weergeeft wat we zien.

Ze gebaren dus ook niet bijzonder veel. Stel je een gele persoon voor: uitgesproken extravert en positief – en denk vervolgens andersom. Pel alle overbodige bewegingen (de meeste dus, volgens de blauwe persoon) af en je ziet het beeld voor je. Een uitdrukkingsloos gezicht, zo heeft iemand het ooit beschreven.

Wat blauwe personen echter wel doen, en waar anderen soms moeite mee hebben, is dat ze normaal gesproken anderen recht in de ogen kijken. Ze hebben geen problemen met oogcontact.

Stem

De stem van de blauwe persoon is, zo niet direct zwak, dan toch beheerst en gedempt. De blauwen zijn niet luidruchtig. Ze maken vaak een gecontroleerde indruk en klinken bedachtzaam, alsof elk woord op een goudschaaltje wordt gewogen voordat het het daglicht mag zien.

Over het algemeen vertoont de stem van de blauwe persoon weinig of geen variatie. Hij klinkt de hele tijd ongeveer hetzelfde. Het maakt niet uit of hij de televisiegids voorleest of na winst bij de parlementsverkiezingen het volk bedankt. Zonder veel ritme of melodie volgt hij het manuscript.

Musici hebben hier moeite mee. Het klinkt niet soepel.

Snelheid in praten en doen

Langzaam. In elk geval vergeleken met de anderen. Rode, maar ook gele, personen praten vaak met de snelheid van het licht. Blauwe personen hebben een heel ander tempo. Het duurt zo lang als nodig is. Snelheid is niet interessant.

Niet zo lang geleden kwam ik een heel blauwe jongeman tegen die vertelde dat alles wat hij deed vrij veel tijd kostte. Hij maakte er geen drama van, constateerde alleen dat het zo was.

HOOFDSTUK 11

EEN VOORBEELD UIT DE PRAKTIJK

HET BEDRIJFSFEEST – OF WAT JE MOET DOEN OM ELKAAR ECHT VERKEERD TE BEGRIJPEN

Jaren geleden werkte ik in de bankwereld. Het was in veel opzichten een interessante baan, al ging het er soms behoorlijk ongenuanceerd aan toe. Maar doordat ik allerlei verschillende types mensen ontmoette, heb ik er veel geleerd en ik heb er talloze verhalen over hilarische ontmoetingen met klanten aan overgehouden. De interessantste inzichten deed ik echter op achter de schermen.

In de jaren negentig werkte ik op een bankfiliaal waar ik iets bijzonders meemaakte. Er werkten flink wat stereotypen met een heel duidelijk persoonlijkheidsprofiel. Er waren typisch blauwe personen, maar ook uitgesproken groene en gele. En, natuurlijk, een rode directeur.

We hadden een zwaar voorjaar achter de rug, met veel zieke collega's en veel druk van de klanten. Velen van ons waren moe, geïrriteerd en prikkelbaar. We hadden echt goed nieuws nodig. Een van de gele adviseurs was de eerste die vond dat er iets moest veranderen. Op een dag kwam ze de koffiekamer binnen en zei dat het afgelopen moest zijn met alle chagrijnige gezichten. We konden wel iets leuks gebruiken en zij wist precies wat.

We moesten een doel hebben, iets om naar uit te kijken. Een bedrijfsfeest zou ons goeddoen! Enthousiast vertelde ze dat er zo'n dertig kilometer buiten de stad een heel mooi conferentieoord lag, waar we met z'n allen een weekend naartoe konden om lekker bij te komen. Ze hadden een geweldige wellnessspa, een fitnessruimte, prachtige kamers en een trendy restaurant. En omdat ze via via de eigenaar kende, kon ze waarschijnlijk een leuk prijsje regelen. Nu wilde ze weten wat wij ervan vonden.

We keken haar aan en wisten niet of ze serieus was, omdat we vermoedden dat ze de eigenaar helemaal niet kende. Met een brede glimlach praatte ze verder en stelde allerlei activiteiten voor: spelletjes, relaxen in het bubbelbad en 's avonds natuurlijk een groot feest.

Er ontstond een stimulerende discussie en de meesten vonden het een leuk idee. De rode bankdirecteur keek in het rond en zag dat zijn medewerkers positief leken. Hij had gelukkig door dat we moe en uitgeblust waren en wilde iets terugdoen voor onze inspanningen. Hij nam meteen een besluit. Na een discussie van vijf minuten zei hij dat het feest er zou komen, op zijn kosten.

Hij keek naar de gele vrouw en vroeg haar het evenement te organiseren. De noodzakelijke telefoontjes te plegen en alles te reserveren. Ze barstte los in een woordenstroom die in feite een dik rookgordijn was dat moest verhullen dat ze vond dat ze haar steentje had bijgedragen door met het idee te komen. De rode directeur legde haar met een hand in de lucht het zwijgen op. Een groep groene collega's zat achter hem. Ze zaten allemaal op dezelfde stoel als waar ze altijd zaten, dus de directeur hoefde zich niet eens om te draaien om hen bij de naam te kunnen noemen. Hij vroeg hun een voor een of ze bereid waren om te helpen. Iedereen antwoordde bevestigend, zonder eigenlijk goed te weten wat hun werd gevraagd. De rode directeur knikte kort en verliet de kamer. Hij was klaar. Op hetzelfde moment dat hij opstond, was voor hem de kwestie afgedaan.

Er brak gejubel uit en de mensen met veel rood en geel in hun profiel kakelden door elkaar heen. De gele adviseur was bijzonder enthousiast en bleef het idee pushen, hoewel allang was besloten dat het evenement door zou gaan. Haar suggesties voor het feest werden steeds wilder. Ik kan me herinneren dat ze zei dat we allemaal verkleed moesten komen en ze had het zelfs over een togaparty, tot iemand haar eindelijk stil kreeg.

Eén persoon zat echter zwijgend in een hoekje. Onze blauwe kredietbeheerder keek heel zorgelijk. Toen iedereen enigszins was gekalmeerd, zei hij luid: 'Maar hoe moeten we daar komen?'

Het enige wat hij had meegekregen was dat het conferentieoord zo'n dertig kilometer buiten de stad lag en nu zag hij alleen maar problemen voor zich. Dit was een grote logistieke uitdaging. Gaan we met de auto? Of nemen we allemaal een taxi? Of was de bank van plan een bus te charteren? Wat was eigenlijk de bedoeling? De ene donkere wolk na de andere stapelde zich boven zijn hoofd op. Hij sloeg zijn armen over elkaar en klemde zijn kaken dicht.

De gele vrouw werd boos en begon hem uit te foeteren. Waarom was hij zo negatief? Zij was met een geweldig plan gekomen en hij verpestte alles met een boel lastige vragen. Wat als hij voor de verandering zelf eens met een voorstel kwam? Had hij zelf een idee hoe ze er moesten komen? Hij had geen antwoorden, wees alleen op allerlei opties. Hij kon geen beslissingen nemen of zeggen wat hij ervan vond. Hij wist alleen dat alles op dit moment bijzonder onduidelijk was. Het hele feest steunde op heel losse gronden.

Als ware redders in de nood loste de groene groep de ruzie op door te zeggen dat ze graag met de auto gingen en iedereen kwamen ophalen. Vijf auto's zouden genoeg moeten zijn en ze beloofden het te regelen. Deze mededeling kalmeerde de gemoederen enigszins en de gele vrouw kon zich weer een winnaar voelen. Haar party was zojuist gered.

Iedereen verheugde zich op het feest en een van de details die ik me herinner is dat de gele adviseur nooit kwam opdagen, omdat ze dat weekend iets anders had. Ik geloof een bruiloft. Of een feest van een familielid dat vijftig werd. Misschien wel allebei, dat is heel goed mogelijk.

WAT ER OP EEN BEDRIJFSFEEST KAN GEBEUREN ALS JE NIET GOED OPPAST

Toen het feest eenmaal plaatsvond, gebeurden er spannende dingen. Wat ik nu ga vertellen kan ik niet wetenschappelijk verklaren, maar ik heb later vaak vergelijkbare gedragspatronen gezien. Onderzoek zou waarschijnlijk interessante bewijzen voor mijn theorie opleveren.

We weten dat alcohol invloed heeft op mensen. We weten ook dat mensen verschillend op alcohol reageren. Tot zover niets nieuws onder de zon. Als we even buiten beschouwing laten dat de hoeveelheid alcohol natuurlijk een rol speelt, en er alleen van uitgaan dat er flink wordt gedronken en niemand de volgende dag hoeft te rijden, dan levert dat interessante patronen op.

Er werkten diverse gele personen op de bank. Alle vier de salesmanagers particulier vermogensbeheer waren erg geel. Zij waren van zichzelf al vrolijke, positieve entertainers en hadden geen alcohol nodig om los te komen en om zichzelf te lachen. Met hun sprankelende energie leken ze altijd wel een beetje teut. Waarschijnlijk beschouwden ze het leven als één groot feest, waar het altijd leuk en gezellig moet zijn.

Maar het interessante is dat ze met alcohol in hun lijf een deel van die energie kwijtraken. Ik zag dat drie van de vier gele verkopers op het desbetreffende bedrijfsfeest in de loop van de avond alsmaar stiller werden. Naarmate het gezelliger werd, en er meer werd gedronken, trokken zij zich terug en ik kan me herinneren dat een van de mannen met een glas wijn in de hand buiten op de trap ging zitten. Ik vroeg hem wat er aan de hand was. Hij was nu heel stil en bedachtzaam. Wat was de zin van alles? Waarom deed hij eigenlijk zijn best? Hij kreeg toch nooit een schouderklopje. Hij kon net zo goed ontslag nemen. Mijn blijmoedige collega was veranderd in een piekerende pessimist.

Tot mijn verbazing zag ik in de feestzaal dat de blauwe kredietbeheerder dansend op de tafel moppen stond te tappen. De grofste die ik ooit heb gehoord. Toen ik zijn collega's vroeg wat hij had gedronken, haalden ze hun schouders op en zeiden dat hij altijd zo werd als hij eenmaal op stoom kwam. Als ik hem die avond voor het eerst had ontmoet, zou ik hebben gedacht dat hij de gele op kantoor was.

Het was alsof de gele en de blauwe van gedrag hadden geruild. Hieruit zou je kunnen concluderen dat een goed feest uit nuchtere gele personen en lichtelijk aangeschoten blauwe personen moet bestaan. Maar dat is, zoals gezegd, niet wetenschappelijk bewezen.

Echt interessant werd het echter toen ik de bankdirecteur zag. Normaal gesproken is hij behoorlijk bars en rood. Hij stond met een glas whisky in de hand met de groene groep administratief medewerkers te praten. Hij legde uit – enigszins onduidelijk, dat moet gezegd – dat hij eigenlijk helemaal niet zo'n bullebak was en dat hij hen allemaal erg graag mocht. Als hij op kantoor uit zijn slof schoot, moesten ze dat niet persoonlijk opvatten, hij bedoelde het niet kwaad en ze hoefden niet bang voor hem te zijn.

Na deze opening namen de zes groene personen, twee mannen en vier vrouwen, ook zij onder invloed van alcohol, geen blad voor de mond en vertelden hem onomwonden dat ze zijn gedrag vreselijk vonden en dat hij de slechtste baas was die ze ooit hadden gehad. Ze werkten allemaal al meer dan twintig jaar op kantoor en als hij met pensioen ging, zouden zij er nog zijn en wat vond hij daarvan? Ze dreven hem min of meer in een hoek en scholden hem de huid vol. De rode directeur ruimde het veld en was de eerste die het feest verliet.

Ook de rode en de groenen hadden op een vreemde manier van gedrag geruild. Ik weet nog dat ik het feest met een bijzonder inzicht verliet – alcohol verandert mensen, maar exact hoe ze veranderen is nog veel interessanter.

De volgende maandag op kantoor was alles weer als vanouds. De gelen vertelden nieuwe moppen en de blauwe man zei geen woord. De directeur keek met een bars gezicht naar zijn medewerkers en de groenen maakten zich onzichtbaar als hij zich liet zien. De orde was hersteld.

Nogmaals – ik kan het niet bewijzen, dus je zult zelf onderzoek moeten doen. Daag op een late vrijdagavond je vrienden uit en je zult begrijpen wat ik bedoel. Maar wees voorzichtig met de alcohol.

Laten we nu eens kijken hoe we gedwongen worden om ons aan elkaar aan te passen om iets voor elkaar te krijgen.

HOOFDSTUK 12

DE AANPASSING

HOE JE MET DE IDIOTEN OMGAAT – ZIJ DIE NIET ZIJN ZOALS JIJ

Een man heeft ooit gezegd (weliswaar met een ironische glimlach op zijn lippen, maar toch) dat de definitie van intelligentie is dat als je het met me eens bent, je intelligent bent. Als je het daarentegen niet met me eens bent, dan ben je overduidelijk een idioot.

Ik ga ervan uit dat jij intelligent genoeg bent om de boodschap op de juiste wijze te interpreteren. Serieus – we hebben ons allemaal toch weleens afgevraagd waarom sommige mensen niet beter weten? In de inleiding van het boek schreef ik dat het me in mijn jonge jaren vaak opviel dat ogenschijnlijk zeer intelligente mensen zulke complete idioten konden zijn. Ze zagen niet wat ik zag. Sommigen noemen het een gebrek aan de *juiste intellectuele veerkracht*, maar dat zijn de mensen die te netjes zijn om een woord als 'idioot' in de mond te nemen.

Mensen zijn dus kennelijk verschillend. En nu dan?

Wat moeten we doen aan het feit dat mensen zo verschillend zijn? Dat ze op heel verschillende manieren reageren en functioneren? En kun je op een en hetzelfde moment allerlei persoonlijkheden zijn? Dat is een interessante vraag. En als het mogelijk is om je als een echte kameleon te gedragen – is het dan een goed idee om dat te proberen? Van nature gedragen mensen zich zoals ze zijn, dat wil zeggen dat ze hun basisgedrag vertonen. Maar om een heleboel uiteenlopende redenen voelen we soms dat we ons aan de omgeving moeten aanpassen. Er wordt vaak gezegd dat we ons flexibel en aanpasbaar moeten opstellen om verschillende situaties aan te kunnen en met veel verschillende types mensen om te kunnen gaan. Het begrip heeft zelfs een naam gekregen, namelijk 'EQ' of 'sociale competentie'. Om bestand te zijn tegen deze voortdurende aanpassing is het belangrijk dat we ons ervan bewust zijn dat de aanpassing inspanning vereist en veel energie kost.

Onze natuurlijke toestand is dat we ons basisgedrag laten zien. Het 'onnatuurlijke' gedrag is dat we ons voortdurend aanpassen en 'correct' zijn, en dat vergt talent, training en energie. Als we twijfelen over wat 'correct' is, als we ongetraind zijn of niet voldoende energie hebben om de rol te spelen die volgens ons op dat moment de correcte is, worden we bang, onzeker en vaak ook gestrest. En dan raken we nog meer energie kwijt, wat weer tot gevolg heeft dat ons basisgedrag zichtbaarder wordt. Misschien tot grote verbazing van de omgeving, die gewend is dat we ons op een heel andere manier gedragen.

In een perfecte wereld

In de ideale wereld kan iedereen zichzelf zijn en functioneert alles vanaf het eerste begin. Iedereen is het altijd met elkaar eens en conflicten bestaan niet. De plek schijnt te bestaan en wordt Utopia genoemd. Zo eenvoudig is het dus niet. Zoals ik in het begin van het boek al zei – als je denkt dat je alle andere mensen kunt veranderen, zul je bedrogen uitkomen. Het zou me verbazen als je ook maar één iemand kunt veranderen.

Wat je ook bent – rood, geel, groen of blauw of een combinatie van verschillende kleuren – je zult altijd in de minderheid zijn. De meeste mensen zullen anders zijn dan jij. Hoe compleet je ook bent, je kunt niet alle soorten tegelijk zijn. Dus moet je je aanpassen aan de mensen die je ontmoet. Communicatie gaat vaak over aanpassing aan anderen.

Maar wacht eens even, denk je nu misschien. Dat is helemaal niet waar. Ik kan heel goed mezelf zijn. Sterker nog, ik heb me nog nooit aan iemand aangepast en dat is altijd goed gegaan. Het heeft me gebracht waar ik nu ben.

Absoluut.

Natuurlijk kan iedereen van zichzelf uitgaan. Dat is geen probleem. Maar denk niet dat je alle andere mensen met je boodschap bereikt. Als je ermee kunt leven dat de meerderheid van de mensen die je ontmoet niet gelooft wat je zegt, ja, dan heb je geen probleem.

Je doet het al, hoewel je er niet bij stilstaat

Je past je trouwens al aan, hoewel je er niet bij stilstaat. We passen ons voortdurend aan elkaar aan. Dat is een deel van het sociale spel, de zichtbare en onzichtbare communicatie die continu aan de gang is. Ik geef je hier een systeem dat *meestal* werkt. Je hoeft niet te gokken of te raden. Je kunt vanaf het begin de juiste aanpassing maken. Merk op dat ik *meestal* zeg. Want geen enkel systeem is waterdicht.

Sommige mensen willen zich helemaal niet aanpassen. Ze vinden het oneerlijk en manipulatief. Maar nogmaals, je hoeft het niet te doen.

Een voorbeeld uit de praktijk

Dit is een waargebeurd verhaal over een man die ik jaren geleden op een scholingsconferentie tegenkwam. Een sympathieke en gewaardeerde ondernemer, die grote successen in zijn branche had behaald. Deze man – laten we hem Adriano noemen – was extreem geel, een echte visionair met ambitieuze plannen die soms werden verwerkelijkt.

Adriano had er nooit over nagedacht hoe hij was of hoe anderen hem zagen. Daar was nooit aanleiding voor geweest. Iemand had hem overgehaald deze conferentie bij te wonen en hij had eigenlijk geen idee wat hij ervan kon verwachten.

Die dag werd het onderwerp behandeld waar jij momenteel over leest. Dat deden we in een workshop van een dag, waar we verschillende gedragsprofielen leerden te begrijpen. Na de lunchpauze zag ik aan Adriano dat hem iets dwarszat. Zijn gezicht stond ernstig en zijn lichaamstaal was heel gesloten. Terwijl ik verderging en de verschillende profielen uitdiepte, zakte hij steeds verder weg op zijn stoel en het was overduidelijk dat hij aan andere dingen dacht.

Ik vroeg hem wat er aan de hand was.

Er volgde een explosie. Hij barstte uit: 'Dit is verkeerd! Ik ben helemaal van slag!'

Hoe kon ik mensen op die manier categoriseren? Ze in een theoretisch hokjessysteem stoppen? Hij wilde zich helemaal niet aan alle mogelijke andere mensen aanpassen. Niet dat hij vond dat de anderen zich aan hem moesten aanpassen. Nee, wat hem verontrustte was dat hij het als een manier zag om hem te manipuleren, om mensen te manipuleren, en dat vond hij niet leuk. Dat vond hij helemaal niet leuk zelfs.

We vroegen wat het eigenlijke probleem was. Adriano vond dat je mensen niet op die manier kon categoriseren. Dat het verkeerd was om alleen maar allerlei modellen te gebruiken. Dat het levensgevaarlijk was om niet op je gevoel af te gaan.

Een van de deelnemers zei tegen hem dat als er iemand moest luisteren, hij het wel was, omdat hij conflicten aantrok. Even later was de discussie in volle gang en een halfuur later moest ik een time-out inlassen.

Ik begrijp Adriano's angst en ik respecteer het dat hij dit ter sprake bracht. Wat hem zorgen baarde, was dat het niet zou werken: als iedereen zich aan elkaar aanpaste, zou niemand nog zichzelf zijn. En in zijn belevingswereld was dat de allergrootste leugen – niet jezelf zijn.

Daar zit wat in. Anderzijds kun je altijd kiezen. Hoe meer je over andere mensen leert, des te makkelijker wordt het om bepaalde beslissingen te nemen. Meedoen, of je eigen weg gaan? Het zal altijd jóúw beslissing zijn.

Het stoorde Adriano ook dat ik als specialist op het gebied hem behoorlijk diepgaand kon beschrijven en voorbeelden kon geven van hoe ik dacht dat hij functioneerde. Toen hij het analyse-instrument kreeg dat gebruikt wordt om afzonderlijke individuen te beschrijven, viel hij volkomen stil.

Het liep allemaal gelukkig goed af nadat we er samen over hadden gepraat. Wat ik ervan leerde, was dat ik voorzichtig moet zijn met de manier waarop ik de kennis zelf gebruik.

Hoe vaak volgen we een patroon zonder te weten of het werkt?
Geen enkel systeem is waterdicht. Er zijn altijd uitzonderingen. Denk aan wat ik in de inleiding van het boek zei. Dit is slechts een puzzelstukje rond een mens. Weliswaar een groot en belangrijk puzzelstuk, maar het is bij lange na niet de hele puzzel.

Ik heb het hoofdstuk over aanpassing in twee stukken gedeeld. Het eerste deel behandelt wat je moet doen om iemand echt *tegemoet te treden* – wanneer je echt contact wilt maken, de ander in een goed humeur wilt brengen en hem het gevoel wilt geven dat je hem begrijpt. Het tweede deel behandelt wat je moet doen om mensen echt *met je mee te krijgen*. Wat de respectievelijke profielen *willen*, is niet noodzakelijkerwijs hetzelfde als het *beste* doen om iets voor elkaar te krijgen.

Hier kun je handig gebruik van maken – als je daarvoor kiest.

JOUW AANPASSING AAN ROOD GEDRAG
Wat de rode van jou verwacht

Doe wat ik je heb gevraagd zo snel mogelijk – het liefst nog sneller
Als je er met rode personen over praat zullen ze zeggen dat de meeste mensen te traag zijn. Ze praten te langzaam, ze hebben moeite om tot de kern van de zaak te komen en ze werken inefficiënt en niet snel genoeg. In de wereld van de rode kost alles gewoon veel te veel tijd.

Denk aan wat ik zei over het ongeduld van de roden, over hun voortdurende streven naar (snelle) resultaten. De rode wordt helemaal tureluurs van mensen die de dingen van 's ochtends vroeg tot 's avonds laat van alle kanten bekijken.

Denken en doen zijn één. Het moet snel gaan. Rode personen

vinden het heel vervelend als zaken op de lange baan worden geschoven. Dat drijft hen tot waanzin.

Conclusie: Als je je wilt aanpassen aan het tempo van de rode – haast je! Verhoog het tempo! Praat en handel sneller. Kijk vaak op je horloge, want dat doet de rode persoon ook. Kun je de afspraak in de helft van de tijd afhandelen – doe het! Als een rode persoon met je meerijdt, zal hij het niet erg vinden als je iets harder rijdt dan toegestaan. (Als je te langzaam rijdt, kan het gebeuren dat hij het stuur wil overnemen.)

Wou je iets? Voor de dag ermee!

Roden zijn zelf erg direct en ze vinden het prettig als andere mensen ook snel zeggen wat ze willen. Als je van jezelf weet dat je om de dingen heen draait en het lang duurt om tot de kern van de zaak te komen, zal het je moeite kosten om een rode persoon te bereiken. Hij verliest zijn belangstelling als je te veel woorden verspilt. En hij weet wanneer hij een babbelaar tegenover zich heeft.

Het is vrij gewoon om eerst de achtergrond van een probleem te schetsen voordat je het benoemt. Misschien zelfs een achtergrond van de oplossing van het genoemde probleem.

Niet doen. Het zal niet werken.

Conclusie: Als je de volle aandacht van de rode wilt – houd het kort en kom ter zake. Het is absoluut cruciaal dat je duidelijk bent. Bepaal wat het allerbelangrijkste van je boodschap is en begin daarmee. Stel dat je de recentste jaarrekening moet presenteren. Vertel eerst wat er in de laatste zin staat – daar zit de rode namelijk op te wachten. De details komen later.

Zeg geen woord te veel. Maar zorg er wel voor dat je weet wat er in de stukken staat. Er *kunnen* vragen komen. Als de rode persoon merkt dat je onzeker bent, zal hij je stevig aan de tand voelen over de feiten.

Ook geschreven materiaal moet bondig en vooral overzichtelijk zijn. Geen lange proefschriften geschreven door iemand die graag zijn eigen stem hoort. En je kunt echt offertes op de achterkant van een servet schrijven. Ik heb het zelf gedaan.

Ik ben absoluut niet geïnteresseerd in je vakantieverhalen

Rode personen leven in het nu. Alles wat er gebeurt, gebeurt hier en nu. Ze hebben een uniek vermogen om echt te focussen op wat er op dit moment op de agenda staat. Daarom moet je bij het onderwerp blijven als je met een rode persoon praat. Hij heeft geen problemen met creativiteit of nieuwe ideeën, dat wordt altijd gewaardeerd zolang het jullie verder brengt. Maar wanneer de rode persoon vindt dat je van de agenda afdwaalt en over bijzaken begint te praten, dan is het conflict niet ver weg.

De effectiefste werkwijze voor een rode persoon is uitzoeken wat er moet worden gedaan en dat vervolgens doen. Eenvoudig, toch?

Conclusie: Blijf bij het onderwerp! Dat doe je het best door je zaak uiterst zorgvuldig voor te bereiden voordat je met een rode persoon gaat praten. Als je midden in een interessante discussie een ander idee voelt opkomen – schrijf het op en vraag aan het eind van het gesprek of het nu besproken kan worden. Maak anders een nieuwe afspraak.
Als een persoon met veel rode trekken vraagt hoe laat het is, beantwoord de vraag dan met een tijdsaanduiding. Zeg niet dat jullie nog genoeg tijd hebben. Dat bepaalt hij zelf. Beschrijf niet hoe je horloge is geconstrueerd. En nogmaals – vergeet het tempo niet. Voor een rode is snelheid hetzelfde als effectiviteit.

Nu praten we over zaken – vergeet dat nooit

Zakelijk zijn in het zakenleven klinkt logisch, vind je ook niet? Maar denk even na. Als je verkoper bent, heb je vast verkooptrainingen gevolgd waar je leerde dat je een relatie met de klant moet opbouwen. Hem moet leren kennen. Hem aan jouw kant moet zien te krijgen.

Dat is een goed advies. Doe het vooral. Bouw zoveel relaties op als je nodig acht. Doe het alleen niet met rode personen. Als je een afspraak hebt met een rode persoon die je nooit eerder hebt ontmoet, vraag hem dan niet waar hij woont, waar hij zijn vakantie heeft doorgebracht of wat hij van de wedstrijd van gisteren vond. Dat vindt hij volstrekt niet interessant. Hij is hier niet om over koetjes en kalfjes te praten of relaties op te bouwen. Hij is hier om zaken te doen. Echt rode individuen voelen zich geprovoceerd en worden agressief als ze merken dat iemand probeert bevriend met hen te raken.

De rode is hier niet om jouw vriend te worden. Hij is hier om maar één reden – zakendoen. Het is niet uitgesloten dat hij je eruit gooit – figuurlijk gesproken – als hij jouw pogingen om persoonlijk te zijn kruiperig en slijmerig vindt. Hij zou zich nooit zo gedragen, en dat moet jij ook niet doen.

En vlei de rode niet als je hem niet goed kent. Laat de complimenten in vredesnaam thuis.

Conclusie: Rode personen zijn paradoxaal genoeg waarschijnlijk de makkelijkste aan wie je je product kunt verkopen. Jij wilt een goede deal sluiten, het enige wat je hoeft te doen is naar zijn kantoor gaan, je voorstel presenteren en vragen of jullie zaken kunnen doen. Laat de voetbalwedstrijd van gisteren zitten. Zeg niet dat je hem vorige week in de supermarkt zag. Hij zag jou toch niet.
Wanneer de rode je eenmaal vertrouwt en heeft besloten dat je verstandig genoeg bent en dat hij misschien iets aan je heeft, ja, dan is het goed mogelijk dat hij over auto's, boten of het laatste regeringsvoorstel begint te praten. Ga erop in. Maar alleen dan. En wees niet verbaasd als de bijeenkomst midden in een zin is afgelopen. Als hij vindt dat er genoeg is gesocialized, stopt hij ermee. Dat heeft niets met jou te maken. Hij heeft alleen geen zin meer om te praten.

Je weet het niet precies? Wat heb ik dan aan jou?

Het klinkt misschien tegenstrijdig, maar de rode persoon verlangt ook van jou dat je resoluut bent. Hij wil weliswaar vaak zelf alle belangrijke beslissingen nemen, maar hij heeft een hekel aan besluiteloze mensen. Besluiteloosheid boezemt geen vertrouwen in. Opmerkingen als: *dat is niet makkelijk te beantwoorden*, *dat ligt eraan* of *ik weet niet goed wat ik moet zeggen* irriteren hem alleen maar.

Heb je een mening – voor de dag ermee. De rode beoordeelt jou naar je gedrevenheid. Natuurlijk moet je naar hem luisteren, maar je moet wel een mening hebben. Anders ben je zwak en dat is geen eigenschap die je aanzien versterkt.

Denk eraan dat we mensen in wie we onszelf herkennen aardig vinden. Een rode persoon zal niet elke dag andere roden tegenkomen, dus als dat gebeurt is hij positief verrast. Een gelijke! Wat fijn! Ik heb meegemaakt dat rode mensen vlak voor een fel debat zich echt in de handen zaten te wrijven.

Conclusie: Zeg zonder met je ogen te knipperen wat je ervan vindt. Misschien moet je uiteindelijk capituleren, maar verkoop jezelf nooit goedkoop. De rode kan brullen, tieren, met zijn voeten stampen, zijn stem verheffen en met zijn vuist dreigen. Veel mensen binden in als dat gebeurt. Het is immers niet leuk om te worden uitgescholden, of wel soms? Maar het slechtste wat je kunt doen is inbinden en de rode over je heen laten lopen. Als je dat laat gebeuren, verlies je in zijn ogen iets heel belangrijks – respect. Als hij je niet respecteert, zal hij je levend opeten. En over je heen blijven lopen tot je volledig uitgerangeerd bent. In de toekomst hoeft hij met jou geen rekening te houden. Hij laat je links liggen. Het beste wat je kunt doen is in het epicentrum van de storm gaan staan en zeggen dat hij het bij het verkeerde eind heeft. Als de rode persoon eenmaal ziet dat jij je niet gewonnen geeft, zal hij overstag gaan. Dat wil zeggen, als je weet waar je het over hebt.

Geen luiwammesen s.v.p. – rusten doe je maar als je dood bent

Een rode baas zal hard werken, misschien harder dan iedereen. Hij zal veel ijzers in het vuur hebben en hij zal volledige controle hebben over alles wat er gebeurt.

De rode kan ermee leven dat iets de eerste keer fout gaat. Maar hard werken is een duidelijke wens – zo niet eis. Je moet vlijtig zijn en zwoegen en als het even kan overwerken. Ik zeg niet dat je een workaholic moet worden – het leven bestaat uit meer dan werken – maar in de ogen van de rode baas is het een uitstekende eigenschap. Hij zal veel waardering voor je hebben als hij weet dat je betrokken bent en hard werkt.

Conclusie: Laat zien dat je hard werkt. Je hoeft niet voortdurend naar het kantoor van de rode te rennen om hem te vertellen dat je de vorige avond tot halftwaalf hebt doorgewerkt – het is maar de vraag of dat indruk op hem maakt. Hij zal zich misschien zelfs afvragen of je echt zo lang bezig moest zijn met die eenvoudige opdracht. Maar breng regelmatig verslag uit van wat je hebt gedaan en presenteer – bondig – het *resultaat* van je inspanningen.

Neem eigen initiatieven. Kom met voorstellen waar de rode niet om heeft gevraagd. Hij zal het waarderen dat je gedreven bent, maar bereid je zoals altijd voor op een strijd.

Let op de formulering in de laatste zin. Er staat niet dat hij *jou* zal waarderen omdat je gedreven bent. Er staat dat hij het zal waarderen dat je *gedreven* bent. Het is heel goed mogelijk dat de rode baas je waardeert, dat komt beslist voor, maar verwacht geen knuffels en lovende woorden.

JOUW EIGENLIJKE OPTREDEN – WAT JE OOK MOET DOEN IN DE OMGANG MET RODE PERSONEN

Je moet je natuurlijk niet volledig aanpassen aan hoe de rode wil dat je je gedraagt – dan laat je je verdrukken. Er zijn andere manieren om tot een resultaat te komen. Omdat rode personen vaak hun ogen sluiten voor hun eigen fouten en gebreken, kun jij hen helpen een beter resultaat te bereiken – als je maar weet hoe. Hier volgen een paar tips.

Details... gaap...

Een rode persoon verdiept zich niet graag in details. Dat vindt hij saai en het kost tijd. Dus heeft de rode de neiging om zich niet druk te maken om kleinigheden. Je kunt hem van veel dingen beschuldigen, maar niet van nauwkeurigheid. Omdat het doel altijd belangrijker is dan het middel, zal de rode er alles aan doen om het gewenste resultaat te behalen. Maar zonder de boel te analyseren en de details te bekijken, want dat is niets voor hem.

Conclusie: Als je de rode echt wilt helpen om uiteindelijk een beter resultaat te leveren, wijs hem dan op het belang van de details. Leg uit dat het resultaat beter en de winst groter wordt als hij rekening houdt met een paar kleine maar belangrijke punten.
Hij zal zuchten en steunen en je advies niet willen opvolgen. Maar als je goed kunt argumenteren, zal hij naar je luisteren. Zoals bekend kan de rode zichzelf goed pushen, als het maar ergens toe leidt.

Snel en niet zelden helemaal fout

Ik heb het al vaker gezegd: in de wereld van de rode moet alles meestal heel snel. Je kunt zelf bedenken welke risico's dat met zich meebrengt. Vol gas geven kan goed zijn, maar alleen als alles, en vooral iedereen, meedoet. Normaal gesproken rennen rode personen weg van de anderen. Maar tegelijk kan het hen storen dat de anderen hen niet kunnen bijhouden.

De rode heeft iemand nodig die tegen hem zegt dat hij het kalmer aan moet doen en moet inzien dat niet iedereen de situatie even snel begrijpt als hij. Hij zal het werk nooit in zijn eentje kunnen doen – al denkt hij zelf van wel en probeert hij het waarschijnlijk ook – dus hij heeft zijn team nodig.

Je kent vast de uitdrukking *haastige spoed is zelden goed.*

Conclusie: Geef voorbeelden van gebeurtenissen waarbij te veel haast tot tijdverlies heeft geleid. Vertel wat er mis kan gaan als het te snel moet. Leg uit dat niet iedereen het tempo kan bijhouden en zeg dat het goed zou zijn als iedereen weet wat de bedoeling van het project is. Capituleer niet. Stel vast dat zelfs hij niet alles in zijn eentje kan. Dwing de rode op anderen te wachten.
Kom er later nog een keer op terug en wijs dan duidelijk op de winst die de rode persoon heeft behaald door het wat kalmer aan te doen.

Laten we wat nieuws proberen en zien hoe het gaat

Moeten we dat wel doen? Rode individuen zijn niet bang voor risico's. Velen zoeken voor de spanning zelfs gevaarlijke situaties op. Trouwens: wat wij als risicovol gedrag beschouwen is voor veel roden helemaal geen risico.

Roden hebben iemand nodig die de voor- en nadelen tegen elkaar kan afwegen. Omdat de nadelen vervelend zijn, is het goed mogelijk dat een rood individu ze gewoon aan zijn laars lapt. Hij merkt wel wat er gebeurt.

Conclusie: Help de rode persoon de risico's te bepalen door de hele tijd naar de feiten te kijken. Data en feiten zijn dingen die hij begrijpt. Omdat rode personen niet graag achteromkijken – oud en duf – maar vooral naar het heden en naar de toekomst, kan het goed zijn om gewoon ervaringen uit te wisselen.
Geef voorbeelden van situaties die historisch gevaarlijk zijn gebleken. Dat kunnen bedrijfsrisico's zijn, zonder helm slalomskiën of de baas voor idioot uitmaken. Bewijs je argumenten met feiten en eis dat hij nog een keer goed nadenkt voordat hij een nieuwe baan aanneemt zonder eerst de voorwaarden te controleren.
Zoals altijd geldt: als je gelijk hebt – capituleer in godsnaam niet.

Ik ben hier niet om jouw vriend te worden. Ook niet die van iemand anders trouwens

Zoals je inmiddels wel hebt begrepen zijn roden niet direct relatiegericht. Zoals je ook weet geldt dit niet voor alle mensen. De manier waarop de rode persoon relaties onderhoudt kan verschillen, maar een veelgehoorde kritiek is dat het vaak op zijn voorwaarden gebeurt, ook in zijn privéleven.

De omgeving heeft vaak het gevoel dat er geen notitie van haar wordt genomen. Dat is zelden echt de bedoeling van de rode; het gebeurt gewoon. Je kunt geen omelet maken zonder eieren te breken, enzovoort.

Rode personen merken vaak niet dat anderen zich van hen afkeren om conflicten uit de weg te gaan. Dat betekent ook dat rode personen soms verstoken blijven van belangrijke informatie. Ze lijden er misschien niet onder dat ze niet voor de vrijdagmiddagborrel worden uitgenodigd, maar ze vinden het wel erg als ze het idee hebben dat belangrijke besluiten niet worden gedeeld. Dat kan er in het ergste geval toe leiden dat de rode gaat denken dat mensen in zijn omgeving bewust belangrijke informatie voor hem achterhouden. De machtsstrijd is niet ver weg.

Conclusie: De rode moet begrijpen dat hij alleen volledige inzage kan krijgen als hij zich aanpast aan anderen. Hij heeft daar misschien nooit over nagedacht, is meer met zichzelf bezig geweest. Maar als hij inziet dat niemand het helemaal in zijn eentje redt, lukt het hem wellicht om zich echt voor andere mensen te gaan interesseren.
Wanneer een rode persoon doorheeft dat veel mensen het belangrijk vinden om over het eerste tandje van hun kind te vertellen, of over het huisje dat ze in de vakantie huurden, of over de boot waarvan ze dromen, ja, dan kan hij actief luisteren en aan het gesprek deelnemen. En wanneer hij het eenmaal begrijpt, staat de deur open. Je zult misschien zelfs iets over hem te weten komen.

Wat zijn jullie voor slappelingen? Jullie kunnen toch wel iets hebben!

Roden worden snel boos, duidelijker kan ik het niet zeggen. Met hun temperament gaat het er af en toe hard aan toe, wat de omgeving de nodige buikpijn bezorgt. Zelf merken ze daar niets van, schreeuwen is gewoon een manier van communiceren.

Niemand houdt van lomperiken, maar niet iedereen durft er iets van te zeggen. Wanneer een rode persoon mensen op hun tenen trapt, moet je hem voorzichtig duidelijk maken dat het zo niet werkt. Hij zal een onschuldig gezicht opzetten en doen alsof hij niet begrijpt wat je bedoelt. En stiekem vindt hij het best stoer dat mensen bang voor hem zijn.

Conclusie: Je moet hem meteen met zijn gedrag confronteren. Accepteer geen beledigingen en zeg duidelijk dat je geen botte opmerkingen, hatelijkheden en ongemotiveerde woede-uitbarstingen duldt. Eis dat hij zich als een volwassene gedraagt en als hij zijn humeur verliest, loop dan de kamer uit. Geef hem nooit zijn zin als hij staat te schelden en te drammen.

Maar vergeet niet dat dit – brullen en tieren – een methode is die jarenlang voor de rode heeft gewerkt. Hij kreeg waarschijnlijk als kind al zijn zin door zo te doen. Ouders, broers en zussen maakten vermoedelijk al heel vroeg kennis met zijn explosieve temperament. En ga er maar van uit dat ze hem zijn zin gaven om van het lawaai af te zijn. Slechts weinig mensen hebben hem met dit gedrag geconfronteerd en als iemand vraagt of het misschien wat zachter kan, zal hij nog luider protesteren. Een rode persoon vindt het afschuwelijk als iemand zegt dat hij zachter moet praten.

JOUW AANPASSING AAN GEEL GEDRAG

Wat de gele van jou verwacht

We hebben het toch gezellig samen?

Gele personen zijn in wezen niet bang voor conflicten. Als ze worden tegengewerkt, kunnen ze behoorlijk fel reageren. Maar ze geven de voorkeur aan een gezellige, gemoedelijke sfeer. Als iedereen het goed met elkaar kan vinden en de zon schijnt, voelt de gele persoon zich zoals bekend op zijn best.

Het maakt voor de gele heel veel uit of mensen een goed humeur hebben of niet. Als een groep personen slechtgemutst is en er een grimmige sfeer hangt, voelt hij zich helemaal niet op zijn gemak.

Conclusie: Een gele persoon functioneert het best als hij goedgehumeurd is. Dan is hij creatief en heeft hij veel positieve energie. Probeer daarom een warme en vriendelijke omgeving om hem heen te scheppen.
Glimlach veel, durf grapjes te maken en te lachen. Luister naar zijn dwaze invallen, lach om de onzin die hij uitkraamt, moedig het luchtige en vrolijke aan.
Als je dat doet, zal hij je niet alleen aardiger vinden, hij zal ook beter naar je luisteren. En dat is natuurlijk nooit verkeerd. Het is namelijk helemaal niet leuk om met een slechtgeluimde gele persoon te maken te hebben.

Ik heb iemand anders gevraagd om dat kleine detail te regelen – maar ben vergeten wie

De eerlijkheid gebiedt te zeggen dat het niet eenvoudig is om de belangstelling van een gele persoon vast te houden. De gele collega, klant, vriend of buurman verliest heel gauw zijn aandacht. Wil je de gele snel en effectief in slaap krijgen, dan moet je veel details aandragen. Dat werkt gegarandeerd.

Doe het niet. Een gele persoon kan gewoon niet tegen details. Die vindt hij saai. Hij zal niet alleen vergeten waar je het over hebt, hij vindt simpelweg dat hij deze details niet nodig heeft. Zijn kracht ligt niet in de kleine dingen, maar in de brede penseelstreken. Je kunt een gele persoon heel goed vragen een visie voor de komende tien jaar op te stellen, maar vraag hem niet hoe je daar moet komen.

Conclusie: Als je de aandacht van de gele wilt vasthouden, laat dan zoveel mogelijk finesses achterwege. Begin altijd met de grote vragen. Het is prima dat jij weet hoe de nieuwe stereo moet worden aangesloten, maar val je gele vriend daar niet mee lastig. Dat is niets voor hem. Hij wil weten hoe hij de nieuwste hitlijst kan horen.
Het is net als met de roden, zo niet erger. Gelen hebben weinig geduld met dingen die niet werken. Help hen. Maar bedenk dat het hun niet kan schelen *hoe* de dingen werken. Ze willen *dat* ze werken. Laat de gebruiksaanwijzing maar zitten. Die lezen ze toch niet.

Intuïtie is alles wat ik nodig heb – dat werkt altijd

Als ik voor elke keer dat een gele persoon een volstrekt belachelijk besluit motiveert met de verklaring dat het goed *voelt* vijf kronen (€0,50) kreeg, zou ik regelmatig in een luxe restaurant kunnen eten. Er is zelfs een onderzoek dat aantoont dat sommige mensen betere besluiten nemen als ze hun intuïtie volgen. Gele personen citeren dat onderzoek graag, dus wat je ook doet, heb het daar niet over.

Het moet goed *voelen*. Denk daar maar eens over na. Een gele persoon heeft er geen moeite mee de werkelijke feiten buiten beschouwing te laten zolang dat goed voelt. Begrijp me niet verkeerd: een gele persoon beseft heel goed dat sommige mensen naar feiten kijken en dat dat belangrijk is. Hij is niet dom. Maar het interesseert hem eenvoudigweg niet. Hij wil op zijn gevoel afgaan.

Als je wilt dat een gele persoon een besluit neemt, schuif de Excelsheets dan zo ver mogelijk weg, buig je naar voren en zeg met een brede glimlach: 'Hoe voelt dit voor jou?'

Hij begrijpt het precies. En je zult een antwoord krijgen.

Conclusie: Accepteer dat de gele op zijn gevoel afgaat. Hij heeft een behoorlijk grote comfortzone en is niet overdreven bang voor risico's. Pas je daaraan aan. Je bereikt hem door te laten zien dat jij ook op je gevoel durft af te gaan. Hoe verkeerd het voor jou misschien ook voelt, het is wel de weg naar het hart van de gele. Hij zal zichzelf in jou herkennen. Jullie worden dikke vrienden. De zon zal op jullie schijnen.

Is deze auto een prototype? Is dit concept nooit eerder getest?! Heeft niemand dit eerder gedaan? Spannend!

Waar een rode persoon zich op snelheid richt, focust een gele persoon graag op nieuwe dingen. Nieuw is synoniem met goed, dat weten alle gelen. En waarom niet? Zonder creativiteit en noviteiten zou alle ontwikkeling stagneren, toch?

Iedereen wil wel een beetje spanning in het dagelijkse leven. Maar niet iedereen verstaat hetzelfde onder spanning. Voor de gele is het nieuwe spannend. Gele personen zijn zogenaamde *early adopters*, dat wil zeggen dat ze nieuwe dingen meestal als eersten uitproberen. Kijk maar eens wie de nieuwste mode draagt, wie als eerste een nieuw en bij voorkeur apart automodel heeft. Wie heeft de nieuwste iPhone en wie weet welk restaurant over een paar maanden de place to be is?

Hoe weten ze dat allemaal? Zeg het maar. Vermoedelijk werken ze niet alleen, maar volgen ze tijdens werktijd interessante ontwikkelingen. Maar het zijn ook de mensen die als eersten nieuwe werkmethodes en verkoopconcepten implementeren. Gewoon omdat ze het leuk vinden.

Conclusie: Laat de gele zijn gang gaan met alle nieuwigheden. Zijn humeur wordt er alleen maar beter op. Als je iets aan een gele persoon wilt verkopen, gebruik dan termen als *'prototype'*, *'nieuw ontwikkeld'*, *'nooit eerder gebruikt'*. Je potentiële klant zal heel enthousiast reageren.
Heeft niemand anders dit gedaan? Dat moet worden getest!
De gelen zullen je aardig vinden omdat je zo spannend en interessant en vooral innovatief bent. Zorg ervoor dat je veel energie hebt, want het is vermoeiend om voortdurend up-to-date te zijn. De gelen zullen je een geweldig contact vinden en dol op je zijn. Maar houd er rekening mee dat je als adviseur zomaar wordt vervangen als ze iemand anders vinden die misschien nóg nieuwere dingen weet.

Jij lijkt me wel interessant. Wil je niet weten wie ik ben?

Het zal inmiddels duidelijk zijn – gele personen houden van andere mensen. Ze functioneren het best met heel veel mensen om zich heen. Natuurlijk mogen zelfs gelen niet iedereen die ze tegenkomen, maar ze zullen de meeste mensen een eerlijke kans geven.

Je moet laten zien dat je net zo open bent als de gele persoon. Als je te gesloten en vaag doet, zal hij zich niet welkom voelen. Waarom antwoord je niet als er iets tegen je wordt gezegd? Waarom lachte je niet om het grappige verhaal over zijn hond? Waarom weet hij niets van jou als persoon? Wat zijn jouw dromen? Slecht contact kan een sterk gevoel van onzekerheid scheppen en jullie relatie zal zich niet in positieve richting ontwikkelen. Als je rood of blauw bent, moet je er goed over nadenken hoe je het weer goed krijgt. Als je dat tenminste wilt.

Conclusie: Lach om jezelf. Laat zien dat je toegankelijk bent, glimlach veel, zorg voor een open lichaamstaal. Als de gele persoon vraagt waar je bent opgegroeid, zeg dan niet alleen dat je uit Sundsvall komt. Vertel ook in welke wijk je woonde, waar je altijd hardliep, dat je een keer dronken bent geworden in Hotel Knaust, dat je de man van de worstkraam en een verkoopster van H&M kent.
Het lijkt misschien overbodig, maar je moet absoluut belangstelling tonen voor de gele als persoon. Al blijft het hoe dan ook moeilijk om niét iets van hem te weten te komen, omdat hij uit zichzelf zoveel vertelt. Maar laat actief merken dat je belangstelling hebt.
En vergeet niet dat gelen *erg* ontvankelijk zijn voor complimentjes.

JOUW EIGENLIJKE OPTREDEN – WAT JE OOK MOET DOEN IN DE OMGANG MET GELE PERSONEN

Om de gelen in een goed humeur te houden moet je ze dus paaien. Het probleem wordt na een poosje vrij zichtbaar. Ze krijgen niet genoeg gedaan. Ik heb zelf gezien wat er gebeurt als een groep gele personen probeert een probleem op te lossen. Ze praten door elkaar heen en hebben het enorm gezellig en als je vraagt of er schot in zit zeggen ze dat het *geweldig* gaat! Maar er wordt niets opgeschreven. Om echt iets voor elkaar te krijgen met de gelen is meer nodig dan een goede stemming. Maar als je je eenmaal aan hun frequentie hebt aangepast – moet je ook het volgende doen:

Het verschil tussen doen alsof je luistert en echt luisteren

Het is gewoon een feit – gele personen zijn zonder twijfel de slechtste luisteraars die er bestaan. Dat zullen ze natuurlijk nooit toegeven, omdat je aan de formulering – slechte luisteraars – al hoort dat het iets negatiefs is. En veel gele personen beschouwen zichzelf echt als goede luisteraars. Waar ze dat vandaan hebben is niet duidelijk, want het is gewoon niet waar. Er zijn natuurlijk wel gele individuen die luisteren – als het hun uitkomt. Of als ze iets aan het gesprek hebben. Maar normaal gesproken – vergeet het.

Ze willen niet luisteren. Ze willen praten. De meeste gelen vinden gewoon dat ze alles veel beter kunnen zeggen. Het probleem is dat ze niet horen wat anderen zeggen.

Conclusie: Als je met gele personen te maken hebt, moet je bepaalde dingen doen. Het maakt niet uit of je het met je partner over de zomervakantie hebt of met een collega over het lopende project, je moet een plan hebben. Je moet goed voorbereid zijn. Je moet weten wat je boodschap is en wat je geaccepteerd wilt krijgen. Je moet ervoor zorgen dat de gele, opgewekte persoon heel concreet antwoord geeft op je vragen en je moet hem horen zeggen dat hij zoals afgesproken om vier uur komt, of dat hij de klant natuurlijk precies zal vertellen wat jullie net hebben afgesproken.

Maar – en dit is een groot maar – als het belangrijk is, zul je toch moeten controleren of alles wel gebeurt, omdat de gele niets opschrijft. Tenzij je hem zover krijgt dat hij het in zijn agenda noteert natuurlijk. Dat zou het beste zijn. Maar in alle andere gevallen is de kans groot dat wat je vertelt het ene oor in en het andere oor uit gaat.

Geen probleem – dat doen we wel even!

Het zijn tijdsoptimisten, zo is het gewoon. Natuurlijk kan het werk snel worden gedaan, maar zelden zo snel als de gele denkt. Hij kan namelijk niet plannen en hij kan geen structuur in zijn leven aanbrengen. Ik heb zelf met mensen gewerkt die denken dat ze acht afspraken per dag kunnen afwerken, dat het maar twee dagen kost om de hele keuken te renoveren, of dat je het centrum van Stockholm in dertig minuten kunt doorkruisen – op een maandagochtend in april.

Dat zijn typische uitingen van het optimisme van de gele. Het probleem is zonneklaar. De gele heeft te weinig tijd om te doen wat hij wil, vooral omdat hij niet van tevoren uitzoekt hoeveel tijd een bepaalde klus gaat kosten. Ook als hij anderen zou vragen hoe lang iets duurt, luistert hij niet naar wat ze zeggen, want het klopt toch niet. Hij weet het zelf het beste.

Een ander probleem is dat hij niet op tijd begint. Hij neemt een dag vrij om de slaapkamer te verven, maar om drie uur 's middags heeft hij het verfblik nog steeds niet opengemaakt. *Ik moet eerst dit nog even doen.* Hij is absoluut niet in staat om realistisch met een exact begrip als tijd om te gaan. En hij heeft oprecht het gevoel dat hij zeeën van tijd heeft.

Ik herinner me een etentje met een paar gele vrienden van niet zo lang geleden. Het restaurant hanteerde het zogeheten negentigminutenconcept. Dat betekent dat als je vijfentwintig minuten te laat komt, je geen voorgerecht en nagerecht krijgt. Daar is geen tijd voor. Mijn vrouw en ik arriveerden een kwartier te vroeg – we hebben allebei blauwe trekken in ons profiel. We gingen zitten en de tijd verstreek. Veertig minuten later, vijfentwintig minuten te laat dus, kwamen de anderen. Ze lachten en zeiden dat ze de tijd waren vergeten. We konden nog net een hoofdgerecht bestellen, ons bord leegeten en betalen, voordat de volgende gast klaarstond. Het vreemde is dat onze vrienden nog steeds het idee hebben dat ze maar een paar minuten te laat waren. Ze hebben gewoon verdrongen dat ze dertig procent van het diner hebben gemist.

Conclusie: Met gele personen moeten de tijden goed worden afgestemd. Synchroniseer jullie horloges. Vertel heel duidelijk dat het vliegtuig om 20.00 uur vertrekt en dat je gele vriend aan de grond blijft als hij niet komt opdagen. Zeg waar het op staat: als hij niet twee uur voordat het vliegtuig opstijgt met zijn auto op de oprit staat, krijg jij een dodelijk hartinfarct. Zeg dat je heel boos op hem wordt. Dat zijn eeuwige laksheid jullie vriendschap in gevaar kan brengen.
Als het etentje om 19.00 uur begint, nodig dan iedereen voor dat tijdstip uit, maar zeg tegen je gele vrienden dat ze om

18.30 welkom zijn. Ze komen toch als laatste, met allerlei goed geformuleerde excuses. Stel je in op kleurrijke verhalen. Houd er ook rekening mee dat gele personen met klem zullen ontkennen dat ze tijdsoptimisten zijn. Ze zullen zeggen dat ze de tijd wel degelijk in de gaten houden. Er kwam alleen ineens iets tussen.

Hier is een handgranaat ontploft

De rommeligste bureaus die ik ooit heb gezien waren altijd van gele personen. Beeldschermen met zoveel post-itjes erop dat je het scherm amper kunt zien. Propvolle garages en zolders. En dit is alleen nog maar wat zichtbaar is. Vraag eens aan een gele vrouw of je in haar agenda mag kijken. Of in haar handtas. Of in haar klerenkast. Niet schrikken. Je zult de vreemdste dingen ontdekken en als je blauwe trekken hebt, wordt het je ineens een stuk duidelijker waarom het er soms zo uitziet. En dit is alleen nog maar wat tastbaar is.

De chaos kan ook abstract zijn: afspraken worden verzet of vergeten, spullen verdwijnen, hele auto's raken zoek op de parkeerplaats. Sleutels zijn spoorloos verdwenen. Bovendien zijn veel gele personen slecht in het plannen van hun dagelijkse leven. Ze kunnen zomaar vijf keer naar de supermarkt rijden en elke keer een paar dingen kopen, omdat ze geen boodschappenlijstje hebben gemaakt. Misschien omdat ze van tevoren niet weten wat ze willen hebben, maar het is ook goed mogelijk dat ze denken dat ze makkelijk negentien dingen kunnen onthouden. (Vergeet niet dat gele personen een heel genereuze kijk op hun eigen kunnen hebben. Aan wie het maar wil horen vertellen ze dat ze het beste geheugen van de hele wereld hebben en nooit iets vergeten.)

Conclusie: Als je een gele persoon echt verder wilt helpen, zorg er dan voor dat hij zijn zaken een beetje op orde krijgt. Help hem een eenvoudig schema op te stellen. Als jullie boodschappen gaan doen: maak zelf een lijstje. Je partner of vriend zal namelijk de helft vergeten.
Schep een structuur voor hem. Van alle mensen hebben de gelen het hardst structuur in de vorm van schema's en checklists nodig. Paradoxaal genoeg haten ze dat juist. Ze willen zich niet in een systeem laten persen dat ze niet zelf hebben gekozen. Wees diplomatiek. Als je te veel druk uitoefent, kun je felle reacties verwachten.
Moet alles zo tot in de details geregeld zijn? Leven we soms in een fascistenstaat?

Je moet er goed uitzien. De hele tijd

Ik, ik, ik. Gele personen hebben net als de roden een sterk ego, laat daar geen twijfel over bestaan. Ze houden van aandacht, ze plaatsen zich sneller dan wie ook in het middelpunt van de gebeurtenissen. Daar genieten ze het meest. Je gele vriend voelt graag alle zonnestralen op zich gericht en hij praat luider en sneller dan alle anderen om zijn aanwezigheid kracht bij te zetten.

Al het licht op mij. Zie mij, hoor mij, vind mij aardig. De keerzijde van de medaille is evident. Niemand anders krijgt enige ruimte. Veel gesprekken eindigen ermee dat het gele individu luid en duidelijk over zijn ervaringen vertelt, of zijn mening geeft. Het maakt niet uit waar het gesprek over gaat – oorlog, honger, afvallen, auto's, bazen, tuinen – een gele persoon zal met een verhaal komen waarin hij zelf de hoofdrol speelt. En als hij geen verhaal heeft, verzint hij er gewoon een.

Hun gedachten beginnen vaak met het woord ik. *Ik* wil, *ik* vind, *ik* kan, *ik* weet, *ik* ga… Dat is heel natuurlijk. Ze houden van andere mensen, maar er is één ding waar ze nog meer van houden: zichzelf.

Conclusie: Gele personen moeten begrijpen dat zij niet de enigen in de kamer zijn, dat ook anderen aan het project meedoen. Ze mogen niet alle zuurstof gebruiken. Ze moeten horen – van iemand die moed en geduld heeft – dat ze anderen bij een gesprek, of wat het ook maar is, moeten betrekken.
Maar dit kun je hem niet in aanwezigheid van anderen vertellen. Het zal niet in goede aarde vallen. Een gele persoon kan heel gekrenkt raken als hij kritiek krijgt. Hij zal het gevoel hebben dat *alle anderen alleen aan zichzelf denken, dat helemaal niemand aan hem denkt.* De feedback zal discreet en op een positieve manier moeten worden gegeven. Afhankelijk van hoe geel de persoon in kwestie is, heb je waarschijnlijk een plan nodig.
Houd rekening met het volgende: het is heel goed mogelijk dat jullie ruzie krijgen. Je neemt absoluut een risico. Horen dat je een zelfingenomen egotripper bent is uitermate onaangenaam. Gelen begrijpen het wel, ze zijn niet dom. Maar ze vinden het een verkeerde analyse. Er staat je dus het een en ander te wachten. Of je moet andere vrienden zoeken.

Veel geschreeuw en weinig wol

Om misverstanden te voorkomen zeg ik het maar ronduit. Gele personen praten soms meer dan dat ze werken. Ze hebben het liever over alle dingen die ze moeten doen dan dat ze het werk daadwerkelijk uitvoeren. Ik heb het al vaker gezegd in dit boek en als je echt gele personen kent, weet je wat ik bedoel.

Goed, er zijn veel mensen die moeilijk op gang komen, vooral als het vervelende klussen betreft. Maar de gelen komen *echt* moeilijk uit de startblokken als ze iets onplezierigs moeten doen, zoals een ontevreden klant bellen, het terras afbouwen, naar de apotheek gaan. Als het vervelend en weinig inspirerend is, komt het er niet van. Ze bedenken de mooiste smoezen waarom ze het niet hebben gedaan.

Omdat het tijdsperspectief van de gelen meestal in de toekomst ligt, praten ze vooral daarover en steken ze minder energie in het bereiken van hun doel. Zelden zijn er zoveel dwaze plannen opgesteld en zoveel gekke visies ontwikkeld als door gele personen. Omdat ze hardop denken, verwacht de omgeving dat er dingen gaan gebeuren. Wow, dat klinkt heftig!

Conclusie: Om je gele vriend te helpen moet je ervoor zorgen dat hij de schep in de grond steekt en begint te graven. Moedig hem aan, maar doe het voorzichtig. Behandel hem een beetje als een kind. Wees vriendelijk, maar duidelijk. Als hij merkt dat je hem probeert te sturen, kan het lastig worden. Gelen vinden het namelijk vreselijk om zich gestuurd te voelen. Ze hebben ontegenzeggelijk de meeste hulp nodig om op gang te komen, maar ze vinden het niet leuk. Het zijn vrije zielen die alleen zichzelf gehoorzamen.

Je moet dus diplomatiek zijn. Leg vriendelijk en voorzichtig uit hoe belangrijk het is dat de opdracht daadwerkelijk wordt uitgevoerd nu jullie weten wat er moet worden gedaan. Vertel dat de toch al hoge populariteit van de gele persoon nog verder kan stijgen als hij het werk afkrijgt. Iedereen zal van hem houden en hij wordt populairder dan ooit.

Klinkt dat eenvoudig? Het *is* eenvoudig. Je moet alleen je weerzin tegen het zo overduidelijk oppeppen van iemands ego overwinnen. Maar het zal werken.

Ik zie dat je lippen bewegen, maar ik hoor geen woord van wat je zegt

Dit zou heel goed een subkop van 'slechte luisteraars' kunnen zijn, omdat de onderwerpen met elkaar te maken hebben. Laten we eerlijk zijn. Iedereen maakt fouten. Ook als er geen sprake is van echte fouten, kan het bijna altijd beter.

Dat is voor iedereen zonneklaar, zelfs voor een gele. Gele personen kunnen tijdens heel concrete discussies zeggen dat andere mensen zich moeten vermannen, beter hun best moeten doen en twee keer moeten nadenken. Ze kunnen zelfs toegeven dat er geen volmaakte en foutloze mensen bestaan. Tot zover is er geen probleem. Dat begint wanneer we suggereren dat de gele persoon zich misschien ook moet verbeteren. Dan ontstaat namelijk een conflict, vooral als de kritiek in het openbaar wordt geuit.

Gele personen kunnen niet goed tegen kritiek. Dat vinden ze niet leuk omdat het er niet goed uitziet. Stel je voor, er zijn mensen die het niet eens zijn met wat de gelen doen en zeggen! Ik heb zelf gele personen gecoacht en hun persoonlijke feedback gegeven op hun profiel. Het gaat goed tot we bij de pagina met de titel *Gebieden die ontwikkeld kunnen worden* komen, dat wil zeggen de zwakke kanten.

We krijgen misschien geen ruzie, maar de temperatuur in de kamer zal aanzienlijk dalen. Nog voordat er iets over een slecht zelfinzicht is gezegd, zijn de verdedigingsmuren al opgetrokken. Het gele individu weet diep vanbinnen wel dat hij zwakke kanten heeft, hij wil er alleen niet over praten.

Conclusie: Wil je een gele persoon echt bereiken met negatieve feedback, dan moet je volhardend zijn, erg volhardend. Je moet een vriendelijke sfeer creëren en je moet precies het goede niveau van je boodschap zien te vinden zodat die echt landt.
Je kunt je natuurlijk ook keihard opstellen en de persoon in kwestie flink door elkaar schudden, intimideren, en hem geven wat hij aankan. Ik raad het niet aan. Het is beter er telkens weer op terug te komen.
Duidelijkheid. Bereid je uitermate goed voor en verzamel alle denkbare feiten om je beweringen te staven. De gele heeft een gave die alles te boven gaat: hij is een gewiekste manipulator. Als hij merkt dat de kritiek je menens is en je het er niet bij laat zitten, zal hij een tandje hoger schakelen en proberen je van de baan te duwen. Hij is goed in het optrekken van rookgordijnen. Zorg ervoor dat je niet in de rook verdwaalt.
Zorg er ook voor dat je echt antwoord krijgt op je vragen. Dat hij de boodschap begrijpt. Dat hij opschrijft wat je zegt. Vraag hem jouw feedback in zijn eigen woorden weer te geven.
Maar – jullie moeten een plan van aanpak opstellen. Doe dat echter pas de volgende keer dat jullie elkaar spreken. Waarschijnlijk kom je op dit moment niet verder. Het gevaar bestaat dat alle energie opraakt als je nu doorgaat.
En nog iets. Dat gebeurt niet bij positieve feedback. Daar wordt de gele alleen maar enthousiast van.

JOUW AANPASSING AAN GROEN GEDRAG

Wat de groene van jou verwacht

Het moet goed voelen, anders voelt het echt… slecht…

Zekerheid zal altijd belangrijk zijn. Een groene persoon maakt zich snel zorgen om alles wat er kan gebeuren. Hij houdt niet van onzekerheid en heeft de neiging zijn kop in het zand te steken. Als hij het niet kan zien, is het er niet. Hij wil niet meedoen als het te dubieus wordt. Hij streeft naar stabiliteit en wilde speculaties zijn niets voor hem.

Maar, denk je nu wellicht – de wereld is een gevaarlijke plek om in te leven. Er liggen allerlei gevaren op de loer. Alles kan fout gaan. Mijn relatie kan stuklopen, ik kan ziek worden, mijn man of vrouw kan me verlaten, mijn kinderen vinden me misschien een idioot. Ik kan mijn baan kwijtraken, mijn baas kan er hetzelfde over denken als mijn kinderen, ik kan met een heleboel mensen ruzie krijgen. Op weg naar mijn werk kan ik worden aangereden en je kunt zelfs doodgaan van een visgraat in je keel.

Al deze dingen maken het leven heel onzeker. Echt alles kan gebeuren. Veel groene mensen die ik in de loop van de jaren in mijn rol als coach ben tegengekomen, zeggen dat al deze potentiele gevaren hen min of meer verlammen. De gedachtecarrousel met risico's en narigheden blijft maar draaien. Ze raken lamgeslagen. Omdat ze bovendien niet erg inventief zijn, is het het eenvoudigst om thuis te blijven. Waar het lekker veilig is.

Het waren dan ook geen groene personen die meer dan honderd jaar geleden naar Amerika emigreerden. De groenen zouden nooit aan boord van het schip zijn gestapt, want wie weet hoe de reis zou verlopen. En als je de boottocht naar de andere kant van de wereld al overleefde, was het maar de vraag of je ergens van zou kunnen leven. De verhalen over Zweden die succesvol waren geworden en rijkdom hadden vergaard waren misschien alleen maar bluf. En als je al werk vond en een plek om te wonen – wie wist dan of het wel goed was? Misschien kreeg je het nog ellendiger dan thuis in Zweden. Je weet wat je hebt, maar niet wat je krijgt.

Mijn eigen theorie, die achteraf moeilijk te bewijzen is, is dat vooral rode en gele mensen zijn geëmigreerd en dat veel groene en blauwe mensen achterbleven.

Conclusie: Accepteer dat deze persoon anders denkt dan jij. Accepteer dat hij evenzeer door angst wordt gedreven als door iets anders – misschien zelfs meer. Laat zien dat je hem serieus neemt. Zeg geen dingen als: *er is niets om bang voor te zijn*. Dat werkt niet, omdat zijn angst reëel is. En bovendien is het niet waar. Er zijn talloze dingen om bang voor te zijn. We maken ons allemaal zorgen, de groene persoon alleen meer dan anderen.

Help in plaats daarvan je groene vriend om met zijn angst voor het onbekende om te gaan. Laat hem zijn angsten trotseren en toch verder komen. Net zoals we als kind leerden zwemmen, hoewel het water er koud en eng uitzag, kun je hem voorzichtig vooruitduwen.

Als je vriend zegt dat *het gras aan de overkant niet groener is*, moet je gewoon even diep ademhalen en het nog een keer proberen.

Er gebeurde helemaal niets. Tot twee keer toe

Ik heb het al eerder over de passiviteit van de groene gehad. Niets is te groot om genegeerd te worden. Proactiviteit, gedrevenheid en een actieve levensstijl zijn allemaal dingen die de rust verstoren. En dat wordt niet op prijs gesteld. De groene vindt het helemaal niet leuk als je voortdurend nieuwe dingen bedenkt die hij moet doen.

Groene personen voelen zich het prettigst als ze niet actief hoeven te zijn. Wanneer ze vrijdagavond thuiskomen, volledig uitgeput van alle pogingen om de hele week zo weinig mogelijk te doen, moeten ze uitrusten. Ik heb groene personen ontmoet die zich zo inspanden om onder hun werk uit te komen dat dit meer energie kostte dan het werk zelf.

De omgeving ziet natuurlijk welke gevolgen dit heeft. Groene personen houden niet van vol geplande weekends. Schoonmoeder bezoeken, een picknick organiseren, zoonlief naar het voetballen brengen, de garage opruimen, de buren uitnodigen voor een etentje – alles wordt een belasting en het eind van het liedje is vaak dat er helemaal niets gebeurt. De groene verdwijnt steeds verder onder de radar. Hij heeft echt rust en stilte nodig om te kunnen doen waar hij goed in is. Rust en stilte maken hem gelukkig.

Conclusie: Tot op zekere hoogte moeten we dit respecteren. We moeten proberen ons voor te stellen hoe stressvol het voor deze personen kan zijn om zich constant te moeten activeren, voortdurend in touw te moeten zijn. In de huidige samenleving wordt inactiviteit niet beloond. Dat betekent dat een echt groene persoon zich vaak niet op zijn plaats voelt. Hij hoort wat anderen in het weekend hebben gedaan, over hun activiteiten, hoe ze van hot naar her zijn gerend en het ene ingewikkelde project na het andere hebben uitgevoerd. Het enige wat hij voelt is stress.

Dit kunnen we oplossen door de groenen hun periodes van rust en stilte en inactiviteit te gunnen. Zo zitten ze nu eenmaal in elkaar. Dat betekent niet dat ze hun hele leven op hun gat kunnen zitten, maar ze hebben het nodig om af en toe niets te hoeven doen.

Waar gaan we eigenlijk naartoe? Ik kan het niet volgen…

Stabiliteit en voorspelbaarheid zijn voor de groene waardevolle ingrediënten. En als je erover nadenkt is het best logisch – het is prettig om te weten wat er gaat gebeuren. Waarschijnlijk hebben we allemaal tot op zekere hoogte behoefte aan controle. We willen gewoon weten. Voor groene personen is deze afhankelijkheid heel sterk. Wanneer de roden vragen *wat*, willen de gelen weten *wie*. Wanneer de blauwen vragen *waarom*, willen de groenen weten *hoe*.

Hij moet gewoon weten hoe het plan eruitziet. Welke maatregelen er moeten worden genomen. Wanneer moet alles gebeuren? Wat kan hij eigenlijk verwachten?

Kijk maar hoe het thuis gaat. Wie zit altijd op dezelfde plek aan de ontbijttafel? Ik weet dat veel mensen gewoontedieren zijn, maar als je de vaste stoel van de groene inpikt, gooi je zijn hele bestaan overhoop en zal hij geen hap door zijn keel krijgen.

Maar de behoefte aan voorspelbaarheid gaat veel verder. Die heeft betrekking op alles wat riekt naar verandering. In de huidige samenleving zijn alle veranderingen het enige wat bestendig is. Niets kan echt worden voorspeld, alles draait rond zijn eigen as en verschijnt in nieuwe vormen. En dat is voor groene personen uitermate stressvol.

Conclusie: Omdat de groene zelf niet veel initiatief neemt, zullen jij en ik de planning voor onze rekening moeten nemen. Maar dat is misschien wel goed. We kunnen de groene helpen door uit te leggen welke maatregelen we nemen. We vertellen domweg wat er gaat gebeuren. In plaats van te zeggen dat ik voor het weekend gasten heb uitgenodigd, kan ik zeggen dat Lena en Lasse komen eten, dat het een driegangendiner wordt bestaande uit voorgerecht, hoofdgerecht en nagerecht, dat ik het hoofdgerecht maak en dat mijn groene partner geacht wordt het nagerecht te verzorgen, dat er zus en zo moet uitzien. Ik vertel wie wat inslaat. Wie voor de wijn zorgt, wie verse bloemen koopt en ga zo maar door. Ik zeg misschien zelfs op welke dag mijn groene partner zijn aandeel moet leveren. En wie weet, misschien schrijf ik het exacte adres van de bloemist op het boodschappenlijstje, met exacte instructies voor wat er moet worden gekocht.
Klinkt het overdreven? Dat is het absoluut niet. Vergeet niet dat groene personen geen wereldkampioen initiatief nemen zijn. Beschouw je gezin als een bedrijf – niet iedereen doet hetzelfde, omdat we allemaal andere vaardigheden hebben. Als jij beter kunt organiseren – doe dat dan vooral. Maar betrek je groene partner erbij. Anders heb je kans dat hij door de achterdeur vertrekt.

JOUW EIGENLIJKE OPTREDEN – WAT JE OOK MOET DOEN IN DE OMGANG MET GROENE PERSONEN

Goed, nu weet je hoe je groene vrienden graag behandeld willen worden. Het resultaat zal een rustige, prettige relatie zijn en jullie zullen jarenlang goed bevriend blijven. Is dat niet mooi? Toch is het niet genoeg, omdat jij, tenzij je zelf helemaal groen bent natuurlijk, af en toe wel dingen wilt ondernemen. Dan is het goed om strategieën te hebben waarmee je je naar stabiliteit hunkerende vriend kunt opporren.

Moeten we overal ruzie over maken? Niks aan. Ik ga naar bed

Ik heb het al eerder gezegd, maar dit onderwerp heeft echt meer inkt nodig. Groene personen houden absoluut niet van onenigheid. Ze nokken af als een discussie fel oploopt of als je op het verkeerde moment je voorhoofd fronst. Alles kan een potentieel conflict zijn en dat is voor alle groenen een heel slechte situatie. Ze klappen dicht en vervallen in zwijgen en passiviteit.

Jaren geleden gaf ik een groep verkopers een cursus in persoonlijke effectiviteit. Een van de deelnemers zat de hele tijd met zijn mobieltje te spelen en toen ik hem – rustig en beleefd – vroeg zijn sms'jes in de pauze af te handelen verstijfde hij en zei geen woord meer. Hij antwoordde niet op vragen en deed niet mee aan de discussies. Hij tilde zijn pen de rest van de dag niet meer op. Hij keek me nijdig aan en toen ik vroeg wat hem dwarszat, haalde hij alleen zijn schouders op.

Hij gaf me de slechtste beoordeling die ik ooit heb gekregen. Ondanks de andere vijf dagen was deze dag voor hem allesbepalend en hij kraakte me volledig af. Hij had nog nooit zo'n onbeleefde en incompetente consultant meegemaakt. Hij vond dat ik hem een mes in de rug had gestoken. Zijn reactie was natuurlijk volstrekt onredelijk, vooral omdat we hadden afgesproken om tijdens de sessies onze mobieltjes met rust te laten. Maar dat maakte niet uit – deze man voelde zich compleet overvallen en strafte mij op de enige manier die hij kende – met totale passiviteit. Enige tijd later confronteerde ik hem telefonisch met het voorval. Hij gaf toe dat hij zich kinderachtig had gedragen en bood zelfs zijn verontschuldigingen aan.

Conclusie: Als je een groene persoon wilt vertellen wat je van hem vindt, bedenk dan goed hoe je dat gaat doen. Als je bijvoorbeeld kritiek op hem hebt, zorg er dan voor dat jullie alleen zijn. Maak duidelijk dat je hem nog steeds graag mag, maar dat je denkt dat hij en de groep (het team, de ploeg, het gezin, de club) beter zullen functioneren als hij bepaalde dingen verandert. Vraag niet hoe hij dat wil aanpakken, maar geef hem specifieke instructies. Misschien weet hij zelf wat hij eraan moet doen, maar normaal gesproken zal hij het gesprek niet leiden – dat moet jij doen als het zo belangrijk is.

Vroeger was het toch echt beter. Veel beter

Als ik met mensen over veranderingen praat, doe ik vaak de volgende oefening, die ikzelf erg boeiend vind. Ik vraag of iedereen die bang is voor veranderingen wil opstaan. Soms staat er iemand op, maar meestal blijft iedereen zitten.

Waarom? Omdat we weten dat we moeten veranderen, we moeten met de tijd meegaan. Het is not done om toe te geven dat we niet van veranderingen houden. Maar de acceptatie van dit feit ligt alleen op het intellectuele vlak. Dus blijven we rustig zitten om te illustreren dat we geen tegenstander van veranderingen zijn. Bovendien staat niemand anders op.

Mijn volgende vraag is wie er denkt dat iemand *anders* in de groep bang is voor veranderingen. Vervolgens vraag ik de mensen die dat denken op te staan. Plotseling staat de hele groep op en kijkt geamuseerd om zich heen. Welke mensen houden dus eigenlijk niet van veranderingen? Antwoord: de anderen. En omdat het álle anderen zijn hoeft niemand iets te doen.

Het is een groot probleem. De meerderheid van de bevolking heeft groen als dominantste eigenschap. Dat is de belangrijkste reden dat veranderingen niet met open armen worden ontvangen. Al het nieuwe is slecht en moet met kracht worden tegengewerkt.

De allerergste verandering is de snelle verandering. Hoe sneller, hoe erger. Dus hoe sneller de wielen van de samenleving rollen, hoe moeilijker de tegenstanders van veranderingen het hebben. We lezen het voortdurend in alle nieuwe rapporten. Gele en rode personen vinden aan de lopende band veranderingen uit. De groene en blauwe, die in de meerderheid zijn, proberen aan te haken. En de stress neemt alleen maar toe.

Conclusie: Als je wilt dat groene personen een verandering accepteren, zul je een flinke portie geduld moeten hebben. Je moet het proces in kleine stukjes afbreken en een paar weken uittrekken om te overtuigen, te verkopen en de achtergrond te verankeren. Je moet het proces gedetailleerd beschrijven en beseffen dat niemand aantekeningen zal maken. Dit betekent dat je de boodschap verschillende keren zult moeten herhalen tot die landt.
De groep moet de kans krijgen om in te zien dat dit de enige mogelijke oplossing is. Als het inzicht er eenmaal is, ben je waar je wilt zijn. Maar de weg ernaartoe is lang en moeilijk. Je moet precies weten waar je naartoe wilt en je moet vooral niet vergeten waarom je al deze moeite doet. Als je rood bent, zou je je het liefst helemaal niets van de groep aantrekken, maar ik hoef waarschijnlijk niet uit te leggen dat je in dat geval net zo goed met het project kunt stoppen. Dat zou alle betrokkenen tijd en veel leed besparen.

Iemand moet aan het roer staan, anders zinken we

Laten we eerlijk zijn – het groene gedrag kenmerkt zich niet door uitgesproken leiderseigenschappen. Vooral niet omdat leiderschap vaak gaat over wat we zojuist hebben behandeld: veranderen. Gelukkig wil dat niet zeggen dat er geen goede groene bazen zijn – daar zijn er best veel van – maar ze groeien niet aan de bomen. En ze treden niet op dezelfde manier naar voren als de rode en de gele.

En het is makkelijk om geen verantwoordelijkheid te hoeven nemen. Volgens mij hebben we allemaal een zekere mate van gemakzucht in ons. Het is bevrijdend om niet te hoeven denken, niet te hoeven beslissen en gewoon mee te rijden. Natuurlijk varieert dit al naargelang de omstandigheden, maar groene personen hebben het tot een kunstvorm verheven. Ze willen geen verantwoordelijkheid dragen omdat dat a) tot conflicten kan leiden als iemand het niet eens is met het besluit, of b) een heleboel extra werk met zich mee kan brengen, en dat kan nooit goed zijn. Dus gaan ze de verantwoordelijkheid zo lang mogelijk uit de weg.

Verantwoordelijkheid is belastend en er is zowel een inwendige kracht als een uitwendige gedrevenheid nodig om verantwoordelijkheid op je te nemen. Maar het is tegelijk een teken van maturiteit en het begint allemaal met het nemen van verantwoordelijkheid voor jezelf en je eigen leven. Groene personen (en af en toe natuurlijk ook andere kleuren) hebben de neiging om alles de schuld te geven behalve zichzelf. Een vrouw die zich een aantal jaren geleden in de periferie van mijn kennissenkring bevond, had zelfs een speciaal lijstje gemaakt van dingen die ze de schuld kon geven als het niet ging zoals zij wou. Ze gaf de schuld aan de regering, de oppositie, de belastingen, haar werkgever, de conjunctuur, haar opleiding, haar ouders, haar man en haar kinderen. Soms was het de schuld van het weer. Ze gaf alles en iedereen de schuld behalve zichzelf.

Wat won ze hiermee? Dat is onduidelijk. Ze hoefde zelf geen verantwoordelijkheid te nemen. Omdat andere factoren altijd voor het een of ander verantwoordelijk waren hoefde zij haar problemen nooit aan te pakken en echt iets te veranderen. Ik weet nog dat ik haar heb gevraagd waarom ze zelf niet op het lijstje stond, maar ik vermoed dat ze de vraag niet begreep.

De monumentale passiviteit die groene personen soms aan de dag leggen kan ons in de problemen brengen. Als niemand roeit of aan het roer staat, heb je niets aan gebeden. De groenen blijven zitten, wachtend op hulp. (Gewoonlijk komt die ook, waardoor ze toch overleven.)

Conclusie: Als je iets voor elkaar wilt krijgen met een grote groep groene personen, moet je de leiding nemen, het roer pakken en soms gewoon de macht grijpen. Vragen of een groep groene personen het probleem wil oplossen werkt niet, omdat ze niet op gang komen als je hun geen zetje geeft. Je hebt niets aan de *maar-alsjeblieft-het-zijn-toch-volwassen-mensen*-benadering. Zeker, het zijn volwassen mensen, maar als het om zulke basale dingen als het nemen van beslissingen gaat, zijn het net kinderen. Dat komt voor een groot deel omdat ze ooit hebben besloten geen beslissingen te nemen. Daarom moet iemand krachtig optreden en de richting aangeven.
Doe dat en doe het nu. Maar tegelijk… doe het voorzichtig…

JOUW AANPASSING AAN BLAUW GEDRAG

Wat de blauwe van jou verwacht

Je kunt maar beter vanaf het begin overal goed over nadenken
De blauwe zal zich minutieus voorbereiden. Als jullie op een bepaalde tijd op een bepaalde plek hebben afgesproken, kun je er zeker van zijn dat hij er is. De blauwe zal al het materiaal hebben doorgenomen, hij zal alles tot in het kleinste detail hebben geanalyseerd en hij zal alles wat binnen het kader van de opdracht valt willen bespreken. Hij heeft een alternatief plan en zelfs een reserveplan voor het alternatieve plan.

Hij heeft overal aan gedacht. Dat moet jij ook doen
Blauw zijn is enigszins vergelijkbaar met het vervullen van de dienstplicht. Uitvluchten worden niet geaccepteerd. Als je een lekke band krijgt, moet je daarop voorbereid zijn. Als de reserveband lek gaat, moet je ook daar een plan voor hebben. De blauwe zal kritische vragen stellen als je iets zegt in de trant van *zo is het nu eenmaal.* De volgende keer dat jullie elkaar zien zal hij minder vertrouwen in je hebben.

Conclusie: Je moet kunnen laten zien dat je je hebt ingelezen en goed hebt voorbereid. Wanneer een blauwe klant of besluitnemer iets wil weten – pak dan de betreffende map uit je tas. Benadruk niet dat je het antwoord wist. Hij had niet minder verwacht.
En – ook heel belangrijk – als je het antwoord niet weet: antwoord naar waarheid. Zeg dat je het niet weet. Kom niet met iets anders aanzetten om je eruit te redden. Als de blauwe

ontdekt dat je een leugentje om bestwil hebt gebruikt – en dat doet hij zeker – heb je het bij hem verbruid. Het is misschien niet ideaal om de volgende dag terug te moeten komen, maar het is absoluut beter dan liegen.
Volgens een autodealer die ik ken weten blauwe klanten vaak meer van bepaalde automodellen dan hijzelf, omdat hij als verkoper van wel vijftig modellen verstand moet hebben. Blauwe klanten stellen geen vragen om dingen te weten te komen, maar om bevestigd te krijgen wat ze al hebben uitgezocht. Daarom probeert deze verkoper niet eens meer te doen alsof. Als hij iets niet weet, geeft hij dat toe en zoekt het vervolgens uit. Dat is de enige manier om het vertrouwen van de blauwe klant te winnen.

We zijn hier niet voor de gezelligheid

Als we het over een werkrelatie hebben is dit vanzelfsprekend. Houd je bij het werk. Focus je op het probleem dat moet worden opgelost. De blauwe persoon is helemaal niet geïnteresseerd in jouw persoonlijke voorkeuren, of in jouw mening over zijn auto, huis, sport, of een ander onderwerp dat niet werkgerelateerd is. Hij is hier om te werken. Punt.

Ik herinner me het hoofd Personeelszaken van een groot bedrijf. Ik had de man zeker vijf of zes keer ontmoet en dacht hem inmiddels een beetje te kennen. We waren het stadium van handen schudden gepasseerd en hij wist hoe ik mijn koffie dronk. Bij het zevende bezoek vroeg ik wat hij in zijn vakantie had gedaan. Ik weet niet wat me bezielde. Zijn blik werd eerst leeg en daarna keken zijn ogen onrustig rond. Ik stak mijn handen op en zei iets onnozels om mijn fout te maskeren. Ik zei ook niet wat ik tijdens mijn vakantie had gedaan. Vier bezoeken later vertelde hij me voorzichtig dat hij van plan was om met oud en nieuw met zijn gezin naar Thailand te gaan. Dat was de opening.

Conclusie: Houd je bij de opdracht. Werk met checklists waarop inhoudelijke punten genoteerd staan. Punten die je samen met de blauwe kunt afvinken. Als je zelf geel bent, zet dan een deel van je spontaniteit opzij. Of nog beter, zet zoveel mogelijk spontaniteit opzij. Dwing jezelf ertoe één ding tegelijk te doen. Bedenk dat de blauwe zelden of nooit zal informeren hoe het met je gaat of belangstelling zal tonen voor je persoonlijke problemen. Vraag ook niet hoe hij het op het persoonlijke vlak heeft. Het woord zegt het al: persoonlijk. Dat is privé. *Stay off*. Hij wordt vanzelf opener als hij dat wil. Het is niet zo dat hij je niet mag, hij wil gewoon eerst zijn werk doen. Als je dat accepteert, komt het goed.

Visioenen zijn niet nodig. Blijf alsjeblieft met beide benen op de grond staan

Je blauwe vrienden zijn niet zweverig. Ze staan met beide benen op de grond en gebruiken hun kritische geest om te beoordelen of de dingen al dan niet realistisch zijn. Terwijl jij hen misschien saai, achterdochtig of misschien zelfs pessimistisch vindt, beschouwen zij zichzelf gewoon als realisten. Ze willen weten hoe de werkelijkheid eruitziet, niet hoe die eruit zou kunnen zien als je een dromer of visionair bent.

Ik herinner me een keer toen ik in de bankwereld werkte. We stonden voor de aftrap van een campagne en ik wilde mijn groep tot ongekende prestaties inspireren. Aan het eind van mijn verhaal riep ik uit dat we boven op de berg zouden staan, vanwaar we de markt zouden aanschouwen die we hadden veroverd. Wij, wij allemaal, op de top van de berg! Wow! Terwijl de gele en rode en in iets mindere mate de groene medewerkers lachten en gemotiveerd waren, zeiden de blauwe maar één ding: 'We kunnen onszelf niet boven op de berg zien. Hoe zijn we daar gekomen?'

Als het plan in de ogen van de blauwe persoon onzinnig is, krijgt het niet zijn vertrouwen. Het heeft geen zin om op zijn gevoel in te spelen of te proberen al te wilde ideeën te verkopen. Het plan moet realistische perspectieven hebben, anders accepteert hij het niet.

Conclusie: Bedenk wat je wilt zeggen, waarvan je de blauwe persoon wilt overtuigen. Laat de visioenen achterwege. Misschien moet je ook nadenken over de taal die je gebruikt. Sla de inspirerende praatjes over die de gelen en de roden graag horen. Beperk je tot de feiten en wees duidelijk.
Als je een idee hebt dat niet eerder is getest, probeer dan redelijke doelen te stellen. Zeg niet dat jullie binnen drie maanden de markt zullen domineren, of dat de F'jes de competitie gaan winnen hoewel ze tot nu toe alle wedstrijden hebben verloren. Ze zullen alleen maar denken dat je gek bent. Als je vermoedt dat je geel in je profiel hebt, kun je maar beter voorzichtig te werk te gaan. Je moet al tegen de stroom oproeien wat de blauwe persoon betreft. En gebruik niet al te weidse gebaren.

Details – alleen feiten tellen

Details zijn belangrijk, om niet te zeggen erg belangrijk. Om de blauwe persoon echt te bereiken moet je heel nauwgezet zijn. Onzorgvuldigheid, dat wil zeggen onvoldoende detailkennis, wordt niet op prijs gesteld.

Verkopers keren regelmatig onverrichter zake terug van een klantenbezoek omdat ze niet voldoende detailkennis hebben. En onthoud dat het er niet om gaat of de details doorslaggevend zijn voor een bepaald besluit. Het is misschien helemaal niet belangrijk wanneer jouw bedrijf werd opgericht. Maar de blauwe besluitnemer wil het wel weten.

Bovendien wil hij het exact weten. Als hij vraagt wat een bepaald product kost, zeg dan niet *ongeveer 70 kronen*. Antwoord liever *69,50*. Dat is een exact antwoord. De blauwe is geïnteresseerder in een exacte prijs dan in een lage prijs. Hij kan best onderhandelen, maar hij wil meteen de exacte prijs weten.

Conclusie: Ik val misschien in herhaling – maar bereid je goed voor. Als je denkt dat je je echt goed hebt voorbereid – neem het plan nog een keer door. Zorg ervoor dat je overal een antwoord op hebt. Accepteer dat deze persoon misschien meer data wil hebben om zich zeker te voelen. Geef hem de details om verder te komen. Hij zal altijd vragen of het mogelijk is nog dieper in de materie te duiken. Maar op deze manier blijft hij rustig en kun je hem hopelijk tevreden houden.

Kwaliteit gaat voor alles

De drijfveer van de blauwe persoon is kwaliteit. De rest komt op de tweede plaats. Het moet goed zijn. Zijn focus komt vooral voort uit een diepgeworteld gevoel dat alles perfect moet zijn. De blauwe persoon voelt zich niet prettig als hij zijn werk niet op een hoogkwalitatieve manier kan uitvoeren. Dat heeft niets te maken met de kwaliteit die daadwerkelijk nodig is. Het gaat alleen om zijn idee dat het op een bepaalde manier moet gebeuren.

Dat kost natuurlijk enorm veel tijd. Maar het voordeel is evident – als je het meteen goed doet, hoef je het niet over te doen. Wat inderdaad een goede manier is om tijd te besparen. Maar omdat de blauwe persoon niet in termen van uren, dagen of zelfs weken denkt – eerder in maanden en jaren – ziet hij dit probleem niet. Hij wil kwaliteit leveren en kwaliteit heeft tijd nodig. Zo eenvoudig is het.

Conclusie: Je moet niet onzorgvuldig zijn, want dat getuigt van slechte kwaliteit. Je moet je niet in negatieve bewoordingen uitlaten over de tijd die de blauwe persoon aan kwaliteit besteedt. Gebruik bij voorkeur termen als *'zorgvuldige controle'*, *'goed onderzocht'*, *'het belang van kwaliteit'*. Laat de blauwe persoon merken dat jij het ook belangrijk vindt dat jullie een goed product leveren.

Dat betekent dat je je voor elke ontmoeting met een blauwe persoon heel grondig moet voorbeiden. Hij beoordeelt je op de kwaliteit die je levert. Niet op hoe grappig je bent, op wie je kent, op de dure lunches die je hem aanbiedt. Dat is allemaal niet van belang als je onzorgvuldig bent. Als je klaar bent met een opdracht – doe een dubbelcheck. En als het kan een driedubbelcheck. Vraag iemand anders ernaar te kijken. Pas daarna kun je het aan je blauwe collega laten zien.

JOUW EIGENLIJKE OPTREDEN – WAT JE OOK MOET DOEN IN DE OMGANG MET BLAUWE PERSONEN

Alleen maar afgaan op het initiatief van de blauwe persoon is als autorijden met een stevig aangetrokken handrem. Hij – je kennis, vriend of partner – vindt het gewoon prettig als de handrem erop zit. Aan jou de taak hem eraf te halen. Begin niet met het gaspedaal dieper in te drukken. Zoek eerst de juiste hendel om de handrem eraf te halen. Hieronder volgen een paar ideeën over dit thema.

Hoe je op een soepele manier met relaties omgaat en die opbouwt – en vooral waarom

Hij heeft net als iedereen gevoelens en hij geeft om mensen. Het ziet er alleen een beetje anders uit. Omdat hij geen man van hevige gevoelsstormen is, maakt hij een vrij kille indruk. Geen mimiek om over naar huis te schrijven, geen gebaren, helemaal geen expressie. Belangstelling voor andere mensen wordt niet getoond en hij praat alleen over het onderwerp dat die dag actueel is.

Als we de boekhouding controleren, of op de zaak een belangrijk probleem proberen op te lossen, is dit prima. Maar zodra er andere mensen bij betrokken zijn, vooral gele of groene, wordt de afstandelijkheid van de blauwe persoon heel lastig. Hij ziet gewoon niet in dat anderen niet op dezelfde manier functioneren. Mensen willen voelen dat ze contact met hem kunnen maken. Ze willen niet het idee hebben dat ze een robot zijn.

Conclusie: Leg hem uit dat andere mensen gevoelens hebben. Herinner hem aan de keer dat hij volstrekt onnodig alle fouten en gebreken in het nieuwe huis van de buren opsom-

de. Zeg dat het niet nodig is je de hele tijd kritisch uit te laten. Vertel dat mensen het heel vervelend kunnen vinden als hun huis, hun auto, hun man en kinderen worden bekritiseerd. Maak duidelijk dat de verontschuldiging *maar ik zei alleen hoe het was* niet oké is. Hij zei niet hoe het was. Hij zei wat hij ergens van vond.
Vraag naar het nut van zijn kritiek. Dat is niet makkelijk, omdat jij in zijn ogen ongelijk hebt. Volgens hem heeft hij alle recht om kritiek te leveren en op fouten en gebreken te wijzen. Als hij een fout ziet, kan hij die niet negeren. Aan jou de taak om uit te leggen dat hij zich absoluut onmogelijk maakt.

Is uiterst gedetailleerd – slaat echt niets over

Heb je weleens geluisterd wanneer een blauwe persoon een interessante gebeurtenis beschrijft die hij heeft meegemaakt? Laten we zeggen dat hij op de snelweg een lekke band kreeg. Hij zal beginnen te vertellen dat de wekker, een Sony, een minuut eerder afging dan normaal omdat het donderdag was en hij dan altijd wat langer gorgelt met Listerine – de groene variant omdat hij in het eenentwintigste nummer van een bepaald consumentenblad had gelezen dat die als beste uit de test naar voren was gekomen. Zijn ontbijt bestond uit twee eieren die zeven minuten hadden gekookt en koffie. De koffie is op een nieuwe manier gebrand die hij niet echt goed vindt. Minstens negen procent van de bonen lijkt beschadigd en hij vraagt zich af in hoeverre dat de kwaliteit van de koffie beïnvloedt. Daarna haalde hij de krant. *Dagens Nyheter* had een aanbieding, drie maanden met achttien procent korting. Bij de brievenbus praatte hij even met de buurman – die

Svenska Dagbladet lijkt te lezen – over de beste manier om in september het gazon te onderhouden – er is een interessante website waar je van alles kunt lezen over verschillende soorten paardenmest, heel boeiend…

Hij is nog niet eens op de snelweg als jouw lunchpauze weer voorbij is. En jij vraagt je af waaraan je je tijd hebt verspild. Maar als de echt introverte blauwe persoon eenmaal op zijn praatstoel zit, houdt hij niet meer op. Nu moet alles worden verteld. En helaas lijkt hij zich ook echt alles te herinneren.

Conclusie: Hier moet je ingrijpen, dat spreekt vanzelf. Wat dat betreft lijken de blauwe en de gele wel wat op elkaar – ze moeten allebei in een bepaalde richting worden gestuurd. Wat is het doel? Wat is de clou? Wat wil hij eigenlijk zeggen? Maar je kunt vrij direct zijn. De blauwe is lang niet zo gevoelig als de gele. Hij kan het best hebben als je zegt dat hij nogal lang van stof is. Dat je al deze fascinerende details niet op de juiste waarde weet te schatten, zal hem misschien verdriet doen. Maar meer omdat je verstand niet intact lijkt, niet zozeer omdat hij denkt dat jullie een conflict hebben.

Zeg hem dat er grenzen zijn aan de hoeveelheid details die een project nodig heeft. We hoeven niet met vier cijfers achter de komma te weten met hoeveel procent de huur volgend jaar zal stijgen. Hele procenten zijn voldoende voor de prognose. Er zal een balans moeten worden gevonden, omdat de waarheid wel vaak in de details zit. Maar als je weet dat jullie volstrekt onnodig te nauwkeurig zijn – trek dan aan de handrem.

Rome is niet op één dag gebouwd – alles heeft zijn tijd nodig
Haast is voor sloddervossen. Schiet op, kunnen we tegen blauwe individuen zeggen. Daar trekken ze zich helemaal niets van aan. Spoed is geen doel op zich. Veel blauwen verlagen onder stress zelfs het tempo, omdat ze het zich dan echt niet kunnen veroorloven om fouten te maken. Het is beter om zorgvuldig te zijn en zo tijdrovende correcties te vermijden.

Toch hebben we soms haast, vooral in de hectische maatschappij van tegenwoordig, haast om op het werk te komen, haast op het werk, haast om van het werk naar huis te gaan. Haast op school, op de crèche, in het verkeer, in de supermarkt – overal hebben we haast. Normaal gesproken zal ik geen gedragingen aanmoedigen die tot stressgerelateerde ziekten leiden. Maar soms moet je gewoon voortmaken om de wedstrijd niet te verliezen. De blauwe lijkt uiterlijk volkomen onbewogen. Hij werkt in zijn eigen tempo en maakt zich niet druk om alle opgebrande mensen in zijn omgeving. Dat is hun eigen schuld.

Conclusie: Vertel de blauwe persoon rustig en methodisch dat volgende week een hoger tempo nodig is. Leg exact uit waarom dat zo belangrijk is. Stel vast dat jullie nog maar achtendertig uur hebben. Die moeten voor de juiste dingen worden gebruikt. Wijs op het totaalbeeld. Geef hem een goed motief om tegen zijn eigen instincten in te gaan.
Onderbouw alles door op de langetermijnplanning te wijzen. Er staat een bepaalde tijd voor het project en daarom moet de volgende deadline worden gehaald. Als je je huis gaat verbouwen, is het goed om van tevoren af te spreken wanneer alles klaar moet zijn. Als je schoonouders over vier

weken komen, dan komen ze. Reken uit hoeveel uur je aan de verbouwing kunt besteden. Bepaal welke activiteiten voorrang moeten krijgen. Zorg ervoor dat de blauwe persoon zich aan de planning houdt, anders heb je kans dat hij zich urenlang in details verliest, en die tijd is er niet.
Als jullie alle tijd van de wereld hebben, ligt het natuurlijk heel anders.

Als het in het boek staat, is het waar

Kunnen we niet op onze intuïtie afgaan? Zeg dat tegen een strikt blauw individu en kijk wat er gebeurt. Het is alsof je veganisten dwingt naar een zeehondenslacht te kijken. Intuïtie is het tegenovergestelde van rationeel denken en dat is de blauwe volstrekt vreemd.

Maar wacht eens even. Betekent dat dat je nooit gebruik moet maken van je intuïtie? Ook blauwe individuen hebben een zesde zintuig of een 'neus' voor wat goed kan zijn. Alleen vertrouwen zij er niet op. Want het kan verkeerd zijn. En je kunt al helemaal niets bewijzen met behulp van intuïtie. Het enige wat telt zijn feiten. En het is maar de vraag of dat voldoende is. Misschien zijn andere feiten minstens even interessant om nader bekeken te worden.

Conclusie: Vertel je blauwe vriend dat als de feiten ontbreken en we toch verder moeten, er niets anders op zit dan afgaan op wat het beste voelt. Het kan om werk gaan, maar ook om welk gerecht je moet kiezen in een restaurant waar je nooit eerder bent geweest. Vertel de blauwe persoon helder en duidelijk

dat hij iets zal moeten doen om zijn honger te stillen. Laat zien dat het beter is om *iets* te doen dan om *niets* te doen.
Zeg dat het op dit moment logisch is om op ons gevoel af te gaan omdat we niet over alle feiten beschikken. Leg uit dat de kwaliteit bijna even goed wordt – misschien 95,3 procent in plaats van 100, maar toch – en dat hij hier waardevolle lessen uit kan trekken. Help hem het risico in te schatten. Maar ga verder.

Hier worden besluiten genomen

Omdat het eigenlijke besluit voor de blauwe minder belangrijk is dan de weg ernaartoe, kan de boel stagneren. Na een uitgebreide en grondige verzameling van de feiten en een minutieuze bestudering van alle beschikbare voorwaarden is eindelijk het moment van de waarheid aangebroken – het besluit. Alles dreigt vast te lopen. *Enerzijds. Anderzijds.*

Vorig jaar ontmoette ik een projectmanager die een nieuwe auto wilde kopen. In de loop van acht maanden maakte hij proefritten in zestien verschillende automerken. Meer dan vijftig verschillende modellen in verschillende combinaties: andere motor, andere carrosserie, andere versnellingsbak, andere inrichting, andere kleur. Hij probeerde alles uit. Stoffen bekleding versus leren bekleding. Benzine versus diesel. Automaat versus handgeschakeld. Hij berekende het verbruik en de waardevermindering en gaf de autodealers grafieken die geanalyseerd moesten worden. Na veel wikken en wegen kocht hij uiteindelijk een Volvo v70, de meest verkochte auto in Zweden, in zilver metallic, wat op dat moment de meest verkochte kleur was. Juist dat model was dat jaar de meest geteste auto in de Zweedse motorpers. Je zou verwachten dat hij door de autobladen te lezen tot een besluit had kunnen komen.

'Waarom deed je dat zo?' vroeg iedereen.

'Waarom niet?' antwoordde hij.

Hier kun je helpen. Geef de blauwe persoon het beslissende puzzelstukje. Probeer hem behoedzaam en voorzichtig in de juiste richting te sturen, of in elk geval in *een* richting.

Conclusie: Pas op dat het proces niet stagneert. Als er bijvoorbeeld een nieuwe collega moet worden aangenomen, is het goed mogelijk dat er twee gelijkwaardige kandidaten overblijven. Tot nog toe is alles goed gegaan, de blauwe persoon heeft steeds accurate informatiemails gestuurd en iedereen op de hoogte gehouden van alle stappen. Het sollicitatieproces is volgens het boekje verlopen.
Om verder te komen moet je de besluitvormer achtergrondmateriaal geven zodat hij een besluit over een van de kandidaten kan nemen. Herinner hem aan de naderende deadline. Zeg hem dat de kwaliteit eronder zal lijden als jullie geen besluit nemen. Leg uit dat alles uitvoerig is bestudeerd en dat ongeacht welke kandidaat jullie kiezen alle risico's zijn geëlimineerd.

SAMENVATTENDE CONCLUSIE

Je hebt nu een idee hoe je de verschillende kleuren kunt benaderen om te komen waar je wilt zijn. Eerst moet je de frequentie van de anderen inschatten en je aan hen aanpassen. Op die manier win je vertrouwen en herkennen zij zich in jou.

De basisregel is dus dat je een rode persoon met rood gedrag tegemoet treedt, geel met geel, groen met groen en blauw met blauw. Dat klinkt eenvoudig, denk je wellicht. Maar wat doe je als je zelf bijvoorbeeld geel bent en je je aan een blauwe persoon moet aanpassen? Dan kan enige training noodzakelijk zijn. Dat hangt af van je eigen kleur, van je zelfinzicht en van wat je met een bepaald contact wilt bereiken. Je kunt natuurlijk altijd doen als Adriano – gewoon jezelf blijven.

Vervolgens moet je ervoor zorgen dat de ander geen zijsporen gaat bewandelen. Elke kleur heeft zoals je hebt gezien zijn zwakke punten. Hier kan de blauwe de gele helpen wat concreter te worden en omgekeerd kan de gele de blauwe helpen zich wat losser en spontaner op te stellen.

Het klinkt misschien als een cliché – maar het gaat om samenwerken, om compromissen sluiten. Dat wist je al, maar dit is dus de reden voor deze conclusie en je hebt net gelezen hoe het in zijn werk kan gaan.

HOOFDSTUK 13

HOE JE ECHT SLECHT NIEUWS BRENGT, OF IS POSITIEVE KRITIEK TOCH ALLEEN MAAR... KRITIEK

DE UITDAGING OM GEEN BLAD VOOR DE MOND TE NEMEN

Wie verheugt zich op slecht nieuws? Vrijwel niemand. Toch moet het soms worden gebracht. Er gebeuren nu eenmaal dingen in de wereld om ons heen die niet altijd gaan zoals gepland, en soms krijg jij de taak om het slechte nieuws mede te delen. Wie dat het beste kan, is waarschijnlijk de rode. Vrij ongevoelig laat hij je weten dat je bent ontslagen, om meteen daarna te vragen of je melk in je koffie wilt. Vreemd? Nee, helemaal niet. Hij was gewoon klaar met zijn taak.

Maar het ene slechte nieuws is het andere niet. Iemand vertellen dat zijn oma is overleden is één ding, serieuze persoonlijke kritiek leveren is iets anders. Het eerste is altijd moeilijk en niemand zal dat nieuws goed opnemen. Het tweede, negatieve feedback, kan daarentegen worden aangepast aan de ontvanger, zodat die de boodschap makkelijker binnenlaat.

Juist feedback is enorm belangrijk. Veel mensen krijgen er buikpijn van en veel deelnemers aan mijn leiderschapstrainingen vinden het een moeilijk onderwerp. Het is niet alleen ingewikkeld om feedback te geven, het schijnt ook moeilijk te zijn om het te krijgen. Eigenlijk is dat raar, omdat je bij het laatste niets doet en alleen maar ontvangt. Maar iedereen weet dat je na het krijgen van feedback het gevoel kunt hebben alsof er een knoop in je maag zit. Als feedback verkeerd wordt gegeven, veroorzaakt die alleen maar buikpijn. En soms staat de frequentie om feedback te ontvangen niet goed afgesteld.

Veel managers lijken dit op te lossen door de feedback gewoon over te slaan. Ze weten niet hoe ze feedback, zowel positieve als negatieve, moeten geven en laten het daarom achterwege. Ik hoef natuurlijk niet te zeggen dat dat niet de oplossing is.

Alleen maar je werk doen heeft zo zijn nadelen

Jaren geleden had ik een collega, Micke, die weken achter elkaar heel goed had gepresteerd. Hij was degene die zijn budget niet overschreed. Hij had alle verkoopwedstrijden gewonnen en hij werd enorm gewaardeerd door de klanten. De dozen bonbons en flessen wijn stroomden van alle kanten binnen.

Wat doe je met zo'n collega? Je zorgt ervoor dat hij blijft. Zo gezegd, zo gedaan. Ik wilde als zijn leidinggevende blijk geven van mijn waardering. Dus belde ik zijn vrouw en bereidde alles voor. Op een vrijdag vlak na de lunch riep ik de groep bijeen in de vergaderzaal. Ik vroeg Micke naar voren te komen en zei dat we hem enorm bewonderden en dat we als groep wilden laten zien hoe blij we waren hem in ons team te hebben. Ik zei dat hij de rest van de middag vrij kreeg om met zijn vrouw te gaan dineren en naar de film te gaan en dat ik alles betaalde. Ik gaf hem een briefje van vijfhonderd kronen (€47) – je begrijpt dat het lang geleden was –

en twee bioscoopkaartjes. De oppas was geregeld, dus 'Veel plezier, doei.' We juichten en riepen hoera en er werd omhelsd en gezoend.

Micke zei geen woord. Op dat moment.

Later nam hij me terzijde en schold me de huid vol. Hoe kon ik hem dit aandoen? Hem ten overstaan van zevenentwintig starende personen voor schut zetten! Het was ongekend! Hij had alleen maar zijn werk gedaan. Ik moest hem beloven dit nooit meer te doen. Hij was een week lang boos op me.

Micke was groen. Is dat misschien een aanwijzing?

Er bestaat een ontwikkelde immuniteit voor feedback

Feedback kan op veel manieren verkeerd worden gegeven. Hieronder zal ik laten zien hoe je het beter kunt doen. Het grappige is dat het niet veel uitmaakt of het positieve of negatieve feedback betreft. Sommige mensen zijn immuun voor de eerste soort, andere voor de tweede. Ik ga het alleen over de negatieve feedback hebben, omdat die normaal gesproken de moeilijkste is. Als je negatieve feedback kunt geven, lukt het je waarschijnlijk ook met positieve.

De volgende adviezen werken even goed in het priveleven als op het werk. Het enige wat je moet weten is de kleur van je doelwit. Je begint dus zoals altijd met het analyseren van de kleuren in de kamer. Daarna kun je aan het werk. Het doel is dat de feedback werkt, dat wil zeggen dat die tot het beoogde doel leidt – een verandering. Het hele vorige hoofdstuk, hoe anderen de verschillende kleuren kunnen opvatten, kan worden gebruikt, als je maar weet hoe. Dit hoofdstuk gaat over het *hoe.*

ZO GEEF JE FEEDBACK – ZOALS TE DOEN GEBRUIKELIJK BEGINNEN WE MET ROOD – ALS JE DURFT

Goed nieuws: het is niet moeilijk om een rode persoon negatieve feedback te geven. Het enige wat je nodig hebt zijn een asbestpak en hittebestendig haar. Want hoe je het ook doet, de temperatuur in de kamer zal stijgen. Als je daarop bent voorbereid, is het geen probleem. Als een rode persoon niet reageert op wat je zegt, heb je echter reden om je zorgen te maken. Het kan natuurlijk zijn dat hij zich niets van jou en je boodschap aantrekt, of dat hij zich niet goed voelt. Maar meestal gebeurt het volgende. Maak je borst maar nat.

Wind er als het even kan geen doekjes om

Laat ik meteen duidelijk zijn – als je een rode persoon bekritiseert, kun je alle vormen van verzachting beter vermijden. Het is überhaupt een uitdaging om dit type boodschap te laten landen, omdat de rode weet dat hij gelijk heeft en jij niet.

Jaren geleden sprak ik met een groep, vooral gele, verkopers over rode gedragingen. Ze hadden al snel door wat rood gedrag was en de roodste persoon die ze zich op dat moment voor de geest konden halen was hun baas, de verkoopdirecteur. Ze beschreven hem als een bullebak en een slechte luisteraar en noemden hem volstrekt ongevoelig, manipulatief, meedogenloos resultaatgericht, slechtgehumeurd, veel te haastig en nog veel meer minder vleiende dingen. De groep maakte zich ernstige zorgen, omdat ze dachten dat hij zijn personeel haatte. Natuurlijk, hij werkte ook heel hard en dat respecteerden ze in hem. Maar omdat hij soms om ontwikkelingsvoorstellen vroeg en vervolgens alles verwierp wat hem niet goed uitkwam, kwamen ze nooit verder. Bovendien controleerde hij alles wat ze deden heel nauwkeurig.

Misschien was dat de reden dat hij zo hard werkte. Het klonk allemaal behoorlijk verontrustend en als er niets gebeurde zou het verkoopteam spoedig uit elkaar vallen.

In een gesprek met de verkoopdirecteur vertelde ik wat de groep had gezegd. Hij luisterde met toenemende belangstelling en leek niet noemenswaardig bezorgd. Maar zijn reactie was interessant. Toen ik hem vertelde dat zijn twintig verkopers – de belangrijkste resource om zijn persoonlijke doelen te halen – hem een ongevoelige en agressieve klootzak vonden, antwoordde hij: 'Dat zijn alleen maar voorbeelden. Het gaat niet om mij. Het probleem is hun incompetentie. Als ze harder en beter zouden werken, zou ik ze nooit zo grondig hoeven controleren.'

Toen ik uitlegde dat zijn ongeduld de groep stress bezorgde en de verkopers zenuwachtig maakte, antwoordde hij dat het niet zijn schuld was. Ongeduld is helemaal geen zwakte – het is verdomme een sterkte! Als hij net zo'n lanterfant was als de anderen, zou er niets gebeuren in het bedrijf. Als ze het tempo konden opvoeren, werd hij misschien wat rustiger en hoefde hij hun niet zo achter de broek te zitten. Maar het ging niet om hem. Het ging om hen.

Geef heel concrete voorbeelden – verkoop geen onzin

De fout lag, zoals wel vaker volgens rode personen, bij de omgeving. Want hoewel rode personen goed zijn in het laten gebeuren van dingen, wijzen ze ook snel zondebokken aan. Denk ook aan de competitiedrang die altijd onder de oppervlakte aanwezig is. Ik wist tot deze man door te dringen door alles in kleine stukjes af te breken en concrete voorbeelden te geven.

Zo legde ik uit dat als hij op een vrijdagavond een verkoper thuis opbelt om lastige vragen te stellen over een bepaalde klant, de hele volgende week voor die verkoper verpest is. Het had geen zin om te zeggen dat de verkoper zich beroerd voelde of niet kon slapen, want daar had deze directeur geen boodschap aan. Hoe de mensen zich voelden was niet zijn verantwoordelijkheid. Maar ik kon wel zeggen dat wanneer de verkoper op maandagochtend weer op zijn werk zou verschijnen, hij volkomen afgepeigerd zou zijn door de mentale spanning. En dan zou hij zijn werk niet goed kunnen doen. Hij zou die dag niets verkopen. Ik coachte de verkoopdirecteur in het geven van duidelijke antwoorden, waardoor hij begon in te zien dat hij zelf in de problemen kwam als er minder resultaat werd behaald. Plotseling had hij iets om over na te denken.

Houd je bij de feiten

Dat is een van de trucs. Bedenk dat de rode persoon niet geïnteresseerd is in de gevoelens of meningen van anderen – hij kijkt naar de feiten en hij vindt het prettig om dingen te regelen. Hij ziet zichzelf als een uitstekende probleemoplosser en in dit geval benoemde ik de verkoopdirecteur tot de enige sleutel die de groep succes kon brengen. Dat paste bij zijn ego. Hij beschouwde zichzelf als de grote leider onder wiens bekwame aanvoering absolute dominantie in de bedrijfstak zou worden veroverd.

Bereid je voor op een oorlog

Ik nam stap voor stap, voorbeeld voor voorbeeld, situatie voor situatie door hoe het verkoopteam over hem dacht. De verkoopdirecteur protesteerde onafgebroken en betwistte elke zweem van kritiek krachtig. Hij deed alleen maar zijn werk.

Bij elk voorbeeld dat ik gaf, moest ik hetzelfde herhalen – het maakte niet uit wat hij ervan vond, zolang de verkopers er zo over dachten had hij een probleem. Hij vloekte en tierde en beschuldigde me van incompetentie. Hij zou me nooit meer inhuren. Niemand zou me ooit nog inhuren na deze ongemotiveerde aanval op zijn persoon. Als consultant was het met mij gedaan.

Mijn methode om deze orkaan tegemoet te treden was dat ik weigerde mee te spelen. Ik leunde achterover op mijn stoel en wachtte tot de storm zou bedaren. Het ergste wat je in een dergelijke situatie kunt doen is meespelen in de theatervoorstelling, zelf gaan schreeuwen en met je vuist op tafel slaan. Het natuurlijke instinct van de rode om elke gegeven situatie te winnen neemt dan de overhand. In zijn bewustzijn bestaat geen volgende stap. Dat we elkaar de volgende dag weer zullen zien interesseert hem niet. Hij wil dit gevecht winnen, ook als het hem de relatie gaat kosten. Hij heeft lak aan de gevolgen, zijn agressiviteit neemt het over en dan barst de strijd pas goed los. Hij kan zomaar proberen je te vernietigen.

Maar als je – zoals ik deed – weigert het spel mee te spelen, kan het goed gaan. Ik bleef dus rustig zitten en toen de verkoopdirecteur eindelijk was uitgeraasd, ging ik gewoon verder met het volgende punt, zonder ook maar met een woord te laten merken welke invloed zijn geschreeuw op mij had gehad. Stap voor stap maakte ik hem duidelijk welk effect zijn gedrag op de groep had. En stukje bij beetje begon hij in te zien dat hij zich moest intomen om zijn doel te bereiken. Meer ontspannen met zijn mensen omgaan, niet zulke hoge eisen aan anderen stellen – en ook niet aan zichzelf – dat de projecten in principe onuitvoerbaar werden, deadlines afwachten in plaats van ze een week naar voren te halen alleen omdat het hem te lang duurde.

Vraag de persoon te herhalen wat je hebt gezegd

Voor een buitenstaander leek het waarschijnlijk een hevige ruzie, maar ik wist dat ik echt verschil kon maken – als ik niet toegaf. Dus deed ik wat ik iedereen die een rode persoon negatieve feedback wil geven adviseer te doen – vraag de rode te herhalen wat er is afgesproken. Vraag hem te herhalen wat jullie overeen zijn gekomen.

Deze verkoopdirecteur moest dus gehoorzaam – ik had toestemming van de bestuursvoorzitter om dit te doen, en dat wisten we allebei – punt voor punt vertellen hoe hij in het vervolg in bepaalde situaties zou handelen. En hoewel hij puur intellectueel wist dat ik gelijk had, kon hij zich toch niet helemaal gewonnen geven. Hij streepte een van de minder belangrijke punten op de lijst door en liet duidelijk merken dat dat een overwinning voor hem was. Ergens had hij toch gewonnen.

Conclusie

Bereid je *extreem* goed voor en probeer een rode persoon geen negatieve feedback te geven als je je die dag niet sterk voelt. Je moet vol zelfvertrouwen zijn, dus kies het moment met zorg uit. De rode is altijd sterk, altijd vol zelfvertrouwen, dus voor hem maakt het niet uit. Hij trekt van het ene op het andere moment ten strijde als dat nodig is. Weet dat hij zal proberen terug te slaan. Hij zal je van alles en nog wat beschuldigen om punten te scoren.

Loop niet in de val.

ZO GEEF JE FEEDBACK AAN EEN GELE PERSOON – ALS JE ER HET GEDULD VOOR HEBT

Gele personen zijn geweldig in veel dingen. Ze vinden het onder meer leuk om van alles te veranderen. Het liefst continu. En feedback krijgen kan een manier zijn om te veranderen wat verbeterd moet worden, zou je denken. Vooral negatieve feedback is een perfecte manier om erachter te komen wat nodig is om de prestaties naar een hoger niveau te tillen. Maar zo werkt het niet helemaal met gele personen.

Om duidelijke taal te spreken – zo werkt het helemaal niet. Gele personen staan weliswaar positief tegenover veranderingen, maar alleen als ze zelf met het idee zijn gekomen. Feedback van buitenaf valt niet altijd in goede aarde.

Een goede vriend van mij, Janne, is een fenomenale entertainer. Hij kan elke groep vermaken als hij maar genoeg ruimte krijgt. Zijn anekdotes zijn meestal van hoge kwaliteit en tijdens etentjes volgen ze elkaar in hoog tempo op en lacht iedereen zich een deuk. Hij gaat maar door en het is allemaal buitengewoon amusant. Janne is echt grappig, laat daar geen twijfel over bestaan.

Maar – en dit is een groot maar – hij verbruikt alle zuurstof in de kamer. Niemand anders krijgt de kans iets te zeggen. Als iemand een poging waagt, wordt hij door Janne onderbroken en overstemd, omdat hij de anderen niet als gesprekspartners ziet, maar als zijn publiek. Na verloop van tijd verstomt het gelach en wordt het pijnlijk. De mensen die Janne kennen weten dat hij graag in het middelpunt van de belangstelling staat, maar anderen hebben meer tijd nodig om daarachter te komen.

Eén keer ging het zelfs zo ver dat de mensen achter Jannes rug om kwaad over hem begonnen te spreken. Dat voelde helemaal niet goed en ik besloot er iets aan te doen.

Wees erop voorbereid dat hij over iets anders begint te praten. Stel een agenda op – en houd je eraan!

Om te beginnen moest ik me voorbereiden. Het had geen zin om het probleem voor de vuist weg met Janne te bespreken. Hij zou het gesprek gewoon overnemen en proberen mij af te leiden. Hij zag er misschien een goed verhaal in. Daarom besloot ik om concrete voorbeelden te geven. Ik schreef ook precies op welk effect zijn optreden op mensen had. En ik probeerde van tevoren te bedenken met welke tegenwerpingen hij op de proppen zou komen.

Zo gezegd, zo gedaan. Toen hij een keer kwam helpen met tuintegels leggen, zaten we na afloop bezweet en uitgeput een biertje te drinken. Hij had net verteld over een reis die hij in Spanje had gemaakt en hoe bang hij was geweest toen de boot die hen naar het eilandje zou brengen waar ze twee nachten zouden blijven, dreigde om te slaan. (Ik wist van zijn vrouw dat ze helemaal niet met een boot waren gegaan. Ze hadden namelijk een plaatselijk vliegtuigje genomen.) Toen hij even naar adem hapte, pakte ik mijn kans.

'Janne,' zei ik, 'we moeten het over een ernstig probleem hebben. Je praat te veel. En je verzint dingen. Ik weet dat wat je net hebt verteld niet waar is. Lena heeft namelijk gezegd dat jullie naar het eiland zijn gevlogen. Je moet hiermee stoppen, want je maakt er geen vrienden mee.'

Janne staarde me aan alsof ik mijn verstand had verloren. 'Ik praat helemaal niet te veel,' zei hij, weinig verrassend. 'En als ik dat wel zou doen, is dat omdat ik zoveel te vertellen heb. Ik herinner me toen ik...'

Ik stak mijn hand omhoog en bewoog die snel voor zijn gezicht heen en weer. Dat kreeg hem stil. Ik ging meteen verder met de volgende stap.

Geef heel concrete voorbeelden – laat hem zeggen dat hij je heeft begrepen

'Laatst tijdens dat etentje was je meer dan de helft van de tijd aan het woord. Ik heb je geklokt. Van de twee uur dat we aan tafel zaten hield jij meer dan een uur hof.'

'Jullie lachten,' zei hij, behoorlijk chagrijnig nu.

'Aanvankelijk wel, ja. Maar als je beter had opgelet, had je gemerkt dat we alleen in het begin lachten. En later hoorde ik dat verschillende mensen zich behoorlijk negatief uitlieten over jouw behoefte om in het middelpunt van de belangstelling te staan.'

Janne was heel verontwaardigd. 'Wat een ondankbare lui! Ik vermaak ze en wat krijg ik ervoor terug? Een achterbakse aanval! Een dolkstoot in de rug!'

'Ik zeg niet dat ik het met ze eens ben,' zei ik, 'ik constateer alleen dat ze vonden dat je te veel praatte. Begrijp je wat ik bedoel?'

Het is heel belangrijk dat de ander bevestigt dat hij je heeft begrepen. Want een probleem dat je niet erkent, hoef je ook niet op te lossen. Wat deed Janne? Hij knikte nors. Ik vond dat we best goed waren begonnen.

Vervolgens gebeurde er iets heel vreemds.

Realiseer je dat hij zich waarschijnlijk Oost-Indisch doof zal houden

'Ik begrijp dat ze het niet leuk meer vonden,' zei hij. 'Je hebt gelijk. Ik moet me vernieuwen. Een aantal van die anekdotes heb ik al veel te vaak verteld. Ik moet niet in herhalingen vervallen.'

Ik sloeg me voor het voorhoofd. Hij had er helemaal niets van begrepen.

Ik zei: 'Er mankeert niks aan je verhalen. Het zijn er alleen zoveel. In plaats van tien kun je er ook drie vertellen. Het probleem is dat je te veel praat, niet dat je in herhalingen vervalt. Je moet de andere gasten aan tafel ook aan het woord laten.'

Maar hij luisterde niet en vertelde een nieuwe grap, alleen om te checken of ik die al kende. Ik moest alles nog een keer zeggen en weer vragen of hij het had begrepen.

Maak duidelijk dat je het niet op de persoon gemunt hebt – alleen op zijn gedrag

Het is moeilijk om gele personen te bekritiseren, omdat ze kritiek vaak verkeerd opvatten. Als het niet altijd feest is, is er volgens hen een probleem. Ze denken dat jullie plotseling ruzie hebben. En Janne reageerde net zo. Hij schoof zelfs tien centimeter bij me vandaan, een duidelijk teken dat hij ontstemd was. Dus ik deed wat je met kleine kinderen doet. Ik legde uit dat hij nog steeds een van mijn allerbeste vrienden was en dat ik hem enorm grappig vond. Dat ik alleen maar wilde dat hij wat minder praatte. Het was uit de hand gelopen. Ik herhaalde wel tien keer dat ik hem heel graag mocht.

Helaas is hij een vreselijk slechte luisteraar, daarom haalde ik herinneringen op aan alle leuke dingen die we samen hadden gedaan en zei ik dat ik enorm veel om hem gaf. Ik feliciteerde hem zelfs met de keuze van zijn nieuwe auto. Ik manipuleerde hem gewoon. Langzaam maar zeker ontdooide hij en werd zijn lichaamshouding minder defensief.

Bereid je voor op sterke afweermechanismen – kans op martelaarsgedrag

Maar toch was het niet voldoende. Janne kwam met opmerkingen als: *niemand vindt me aardig, de anderen zijn veel boeiender, ik dacht dat jullie me grappig vonden.* En natuurlijk de gebruikelijke afweermechanismen: hij hield de sfeer erin. De anderen waren stil en saai. Wat had je aan introverte saaie pieten? En veel praten – zou dat een probleem zijn? Welnee, het was juist een heel mooie eigenschap. Ik zei dat hij niet alleen alle ruimte innam, hij praatte ook voor anderen.

Een concreet voorbeeld: tijdens het laatste etentje was er diverse keren iets aan Jannes vrouw Lena gevraagd en elke keer had Janne voor haar geantwoord. Het was behoorlijk gênant geweest. Iedereen had het gemerkt, behalve Janne. Zijn vrouw had uiteindelijk helemaal niets meer gezegd.

'Maar het duurde zo lang voordat ze iets zei! En ik wist het antwoord!' Hij begreep het helemaal niet. Of hij deed gewoon of hij traag van begrip was.

Vraag de persoon te herhalen wat jullie hebben afgesproken – en geef er zo snel mogelijk een vervolg aan

Dat is makkelijker gezegd dan gedaan. De twee keer dat we elkaar kort na dit gesprek zagen gedroeg hij zich anders. Tijdens een diner deed hij zijn mond geen enkele keer open. Dat was natuurlijk heel kinderachtig. Bovendien was hij overduidelijk gefrustreerd. Niet praten was alsof hij geen zuurstof kreeg. Wat hij nog het ergst vond was dat niemand aan tafel vroeg waarom hij niets zei. Zagen ze niet dat hij het voor hen deed?

Het gevolg was dat zijn vrouw steeds meer aan het woord was en complimentjes kreeg omdat ze zo gezellig was.

Na een tijdje was Janne weer zijn oude zelf. Dat was het makkelijkst. Hij vond niet dat het hem iets opleverde als hij zijn mond hield. En Lena raakte weer in de vergetelheid. Omdat ik onze vriendschap belangrijker vond dan zijn gedrag, staakte ik mijn pogingen om daar iets aan te veranderen. Ik heb het er nooit meer met hem over gehad, maar soms neem ik een Janne-time-out. Dan heb ik even rust nodig.

Conclusie: De gelen zijn, in tegenstelling tot wat je gezien hun flexibiliteit en creativiteit zou verwachten, echt de moeilijkste mensen om te veranderen. Ze luisteren niet en voeren het liefst alleen veranderingen door die ze zelf hebben aangedragen. Wat jij kunt doen is hun ego strelen en hun woorden in de mond leggen.
En vergeet niet dat hun slechte geheugen ook negatieve gevoelens betreft. Ze voelen zich weliswaar heel rot als ze kritiek krijgen, maar vergeten het ook weer snel. Vervelende dingen worden gewoon verdrongen. Als je het gezucht en gekreun en misschien af en toe de tranen kunt verdragen, kun je verdergaan richting je doel – de verandering bewerkstelligen waar jullie je allebei goed bij zullen voelen.
Met geduld en vasthoudendheid zul je uiteindelijk slagen.

ZO GEEF JE EEN GROENE PERSOON FEEDBACK – MAAR DENK EERST TWEE KEER NA

Dit deel zou ik het liefst overslaan. Waarom, vraag je je wellicht af. Heel eenvoudig. Het kan wreed zijn om een groene persoon te bekritiseren. Kritiek geeft hun een ellendig gevoel en ze willen niet langer meedoen. Het zijn over het algemeen minder sterke ego's met veel zelfkritiek. Je wilt hun problemen eigenlijk niet erger maken.

Maar let op. Kritisch zijn op jezelf en er iets aan doen zijn twee verschillende dingen. Veel groene personen gaan door het leven wensend dat alles anders was. Maar ze hebben zelden de drive om dat te realiseren. Dus blijven ze ontevreden. Soms lijkt het wel een ding op zich, de ontevredenheid. Het is ook een manier om aandacht en macht te krijgen. Ik ken veel groene personen die thuis de baas zijn, gewoon door te weigeren ook maar iets te doen. Psychologen noemen dit met een zeer passende term 'passieve agressiviteit'.

Maar als je de groene feedback wilt geven, volgen hier een paar methodes die kunnen werken. Je moet wel echt vastbesloten zijn als je eraan begint.

Geef concrete voorbeelden – gebruik vriendelijke woorden

Het is natuurlijk altijd goed om concreet te zijn. Het verschil met de vorige twee kleuren is dat de groene echt luistert. Hij hoort wat je zegt en wat hij hoort, vindt hij niet leuk. Maar je moet concreet zijn en je zou kunnen doen wat je met de rode deed – maar dan omgekeerd.

Het heeft geen enkele zin om tegen een rode persoon te zeggen dat zijn gedrag je pijn doet, of dat het anderen een ongemakkelijk gevoel geeft, maar bij een groene persoon werkt het juist heel goed. De groene is een relatiemens en hij vindt het niet leuk om anderen te kwetsen. Het lijkt misschien manipulatief, maar als een bepaald gedrag je verdrietig, boos of somber maakt – zeg het. De groene persoon zal je stemming met al zijn zintuigen aanvoelen en hij zal naar je luisteren, als je maar duidelijk durft te zijn.

Wind er niet onnodig doekjes om – gebruik vriendelijke woorden

Die duidelijkheid is soms best lastig. Als je ook maar een greintje menselijk gevoel bezit, zie je dat een groene persoon steeds verder instort als je hem negatieve kritiek geeft. Als je tegen je partner zegt dat je je door zijn vele gesport of voortdurende voetbal kijken verwaarloosd en onbemind voelt, zul je zien dat hij het zich, als het kwartje eenmaal valt, echt heel erg aantrekt. Dan is het belangrijk dat je niet terugkrabbelt en je woorden verzacht met opmerkingen als: *het is misschien niet zo erg* of *maar ik schilder natuurlijk*. Durf duidelijk en direct te zijn.

Je moet je boodschap op een *goede manier* brengen. Duidelijk, maar vriendelijk. Een hand op de schouder bij het geven van kritiek is vaak voldoende om te laten merken dat jullie nog steeds vrienden zijn.

Je hebt gelijk – wat ben ik ook dom!

Totale inschikkelijkheid. Als je de groene vertelt wat je van zijn gedrag vindt, zie je een variant van het gele martelaarsgedrag. Hij knielt in het stof en zegt dat hij een grote stommeling is. Vaak gepaard met een opmerking als: *ik zal het* NOOIT MEER *doen*. Soms is er sprake van een sterke meegaandheid en er kunnen tranen vloeien. Ze maken zichzelf nog verder kapot en geven allerlei argumenten waarom ze waardeloos en gestoord zijn. Ze zullen nog weken voor je buigen en proberen je van dienst te zijn met dingen die helemaal niets met je kritiek te maken hebben.

Ik ken een man wiens vrouw had gezegd dat ze het verschrikkelijk vond dat hij elke avond per se een bepaalde tijd computerspelletjes wilde spelen (de gewoontemens). Hij gaf toe dat het kinderachtig, onnodig en duur was. (Hij kocht elke maand voor een aanzienlijk bedrag een soort digitale poppetjes in een groot strategisch computerspel.) Hij beloofde zijn vrouw dat hij veel meer rekening zou houden met haar behoeften. Hij beloofde van alles om zijn trieste gedrag te compenseren. In het daaropvolgende halfjaar haastte hij zich elke dag van zijn werk naar huis om te koken voordat zij daarmee kon beginnen. Hij kocht elke week bloemen en masseerde ongevraagd haar voeten.

Het was allemaal heel lief en werd ook erg gewaardeerd – maar hij deed niet waar zij om had gevraagd – stoppen met computerspelletjes spelen. Hij had namelijk omzeild dat detail te accepteren. Hij had nooit expliciet beloofd te stoppen.

Maak duidelijk dat je het niet op de persoon gemunt hebt – alleen op zijn gedrag

Het is net als met kleine kinderen – papa houdt heel veel van je, meiske, maar ik heb liever niet dat je op de bank ijs zit te eten. Net als bij de gelen kan slechte feedback de relatie in gevaar brengen. Maar dat los je eenvoudig op door snel met goed nieuws en positieve feedback terug te komen. Zeggen dat iets helemaal verkeerd is gegaan volstaat niet. Je moet echt aantonen dat je niet van plan bent de groene op een verraderlijke manier te vermoorden. Hij vertrouwt alleen op wat je doet, niet op wat je zegt.

Vraag de persoon te herhalen wat jullie hebben afgesproken – geef er snel een vervolg aan!

Groene personen – zo heb ik gemerkt – schrijven niet altijd op wat je tegen ze zegt. Daarom is het goed om af te stemmen of jullie hetzelfde denken over wat er tijdens het gesprek is gezegd. Als je bijvoorbeeld wilt dat een medewerker bewuster met zijn tijd omgaat, verzeker je er dan van dat hij begrijpt dat het echt om tijden gaat. Hij kan zomaar denken dat je het over iets heel anders hebt.

Het is heel normaal om het gedrag van anderen te vergelijken met hoe je het zelf zou doen. En omdat groene personen vaak nogal vage boodschappen afgeven, denken ze algauw dat je eigenlijk over iets anders praat. Ze zijn zelf niet erg direct, en zullen lang niet altijd begrijpen waar je eigenlijk ontevreden over bent.

Zorg ervoor dat jullie het eens zijn over wat er is besproken. En geef er een vervolg aan. Je wilt immers dat er iets verandert, je wilt een ander gedrag zien. Normaal gesproken lossen groene personen dit op door… niets te doen.

Laat dat in jouw groep niet gebeuren.

Conclusie

Als je menselijk bent, waar ik van uitga, krijg je misschien gewetenswroeging en vind je dat je de groene persoon veel te hard hebt aangepakt. Ik kan me herinneren dat ik een keer boos werd op een medewerker in de bankwereld, omdat ze in mijn ogen niet had gedaan waarom ik had gevraagd. Ze stortte volledig in en verscheen twee dagen niet op haar werk. Het voelde echt niet goed, maar toen we het er later over hadden bleek dat ik haar inderdaad niet specifiek die taken had gegeven. Ik had gewoon aangenomen dat ze had begrepen wat ik bedoelde.

Ik geef grif toe dat ik destijds een onervaren en niet bijster effectieve leidinggevende was. Ik maakte dan ook de klassieke fout – ik keek naar de situatie door mijn eigen bril en werd domweg nijdig toen haar bril iets anders zag. En toen ik dat eenmaal begreep, schaamde ik me. Ze was heel verdrietig en liep met een grote boog om me heen. Het gevolg was dat ik vrij lang niet veel meer dan goedendag tegen haar durfde te zeggen. Ze deed waar groene personen goed in zijn, ze ging me uit de weg en voerde nog minder van haar normale werkzaamheden uit.

Veel groenen weten instinctief wanneer ze het extra kalm aan kunnen doen. Maar dit liep de spuigaten uit. Deze vrouw voerde vrijwel niets uit omdat ze voelde hoe onzeker ik was en het zou me niet verbazen als ze gewoon misbruik maakte van mijn slechte geweten om maar niet te hoeven werken. Ik verloor mijn greep op haar. Uiteindelijk werd ze bijna ontslagen omdat ze haar werk niet deed, en ik kreeg ernstige kritiek van mijn baas omdat ik het zo ver had laten komen. Maak niet dezelfde fout als ik. Laat het niet te ver komen. Bespreek het probleem zo snel mogelijk. Geef de negatieve feedback. Ook aan de vriendelijke groene personen in je leven.

ZO GEEF JE FEEDBACK AAN EEN BLAUWE PERSOON – MAAR EERST EEN WAARSCHUWEND WOORD

Voordat je op het idee komt een blauwe persoon negatieve feedback te geven – zorg er in godsnaam voor dat je weet waar je het over hebt. De blauwe persoon weet namelijk exact wat hij heeft gedaan en kent de details beter dan jij. Je moet de feiten helder hebben voordat je ook maar iets onderneemt. Hieronder beschrijf ik hoe je de feedback geeft, maar eerst moet je uitzoeken wat er werkelijk is gebeurd.

Het kan goed zijn om een paar betrokkenen te raadplegen en hun verhaal en hun feiten te documenteren. De blauwe persoon zal alles en iedereen kunnen citeren en hij zal altijd kunnen bewijzen dat hij het juiste heeft gedaan – daarom deed hij het ook zo. Als het verkeerd was geweest, had hij het namelijk niet zo gedaan. Zorg er dus voor dat je tot de tanden toe gewapend bent als jullie elkaar spreken.

Geef concrete, gedetailleerde voorbeelden en zet ze bij voorkeur op papier

Je hebt niets aan vage formuleringen als: *ik vind dat je te langzaam werkt, kun je alsjeblieft het tempo verhogen?* Dat is veel te algemeen. Het maakt niet uit of je gelijk hebt of niet – de mededeling *te langzaam werkt* zegt strikt genomen niets. Volgens *wie*? Langzaam in verhouding tot *wat*?

Geef concrete voorbeelden, deze moeten correct zijn en enige details bevatten. Zeg dingen als: *het laatste project heeft 16,5 uur te lang geduurd.* Vertel vervolgens wat het effect hiervan is. *We kunnen de klant deze 16,5 uur niet in rekening brengen, wat betekent dat de rentabiliteit met 20.625 kronen is afgenomen.* (16,5 u x 1250 kr/u of wat jullie maar rekenen.)

Dat is een boodschap die de blauwe persoon kan begrijpen. Een gele persoon zou er ziek van worden, maar voor de blauwe is dit uiterst relevante informatie. Omdat de feedback gedetailleerd moet zijn, wordt het lastig als je die alleen mondeling geeft. Je moet alles op papier hebben staan. Het is goed om het verlies in een Excelsheet te zetten, dat maakt het absoluut makkelijker. Omdat blauwe personen wantrouwend staan tegenover te veel gepraat, wordt het geschreven woord automatisch meer waar.

Schrijf dus op wat je gezegd wilt hebben, maar controleer alles twee keer. Misschien is het zelfs goed om voor het gesprek met de blauwe treuzelaar ook iemand anders naar de cijfers te laten kijken.

Word niet te persoonlijk als jullie elkaar niet goed kennen

Gele en groene leidinggevenden worden soms persoonlijk en raken de blauwe persoon misschien even vriendelijk aan als ze hem sterke negatieve kritiek moeten geven. De reden is simpel – ze weten dat ze zelf heel negatief zouden reageren als iemand meteen zijn kritiek spuide zonder hen eerst op hun gemak te stellen. Maar het gaat faliekant mis als je een blauwe medewerker op die manier behandelt. Hij wordt alleen maar achterdochtig en zal niet naar je luisteren.

Hoe had een rode leidinggevende het gedaan? Hij zou gewoon een afspraak maken en het papier met het negatieve resultaat overhandigen. (Als dat er al is. Als het feedback aan een buurman betreft omdat zijn bladeren jouw tuin in zijn gewaaid, moet je een zak met bladeren overhandigen en vragen of hij ze wil tellen.) Maar de rode zal zijn boodschap niet mooi verpakken. Hij zal meteen ter zake komen. Hij zal er zoals gewoonlijk geen moeite mee hebben om te vertellen dat het gedrag niet deugt. Een project vertragen is onvergeeflijk en omdat hij had gehoopt dat alles minstens 16,5 uur *te vroeg* en niet 16,5 uur *te laat* klaar zou zijn, is hij nu erg ontstemd.

Houd je bij de feiten

De conclusie is duidelijk – als je een blauwe persoon wilt bereiken, moet je je bij het onderwerp houden. Elke keer dat je uit gewetenswroeging zegt hoezeer hij wordt gewaardeerd, breng je hem in verwarring. Hij vraagt zich af wat je eigenlijk wilt zeggen. Zijn ego hoeft niet groter te worden gemaakt en hij zal je pogingen om de kritiek mooi te verpakken snel doorzien. Blijf dus bij het onderwerp.

Gebruik niet de beroemde sandwichmethode, die vlijtig door Zweedse leidinggevenden en bazen wordt toegepast. Om een slechte boodschap (*je hebt te veel klanten verloren, je hebt ons geld gekost, je hebt niet op tijd geleverd, je bent onaardig geweest tegen Berit van de receptie*) minder dramatisch te maken en te verzachten, zeg je ook positieve dingen. (*Je bent een gewaardeerde medewerker, je doet het meestal goed, soms maak je helemaal geen fouten, ik mag je erg graag.*)

Het probleem van deze sandwichmethode is dat je boodschap niet wordt begrepen. Wat wil je nu eigenlijk zeggen? Vooral voor een blauwe persoon wordt het behoorlijk onbegrijpelijk, omdat de verpakking van je boodschap relationeel en misschien emotioneel is – niet professioneel. Denk eraan dat hij daar niet zit om je vriend te worden, maar om zijn werk te doen. Praat daar dus over.

Vraag of hij ideeën voor verbetering heeft. Gebruik woorden als 'kwaliteit', 'evalueren', 'analyseren', 'follow-up'. Spreek zijn taal. Dan zul je hem veel makkelijker bereiken.

Houd rekening met tegenvragen op moleculair niveau

Natuurlijk zal hij niet zonder meer accepteren wat je zegt. En het is toch redelijk om, zoals in dit geval, een medewerker de kans te geven vragen te stellen? De kans bestaat dat je tegenvragen krijgt die je het gevoel geven dat je zelf een verdachte bent. De vragen kunnen betrekking hebben op elke stap van de gegeven feedback.

Hoe weet je dat? Wie heeft dat gezegd? Hoe heb je dat berekend? Waar staat dat het op die manier moet? Waarom kan ik deze informatie niet op het intranet vinden? Waarom heb je zo lang gewacht met het geven van deze feedback? Mag ik zien waarop dit is gebaseerd? Waar is de overeenkomst die onze debitering regelt? Kunnen we echt niet 16,5 uur in rekening brengen? Is dat niet eerder gedaan? Ik herinner me een klant van vier jaar geleden die…

Omdat het niet zeker is dat je alle vragen kunt beantwoorden, zul je moeten beslissen hoe ver je wilt gaan. Je kunt altijd iets zeggen als: *zo is het nu eenmaal, ga maar weer aan het werk.* Dat is het slechtste wat je kunt doen, in elk geval als je zijn vertrouwen wilt behouden. Het enige wat je daarmee bewijst is dat je niet alles weet.

Vraag de persoon te herhalen wat je hebt gezegd – volg het na een tijdje op

Als ik seminars over leiderschap geef, komt het geven van feedback dikwijls ter sprake. Het is een uiterst gecompliceerd onderwerp, vooral omdat we ons door onze gevoelens laten sturen als we feedback geven. (En krijgen, natuurlijk.) Maar zoals altijd geef ik hetzelfde advies dat ook voor de andere kleuren geldt. Vraag je blauwe medewerker te herhalen wat jullie hebben afgesproken. Hij moet bevestigen dat hij hetzelfde heeft gezien en gehoord als jij.

Waarschijnlijk kan hij alles min of meer letterlijk herhalen, maar als jij vaag was of te veel probeerde jullie relatie te beschermen, is het net zo aannemelijk dat hij de boodschap helemaal niet heeft binnengelaten. Hij begrijpt heel goed dat hij de woorden moet herhalen waarvan hij weet dat jij ze graag wilt horen. Maar dat wil niet zeggen dat hij jouw negatieve feedback relevant vindt. Het is goed mogelijk dat hij een heel andere wereldorde volgt.

Het voorbeeld van de overschreden tijdsplanning is een verraderlijke valkuil. Omdat een project dat aan een klant is geleverd alleen de waarde heeft die de klant eraan toekent, is kwaliteit van het grootste belang. Als we niet nauwkeurig zijn – nog steeds naar de maatstaven van de blauwe persoon – krijgen we geen nieuwe opdrachten van de klant. Wat zal dat niet kosten aan gederfde inkomsten? Hij begrijpt dus niet waarom jij de tijd zo belangrijk vindt. Op het logische vlak kan hij je er misschien vrij eenvoudig van overtuigen dat je ongelijk hebt.

Maar als je *weet* dat je gelijk hebt, en dat niet alleen *voelt* – geef er dan na een tijdje een vervolg aan en check of hij weer op het goede spoor zit.

Conclusie

Het is lastig om een perfectionist te bekritiseren. Hij weet al wat de beste manier is en hij zal niet van mening veranderen alleen omdat er toevallig een mooiere titel op jouw visitekaartje staat. Je moet je dus heel goed inlezen. Moeilijker dan dat is het eigenlijk niet.

Hoewel de blauwe persoon de feedback niet altijd even makkelijk binnenlaat, heeft hij er geen enkel probleem mee om anderen te bekritiseren. Vergeet niet dat hij alle fouten ziet die anderen maken. Hij kan jou zomaar op je fouten wijzen op een moment dat je er absoluut niet op bedacht bent. Niet zozeer omdat hij wraaklustig is, maar gewoon omdat je… onnauwkeurig was.

HOOFDSTUK 14

WIE PAST BIJ WIE – EN WAAROM IS DAT EIGENLIJK ZO?

GROEPSDYNAMIEK IN HAAR ALLERBESTE VORM

Het korte antwoord is dat een groep uit alle kleuren moet bestaan om de best mogelijke dynamiek te creëren. In de ideale wereld zouden er van elke kleur evenveel mensen zijn. De gele komt met een nieuw idee, de rode neemt het besluit, de groene voert het uit en de blauwe zorgt voor de kwaliteitsborging. Maar zo is het meestal niet. Vaak zien we gele personen op posities die beter geschikt waren geweest voor rode. In het ergste geval hebben ze een baan weten te bemachtigen die eigenlijk blauw gedrag vereist. Er zijn talloze voorbeelden van mensen die op de verkeerde stoel zitten. Deels omdat ze niet de juiste eigenschappen voor hun baan hebben. Maar het heeft ook te maken met hun drijfveren. Omdat mensen door verschillende dingen worden gemotiveerd, kunnen ze in bepaalde situaties van hun grondgedrag afwijken. Maar dat is stof voor een ander boek.

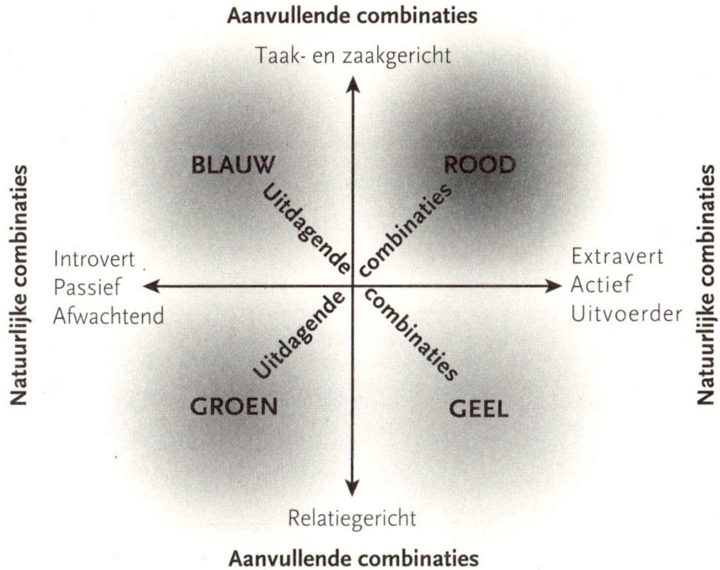

Hoe stel je je team samen? Kijk eens naar de figuur hierboven. Daar zie je op een overzichtelijke manier waarom bepaalde combinaties beter geschikt zijn dan andere. Als je leden voor je team moet rekruteren, kan dit een goed uitgangspunt zijn.

Zoals je ziet werkt de ene kleurencombinatie beter dan de andere. Er zijn natuurlijk weer heel veel uitzonderingen, maar laten we er voor het gemak van uitgaan dat niemand in de groep veel van zijn gedragspatroon weet en daardoor niet veel zelfinzicht heeft. Over het algemeen werken twee personen makkelijker samen als ze bijvoorbeeld hetzelfde gevoel voor tempo in hun lichaam hebben.

Natuurlijke combinaties

Als we naar bovenstaande figuur kijken, zien we dat blauw en groen een geschikte combinatie kunnen vormen waarvoor geen van beiden zich al te veel hoeft in te spannen. Ze zouden zich absoluut herkennen in elkaars vermogen om rustig te ademen en twee keer na te denken. Omdat ze alle twee introvert zijn, voelen ze zich veilig bij de ander. Geen van tweeën bouwt luchtkastelen en ze zullen altijd met beide voeten op de grond blijven staan. Ze stressen niet en nemen de tijd om alles grondig te onderzoeken. Ze vinden het soms moeilijk om tot een besluit te komen, maar de besluiten die ze nemen zijn meestal weloverwogen.

Ook rood en geel zouden soepel kunnen samenwerken, omdat ze allebei graag vanuit de heup schieten en verder willen komen in het proces. Beiden zijn krachtig en extravert en omdat ze verbaal zijn ingesteld, praten ze makkelijk. In een gesprek zullen ze niet altijd dezelfde focus hebben, maar de dialoog zal vlot verlopen. Beiden leggen de lat hoog en denken snel. Een rood-geel team zal tempo maken, duidelijk laten zien wat het wil en tegelijk de omgeving tot grootse prestaties inspireren. De grootste uitdaging is waarschijnlijk dat de rode de gele te spraakzaam kan vinden, maar omdat geen van beiden een luisteraar van wereldklasse is, sluiten ze gewoon hun oren als hun dat uitkomt.

Aanvullende combinaties

Op de andere as zien we welke focus de verschillende kleuren hebben. Zowel blauwe als rode personen zijn zaakgericht. De rode is weliswaar meer geïnteresseerd in het doel dan in het eigenlijke proces en de blauwe meer in de manier waarop het doel wordt bereikt dan in het doel zelf – maar ze praten in elk geval over hetzelfde. Beiden gebruiken hun tijd om te werken en verspillen geen tijd aan het praten over voetbal of binnenhuisarchitectuur – behalve misschien in de lunchpauze. Ze zouden elkaar op een goede manier aanvullen. Als we hen met een auto vergelijken, dan is de rode het gaspedaal en de blauwe het rempedaal.

Beide zijn nodig om te kunnen rijden. De truc is om niet op beide pedalen tegelijk te trappen.

Het kan ook logisch zijn om een groene en een gele persoon naast elkaar te zetten. Hun werktempo zal verschillen, maar ze zullen nieuwsgierig zijn naar elkaar. Beiden vinden mensen interessant en belangrijk. Terwijl de een het graag rustig aan doet, wil de ander plezier maken. En vanzelfsprekend zullen ze eenzelfde soort focus vinden. De groene zal de gele precies zoveel ruimte laten innemen als hij wil. De een praat, de ander luistert. Het zou goed kunnen werken. Bovendien zijn groene personen goed in het kalmeren van licht hysterische gele personen, die soms het contact met de aarde verliezen. Als team zullen ze de mens in het proces nooit vergeten. Het gevaar bestaat dat ze niet voldoende tijd besteden aan de feitelijke opdracht, maar ze zullen het enorm gezellig hebben. Ook bestaat de kans dat ze niets leveren en alleen maar plezier maken. En omdat beiden moeilijk nee kunnen zeggen, is het misschien verstandig hun niet al te veel geld toe te vertrouwen.

Uitdagende combinaties

Er zijn ook twee zeer gecompliceerde combinaties. Dat wil niet zeggen dat ze niet kunnen samenwerken, maar de samenwerking houdt bepaalde uitdagingen in. Als beiden beter zelfinzicht krijgen, kan het goed gaan.

Kijk eens naar de figuur op de volgende pagina. De rechterkolom onder de verschillende kleuren vertelt wat je zelf in je profiel ziet, de goede en positieve eigenschappen. De linkerkolom laat zien hoe je tegenpool jou onder minder gunstige omstandigheden kan opvatten. Je hebt vast weleens meegemaakt dat iemand die door anderen een saaie piet werd genoemd een uitermate interessante persoon bleek te zijn met allerlei spannende dingen in zijn bagage. Wie heeft gelijk en wie heeft ongelijk? Dat ligt aan wie je het vraagt.

De problematiek wordt veroorzaakt door de tegenstellingen tussen de verschillende kleuren. Het positieve beeld drukt uit hoe elk afzonderlijk profiel zichzelf ziet. Het negatieve beeld drukt uit hoe je door anderen kan worden opgevat. We zien niet hetzelfde.

BLAUW – CORRECT		**ROOD – DOMINANT**	
Kritisch	Vlijtig	Opdringerig	Sterke wil
Besluiteloos	Bedachtzaam	Streng	Onafhankelijk
Bekrompen	Ernstig/Volhardend	Hard	Ambitieus
Kieskeurig	Veeleisend	Dominant	Vastberaden
Moraliserend	Methodisch	Hardvochtig	Effectief
GROEN – STABIEL		**GEEL – INSPIREREND**	
Eigenwijs	Ondersteunend	Manipulatief	Inspirerend
Onzeker	Respectvol	Heetgebakerd	Stimulerend
Meegaand	Hulpvaardig	Ongedisciplineerd	Enthousiast
Afhankelijk	Betrouwbaar	Tegenwerkend	Theatraal
Klungelig	Gezellig	Egoïstisch	Extravert

ER ZIJN OOK CONCRETE PROBLEMEN

Het is best een grote uitdaging om een rode en een groene persoon samen een probleem te laten oplossen. Als het werk een goede samenwerking vereist, ontstaan er al snel problemen. De groene is aanvankelijk erg passief, vooral vergeleken met de rode, die al begint voordat hij alle instructies heeft gehoord. Terwijl de groene het vermoeiend vindt om zijn deel van het werk te moeten doen, is de rode al met veel drukte van start gegaan.

De rode zal heel kritisch staan tegenover het voortdurende geklaag van de groene dat het allemaal te veel is. Anderzijds zal de groene de rode een agressieve hufter vinden die nooit luistert. Maar onder gunstige omstandigheden kan het toch goed gaan. Groene personen zijn namelijk over het algemeen ingesteld op samenwerking, dat is hun kracht. Ze functioneren met veel andere mensen omdat ze niet onnodig ruimte innemen. En eigenlijk heeft het een zekere logica om een rode en een groene bij elkaar te zetten. De rode mag graag bevelen geven, de groene vindt het meestal geen probleem om bevelen op te volgen.

Maar de grootste uitdaging is, uitgaand van de theorieën van Marston (zie pagina 274), om een gele en een blauwe persoon samen te laten werken. Als ze weinig zelfinzicht hebben, zal er vanaf het eerste begin een intensieve warmteontwikkeling ontstaan. Een gele persoon stort zich op de opdracht zonder ook maar enig idee te hebben wat er moet worden gedaan of hoe de opdracht moet worden uitgevoerd. Hij leest geen instructies en luistert niet naar waar het om gaat. Hij zegt wel duizend keer dat het zo'n spannende opdracht is. Ondertussen leest de blauwe zich in. Hij zegt geen woord en zit daar maar. Hij beweegt amper en *denkt.*

De gele zal hem de oninspirerendste droogkloot vinden die hij ooit heeft gezien. De blauwe daarentegen stoort zich alleen maar aan het voortdurende gekwek van de gele. Het onophoudelijke geklets doet hem vanbinnen koken. Voor hem is de gele een onserieuze babbelkous die geen enkele aandacht verdient. En wanneer de gele eindelijk inziet dat hij de blauwe niet aan zijn kant heeft gekregen, zal hij er nog harder tegenaan gaan. In het ergste geval probeert hij de blauwe in te palmen en raken ze van de wal in de sloot. Het eind van het liedje is dat ze allebei in een hoek zitten te simmen, maar om heel verschillende redenen.

Zelfinzicht, mijn vriend, is de oplossing.

WAT MOET IK DOEN ALS IK NIET WEET WIE IK VOOR ME HEB? SIMPEL! *GO GREEN!*

Niet iedereen is makkelijk te doorgronden en te interpreteren. Als een persoon slechts één kleur heeft, zal hij na het lezen van dit boek geen probleem voor je zijn. Het zal duidelijk zijn wat je moet doen. Iemand die alleen rood of geel is, kun je niet over het hoofd zien. Maar ook puur groene of blauwe personen zijn vrij makkelijk te herkennen als je maar weet waar je op moet letten.

Zoals ik eerder al zei heeft statistisch gezien slechts vijf procent van de bevolking één kleur. Ongeveer tachtig procent heeft er twee en de rest heeft er drie. Niemand heeft er vier, niet in het instrument dat ik gebruik.

Ook de mensen die twee kleuren hebben, zijn relatief makkelijk te herkennen. Bij een combinatie van twee kleuren wordt normaal gesproken een van de assen gevolgd, dat wil zeggen blauw-rood, rood-geel, geel-groen of groen-blauw.

Natuurlijk kunnen puur tegengestelde eigenschappen bij een en dezelfde persoon voorkomen. Ik heb heel veel geel-blauwe personen ontmoet. Daar is niets mis mee, het komt alleen minder vaak voor. Maar echt ongebruikelijk zijn duidelijk rood-groene profielen. Waarom dat zo is weet ik eerlijk gezegd niet.

Ik heb een keer een vrouw ontmoet die middenmanager bij een bedrijf in de autobranche was. Haar optreden was vastberaden en krachtig, maar ze was tegelijk heel zorgzaam. De toewijding voor haar medewerkers was oprecht en deze twee kanten hadden een bijzondere uitwerking. Zo kon ze heel snel haar humeur verliezen en haar scheldkanonnades waren legendarisch. Als ze eenmaal besefte waar ze mee bezig was, deed ze er meteen alles aan om haar uitbarsting te verzachten en de schade te herstellen. Ze voelde zich echt rot dat ze afzonderlijke individuen had aangevallen, maar tegelijk kon ze zich in het moment zelf niet beheersen. Feit is dat dit gevecht tussen twee tegenstrijdige krachten bijna tot een burn-out leidde.

Het zal altijd moeilijker zijn om personen met drie kleuren te duiden. Als het echt lastig is om iemand een plekje op de kaart te geven, komt dat waarschijnlijk doordat hij drie kleuren heeft. De situatie zal het gedrag bepalen.

Het beste advies dat ik je kan geven als het je echt niet lukt om iemand te analyseren, is je mond houden en luisteren. Gedraag je eenvoudigweg groen als je het niet zeker weet. Ik hoor mensen regelmatig zeggen dat iemand absoluut niet te begrijpen is – hij doet namelijk niets. Maar ook iemand die heel erg passief is, vertoont een soort gedrag. En inmiddels weet je om welke kleur het waarschijnlijk gaat wanneer iemand zich nauwelijks beweegt. Dat is kenmerkend voor het blauwe gedrag.

HOOFDSTUK 15

SCHRIFTELIJKE COMMUNICATIE

ALS JE GEEN TIJD HEBT OM ELKAAR TE ONTMOETEN EN VOOR MANAGEMENT *BY MAIL* KIEST OM TIJD TE BESPAREN. OF OM WELKE REDEN DAN OOK

Het geschreven woord kan veel onthullen. Verschillende kleuren schrijven heel verschillend. Sommigen nemen echt de tijd om zich uit te drukken, terwijl anderen het heel kort houden. Als je een langer geschreven stuk van iemand kunt lezen – een rapport, een column, een brief of een ingezonden stuk – dan valt daar veel uit te halen. Heel vaak is het mogelijk om de kleur in het geschreven woord te herkennen. Een zwijgzame persoon zal op papier waarschijnlijk ook niet veel woorden gebruiken. En vice versa.

Als je alleen een mail hebt, dan zul je het daarmee moeten doen. Stel dat je met een klant mailt. Je wilt je op de juiste manier voorbereiden. Kijk goed hoe de mail er eigenlijk uitziet. Is hij gebaseerd op feiten? Heeft hij een persoonlijke touch? Is hij kort en bondig, of lijkt hij juist spontaan geschreven? Al deze kleine tekenen zijn belangrijke signalen die je in je voordeel kunt gebruiken. Zoals altijd zijn er talloze uitzonderingen, maar toch zijn er patronen waar je op kunt letten.

Hier volgen een paar voorbeelden van hoe een mail eruit kan zien.

Afzender kristian.jonsson@teamcommunication.se
Ontvanger Cina.cinasson@coco.net
Onderwerp Afspraak

Vergadering 11.00 uur morgen. KOM OP TIJD!
K

Wat denk je? Schreeuwt K omdat hij hoofdletters gebruikt? Dat is niet zeker. Misschien wil hij alleen maar benadrukken dat het tijdstip voor hem belangrijk is. Misschien heeft hij aansluitend een andere afspraak. Dat de ontvanger van de mail zich gefrustreerd kan voelen over deze manier van schrijven is iets heel anders. En zoals gewoonlijk kan de rode daarmee leven. Hallo, hij wilde alleen maar duidelijk zijn.

Jouw reactie? Antwoord bij voorkeur zo snel mogelijk. Kort en krachtig. Bijvoorbeeld met alleen *Oké*.

Afzender kristian.jonsson@teamcommunication.se
Ontvanger Cina.cinasson@coco.net
Onderwerp Afspraak!

Hoi Cina! Alles goed? Ben je gisteren nog naar de wedstrijd geweest? Lasse was er in elk geval wel. Hij gooide zijn koffie om en kwam er helemaal onder te zitten, ik kwam niet bij van het lachen! Ik heb de foto op Facebook gezet! Komt het jou uit om morgen voor de lunch even over die klant te praten? Uurtje of elf, oké?

Tabee!

Krille

Afzender kristian.jonsson@teamcommunication.se
Ontvanger Cina.cinasson@coco.net
Onderwerp Afspraak!

Ik vergat de foto mee te sturen! Hier komt-ie.

Krille

De gele drukt zich ook schriftelijk heel spontaan en vlot uit. Hij klinkt vrolijk en schrijft wat bij hem opkomt. Zoals het sociale gebabbel over de arme Lasse met zijn koffie. Een komisch voorval dat gedeeld moet worden.

Jouw antwoord? Dat heeft geen haast, maar vergeet niet te reageren, anders kan er onzekerheid ontstaan. Wees ook hartelijk. Vergeet niet te bedanken voor de leuke foto en zeg dat je er hard om moest lachen…

Afzender kristian.jonsson@teamcommunication.se
Ontvanger Cina.cinasson@coco.net
Onderwerp Afspraak

Hallo Cina,

Ik wil je alleen even herinneren aan onze afspraak morgen om elf uur. Hoop dat je nog steeds kunt. Ik zorg voor koffie en breng koffiebroodjes mee. Het beste!

Vriendelijke groeten,
Kristian

Een mildere en persoonlijkere toon. Waarschijnlijk heeft Kristian de mail zitten polijsten zodat er geen controversiële boodschappen in staan. Sommige mensen voelen zich beledigd als ze worden herinnerd aan een afspraak die al langer geleden is gemaakt, daarom wil hij er zeker van zijn dat de boodschap niet verkeerd kan worden opgevat.

En hoe reageer je op deze groene mail? Wees ook persoonlijk en mild. Daarnaast is het niet verkeerd om te bedanken voor de herinnering. Je hoeft niet te zeggen dat een koffiebroodje lekker zal zijn, maar het kan zeker geen kwaad. En denk eraan om het tijdens de afspraak rustig aan te doen en niet te stressen.

Afzender kristian.jonsson@teamcommunication.se
Ontvanger Cina.cinasson@coco.net
Onderwerp Afspraak!

Goedemorgen Christina,

Ik zou het op prijs stellen als je voor de afspraak met onze klant morgen de benodigde achtergrondinformatie bestudeert die ten grondslag ligt aan de beleidsbesluiten die in deze kwestie zijn genomen.

In de bijlage de drie betreffende documenten.

Groeten,
Kristian Jonsson
+ 46704808080
Kristian.jonsson@teamcommunication.se

Kopie van datum en deelnemers.xls
It Strategy Update EGMT.doc
Infoblad Mail 27-11-2014.doc

De oorspronkelijke uitnodiging voor de afspraak is al tijden geleden verstuurd, maar dat had je zeker al door? Waarschijnlijk heeft Kristian in zijn agenda genoteerd dat hij een dag voor de afspraak een herinneringsmail moest sturen. De tekst in de mail is zakelijk en heeft niets persoonlijks. Wel een opmerking dat het wenselijk is dat de ander zich goed voorbereidt.

Hoe kun je het best op de blauwe mail antwoorden? Bevestig dat je de e-mail en de bijgevoegde bestanden hebt ontvangen. Vermeld dat je na het lezen van het materiaal misschien nog wat vragen hebt. En vergeet niet dat de afzender ervan uitgaat dat je alles grondig doorleest.

HOOFDSTUK 16

WAAR WORDEN ZE EIGENLIJK BOOS OM?

IEMANDS TEMPERAMENT KAN ALLES OVER HEM ONTHULLEN

Aan het eind van dit boek krijg je nog een geschiedenisles. Over de vier temperamenten waarmee Hippocrates dezelfde verschillen beschrijft die in dit boek worden behandeld.

Uit het temperament van een individu kunnen bepaalde conclusies worden getrokken. Met temperament bedoel ik niet per se hoe mensen boos worden, maar eerder hoe ze reageren als er iets

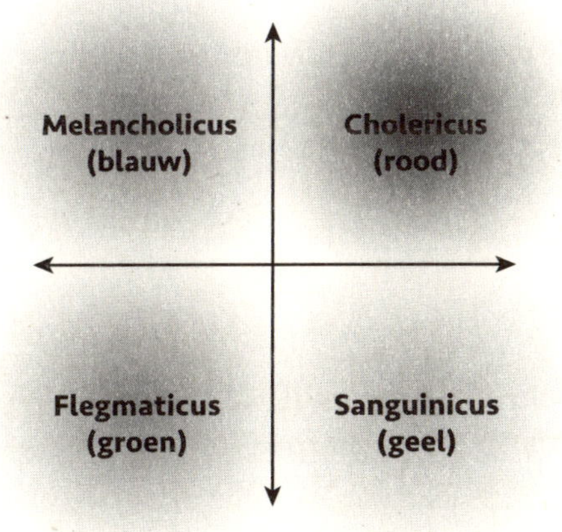

gebeurt. In plaats van temperament zou je ook kunnen spreken van iemands aard. Kiest hij er bijvoorbeeld voor om te handelen, vindt hij de juiste energie?

Maar natuurlijk is woede een goede en spannende indicator van iemands kleur. Daarnaast is de situatie bepalend. Wat de een boos maakt, stoort een ander absoluut niet. Observeren hoe iemand reageert als de boel in het honderd loopt, kan belangrijke aanwijzingen opleveren. Daarmee kun je vervolgens vrij eenvoudig uitzoeken hoe je verder moet gaan met de analyse. Hieronder een voorbeeld van een snelle diagnose.

WEL VER-DOM-ME!!!

Laten we voor het gemak de verschillende temperamenten met drinkglazen vergelijken. Voor het rode humeur stel ik een borrelglas voor. Waarom, vraag je je wellicht af. Daar kan toch bijna niets in?

Nee, dat klopt, en zo zitten veel rode personen in elkaar. Ze kunnen om het minste of geringste hun goede humeur verliezen en een uitbarsting krijgen. Zoals verkeersfiles, gemiste telefoontjes, iemand die te langzaam op de roltrap loopt. Als ze hun zin niet krijgen. Of gewoon omdat ze iemand gestoord vinden. Vergeet niet dat ze vaak omringd worden door idioten. Een rode persoon kan om heel veel dingen boos worden. De kracht van veel roden is dat ze ontploffen om hun irritatie of eventuele agressie kwijt te raken. Ze krijgen een uitbarsting en lopen een poosje te bakkeleien. Ze legen gewoon het bor-

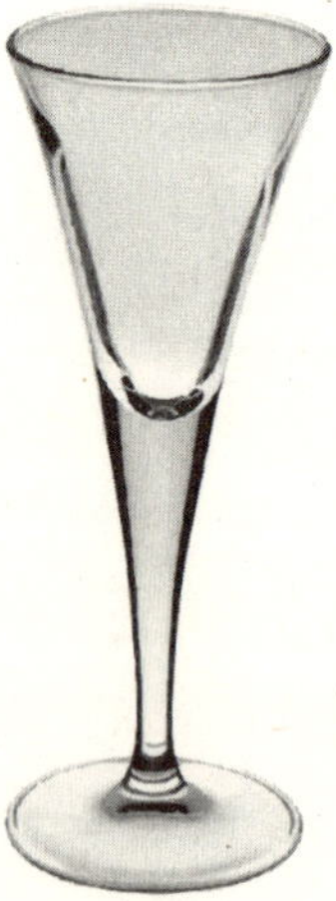

relglas, wat vrij snel gaat omdat er niet veel in kan. (Hoe dit voor de omgeving is, laat ik even in het midden.)

Het voordeel is dat de woede meestal snel geluwd is. Een rode persoon kan gewoon niet lang boos blijven. Hij spuit wat hij kwijt moet en gaat weer verder. Dat hij mensen in verwarring achterlaat is niet zijn probleem. Voor hem is de kwestie afgedaan. Tot er weer iets gebeurt wat hem diep ergert. Dan ontploft hij met een nieuwe knal. En nog een keer.

Stel je voor dat je dat borrelglas over je bureau uitgiet. Niet leuk, maar volstrekt hanteerbaar. Je kunt het opvegen.

Het punt is dat het even lang duurt om het glas te legen als te vullen. Het zal vaker gebeuren. Veel mensen vinden het temperament van rode personen volstrekt onvoorspelbaar. Het kan elk moment tot een ontploffing komen.

Zo erg is het volgens mij niet. Als je de persoon in kwestie kent, weet je meestal wat de aanleiding vormt tot al deze woede.

Belangrijk om te weten over rode personen: ze vinden zelf helemaal niet dat ze boos waren – ze gaven alleen eerlijk hun mening of waren misschien een beetje luidruchtig. Nogmaals, voor hen is het gewoon een manier van communiceren. Groene personen denken bijvoorbeeld dat de roden boos zijn als ze hun standpunt herhalen. Veel hangt dus af van de perceptie van de toeschouwer. Veel mensen lopen hiervoor weg, omdat ze bang zijn een veeg uit de pan te krijgen. Het gevolg is duidelijk. Rode personen lopen veel feedback mis doordat ze de stoppen steeds laten doorslaan.

IK BEN ECHT HEEL ERG ONTSTEMD! HOOR JE WAT IK ZEG?

Denk maar niet dat de opgewekte gelen hun humeur niet kunnen verliezen. Hoewel ze over het algemeen euforisch positief en optimistisch zijn, hebben ze flink wat temperament. Het zijn, net als de roden, actieve personen die grote hoeveelheden indrukken in zich opnemen. Er is dus heel veel om op te reageren. Omdat ze snel van geest zijn en hun tong niet altijd in bedwang hebben, kan er van alles gebeuren. Wat uit hun mond rolt, is niet altijd weloverwogen.

Omdat gele personen bijzonder expressief en tegelijkertijd gevoelig zijn, zie je van tevoren al aankomen wanneer de temperatuur omhooggaat. Wie goed oplet, ziet vrij makkelijk wanneer het een gele persoon te veel wordt. Een intensere blik, gejaagde gebaren, een luidere stem. Dat gaat allemaal heel geleidelijk.

Als het rode temperament een borrelglas is, kan het gele met een gewoon melkglas worden vergeleken. Hier kan meer in en je ziet makkelijker wanneer het vol raakt. Het niveau stijgt stukje bij beetje en een alerte omgeving ziet wanneer dat gebeurt.

Wat gebeurt er als we dat melkglas over je bureau uitgieten? Het wordt beduidend natter dan toen we het borrelglas leeggoten, toch? Belangrijke papieren worden onbruikbaar en je hebt niet genoeg aan een papieren handdoek om de boel op te vegen.

Maar de situatie is nog steeds hanteerbaar. Ook deze temperamentvolle uitbarsting kan zonder al te zware maatregelen worden aangepakt.

Het humeur van de gele heeft ook voordelen. Het zit hem best dwars als hij ruzie heeft gemaakt met iemand in zijn omgeving: een collega, familielid, buurman, of wellicht met jou. Daarom zal hij de volgende keer dat jullie elkaar zien misschien wat extra zijn best doen. Zijn geweten zal aan hem knagen, iets waar een rode persoon zelden last van heeft.

Als hij een combinatie van rood en geel is, kan het een lastige discussie worden. Dan is er veel ego in de kamer en weet je niet hoe het zal gaan. Afhankelijk van zijn drijfkrachten, zijn motivatiefactoren, kan hij tot in het ongerijmde aan zijn eigen standpunt blijven vasthouden. Het ego van puur gele personen kan hun parten spelen. Maar het voordeel is dat ze door hun slechte geheugen niet erg rancuneus zijn. Ze vergeten heel snel dat er een probleem was, wat voor groene en blauwe personen nogal enerverend kan zijn.

PAS OP VOOR DE WOEDE VAN EEN GEDULDIG MAN. PAS GOED OP

De bedenker van dit oude gezegde had waarschijnlijk een groene persoon in gedachten. Heb je eigenlijk weleens een groene persoon zijn humeur zien verliezen? Het is heel goed mogelijk dat je goede vriend, die vriendelijke en toegevende maat met wie je nooit echt hebt geredetwist, nimmer een spoor van een slecht humeur heeft getoond.

Betekent dit dat hij niet boos kan worden? Natuurlijk niet. Het betekent alleen dat de woede zich naar binnen keert.

Ik zou het groene temperament willen vergelijken met een bierton van vierhonderd liter. Kun je je voorstellen hoeveel borrelglazen daarin kunnen? We kunnen vullen, vullen en nog eens vullen, en nog steeds is alleen de bodem bedekt. Veel groene personen functioneren net zo. Ze incasseren

zonder te protesteren. Dat hangt voor een groot deel samen met hun onwil om conflicten aan te gaan, maar ook met hun onvermogen om nee te zeggen. Ze stemmen gewoon in, omdat dat het makkelijkst is.

Betekent dit dat groene personen geen eigen mening hebben? Absoluut niet, ze hebben net als iedereen opvattingen over allerlei zaken. Ze zeggen het alleen niet. En dat is vaak het probleem. Ze vullen de bierton. Week in, week uit accepteert een groene persoon de ene ervaren – let op de formulering *ervaren* – krenking na de andere. Het kan jaren duren voordat de ton vol is.

Pak nu de genoemde ton, til hem op je bureau en giet hem leeg.

Wat gebeurt er?Alles wordt weggespoeld. Het water in de ton zal niet alleen alles van je bureau vagen, ook het bureau en jijzelf worden weggespoeld. Het houdt niet op. Nu moet alles eruit.

Je zegt dat ik het werk niet op tijd af had? Is dat zo? Nou? Vorige week zei je dat ik het niet goed genoeg deed. Nu zal ik je eens wat vertellen... Een jaar geleden zei je dat ik een andere kamer zou krijgen, maar dat is nog steeds niet gebeurd. En toen ik hier werd aangenomen, in 1997, werd mij van alles beloofd, en laat ik je dit zeggen...

Alles moet eruit. Zorg ervoor dat jij niet degene bent die de vonk aansteekt.

Het probleem is omvangrijk. Groenen halen de druk niet van de ketel en beheersen hun gevoelens om ruzies te voorkomen en niet op te vallen. Maar ze voelen en ervaren precies evenveel als anderen. Ze missen alleen de natuurlijke instrumenten om alles eruit te gooien. Maar de omgeving kan helpen. We kunnen vragen stellen, ons uitnodigend opstellen en kijken of er signalen zijn. Kijken of de lichaamstaal misnoegen laat zien. We kunnen een goede omgeving rond de groene creëren zodat hij makkelijker en sneller zegt wat hij ergens van vindt en niet al te veel afstand hoeft te nemen van zijn normale standpunten. Anders zal hij al zijn frustratie naar binnen keren. En we weten inmiddels wat dat soort stress met iemand kan doen.

Ik heb een eigen theorie die ik weliswaar niet wetenschappelijk kan onderbouwen, maar ik vermoed dat dit de belangrijkste oorzaak is dat groene personen een burn-out krijgen. Ze dragen hun bezorgdheid, angst en zelfs woede zo lang met zich mee dat ze er uiteindelijk ziek van worden. Dat is een reëel probleem dat heel serieus moet worden genomen.

ZEI IK HET NIET? *BESSERWISSER FÜR ALLE*

Tijdens een extreem stressvolle periode in mijn vroegere carrière in de bankwereld hoorde ik iemand een opmerking maken over blauwe personen. We waren allemaal dag en nacht aan het werk en velen lieten heel sterke gevoelens zien. De frustratie hing in de lucht.

En dan was er onze credit controller. Ze vertrok geen spier. Je kon niet aan haar zien of ze gestrest was. Haar gezicht verried absoluut niets en haar gebaren waren even beperkt en bedaard als altijd. Terwijl wij onze lunch min of meer staand nuttigden, gebruikte zij de volle zestig minuten om rustig te eten. Het was alsof niets haar kalmte kon verstoren.

Op dat moment zegt een van mijn geel-rode collega's: 'Ze is niet normaal. Het lijkt wel of ze geen gevoelens heeft.'

Destijds klonk het logisch. Maar als je erover nadenkt, kan het niet kloppen. Blauwe personen hebben gewoon niet evenveel behoefte om te communiceren als groene. Daarom doen ze het niet. Ook bij hen kunnen gevoelens naar binnen keren. Krijgen blauwe personen dan ook

net zo makkelijk een burn-out als groene? Nee, zeker niet. Ze hebben namelijk een systeem om de stress onder controle te houden.

Metaforisch gezien hebben blauwe personen een even grote bierton als de groene, maar er is een wezenlijk verschil. Helemaal onder aan de ton is een handig tapkraantje gemonteerd. Dat zorgt ervoor dat de blauwe persoon een ventiel heeft waardoor hij een deel van de inhoud van de ton kan laten ontsnappen. Hij kan dus zelf naar believen de druk regelen.

Bovendien lekt de kraan. Er komen bijna de hele tijd kleine druppels uit. Een blauwe persoon uit zijn misnoegen door te zeuren.

Kijk nou toch, iemand heeft mijn pen zoekgemaakt! Belachelijk, nu moet ik zelf de boel afsluiten. Zoals gewoonlijk heb ik de vervelendste klus gekregen. Wat een zooitje is het hier. Belachelijk.

Zo gaat het maar door. De speldenprikken treffen ons allemaal, maar we horen eigenlijk niet veel meer dan een nors gebrom. Het smeult maar wil niet echt branden. We interpreteren dit als een aanhoudend gezeur, maar de blauwe is wel degelijk misnoegd. En omdat hij van zichzelf niet erg actief is, zeurt hij over de dingen in plaats van ze aan te pakken. Bijvoorbeeld dat anderen hetzelfde moeten zien als hij, dat hij geen mandaat heeft om te handelen, of dat hij gewoon een slecht humeur heeft. Maar voor hemzelf is het een goede manier om de druk te beheersen. Zo hoeft de ton nooit over iemands bureau te worden leeggegoten en worden echt ernstige rampen vermeden.

Je kunt dit gezeur het best te lijf gaan door tegenvragen te stellen. Vraag om voorbeelden. Vraag of hij ideeën voor verbetering heeft. Het kan best zo zijn dat de blauwe persoon het probleem heeft opgelost, maar dat hij een directe vraag nodig heeft om die oplossing daadwerkelijk voor te stellen.

WAT IS DE CONCLUSIE? WAT KUN JE ER EIGENLIJK AAN DOEN DAT MENSEN NIET EENS OP DEZELFDE MANIER BOOS WORDEN?

Met behulp van een paar eenvoudige waarnemingen kun je snel zien met wat voor type persoon je te maken hebt. Observeer hoe ze in stressvolle situaties en onder druk handelen.

Maar bedenk tegelijk dat geen enkel systeem waterdicht is. Dit zijn slechts indicaties en ze betreffen alleen afzonderlijke kleuren. Zoals ik eerder al schreef, kunnen verschillende situaties heel verschillende gedragingen opleveren. Over het algemeen geldt dat hoe belangrijker iets voor iemand is, hoe sterker zijn reactie.

Kijk naar jezelf. Als iemand je buurman beledigt, vind je dat misschien niet terecht. Maar je zult niet uit je dak gaan om hem te verdedigen. Maar als iemand je vrouw beledigt, zul je ziedend worden. Dit is slechts een voorbeeld, maar er zijn talloze gradatieverschillen om in gedachten te houden.

HOOFDSTUK 17

STRESSFACTOREN EN ENERGIEVRETERS. WAT IS STRESS EIGENLIJK?

Woede is één ding. Stress is iets anders. Soms hebben ze met elkaar te maken, maar niet altijd. Sommige mensen worden woedend van stress, andere raken gestrest van woede. Wanneer we het over stress hebben, bedoelen we vaak het gevoel dat we te veel in te weinig tijd moeten doen. Er is niet genoeg tijd voor alles wat op het werk moet worden gedaan, terwijl we tegelijk tijd willen hebben om te sporten, vrienden te ontmoeten, met het gezin samen te zijn en vrijetijdsactiviteiten te ondernemen.

Het is belangrijk om te beseffen dat het gevoel van stress dat ons ziek maakt vaak andere oorzaken heeft dan een gebrek aan tijd. Als we druk voelen en er hoge verwachtingen worden gesteld aan wat we moeten doen en hoe we moeten zijn, kunnen we gestrest raken, ook als we best genoeg tijd hebben.

De druk, de eisen en de verwachtingen veroorzaken stress die ons neerslachtig maakt, verlamt en slaapproblemen of lichamelijke klachten geeft. Eenvoudig gezegd ontstaat het gevoel van stress als we hogere eisen en verwachtingen voelen dan we aankunnen.

VERSCHILLENDE PERSONEN REAGEREN VERSCHILLEND OP STRESS: WAT EEN VERRASSING!

Even serieus. We reageren allemaal anders op stress. Verschillende personen kunnen dezelfde gebeurtenis op verschillende manieren ervaren, en iemand kan dezelfde gebeurtenis in een andere situatie anders ervaren. Wat we vroeger hebben meegemaakt en hoe we ons op dit moment voelen speelt bijvoorbeeld een rol.

Als je fit bent en je goed voelt, ervaar je een drukke en zware werkweek als een uitdaging. Maar als je moe en neerslachtig bent, vind je diezelfde week misschien vreselijk en zwaar.

Hoe beïnvloedt de communicatiestijl jouw stress? Simpel gesteld zegt die niets over je stressdrempel, dat wil zeggen hoeveel stress je aankunt. Maar hij zegt wel *waar* je gestrest van raakt en hoe je vermoedelijk op stress zult reageren. Ik heb eerder het begrip 'drijfveren' genoemd, dat wil zeggen wat ons motiveert om elke dag op te staan, ons naar ons werk te haasten en net dat beetje extra te doen. Die dimensie wordt in dit boek niet behandeld, maar natuurlijk is het niet moeilijk om te zien dat we gestrest kunnen raken als we het gevoel hebben dat we veel te veel tijd aan volstrekt verkeerde dingen besteden.

Als je weet wat jouw belangrijkste stressfactoren zijn, hoef je niet onnodig in de val te trappen. Als je als leidinggevende het gedragsprofiel van je medewerkers kent, kun je de ergste valkuilen voorkomen. Veel stress kan vermeden worden als je maar weet hoe. Terwijl de productiviteit in de groep behouden kan blijven.

Hier volgen wat korte feiten waar je baat bij kunt hebben. Bedenk waar je zelf staat. Besef dat stress dikwijls een energievreter is. Het is gewoon een feit dat we het beste werken als we een zekere mate van harmonie voelen.

Dit hoofdstuk is met enige ironie geschreven en ik raad je aan het ook op die manier te lezen.

DE STRESSFACTOREN VAN HET RODE GEDRAG

Als je om de een of andere reden een rode persoon stress wilt bezorgen, kun je het volgende doen om zijn zelfvertrouwen een deuk te geven.

Pak alle vormen van autoriteit van hem af

De rode vindt het heel vervelend als hij niet mag meebeslissen. Deels vindt hij dat hij betere ideeën heeft, deels vindt hij gewoon dat hij het project zou moeten leiden.

Behaal helemaal geen resultaten

Als we niet vooruitkomen, is al het werk misschien voor niets geweest. Een dergelijk inzicht zal bij een rode sterke stressreacties veroorzaken, en de omgeving moet oppassen. Hij zal zondebokken gaan zoeken.

Haal elke mogelijke uitdaging weg

Als alles te makkelijk gaat, is er niets aan. Het rode gedrag meet één ding: het vermogen om met problemen en moeilijke uitdagingen om te gaan. Als die er niet zijn, heeft de rode geen stimulans. Hij wordt passief en vindt dat hij niets te doen heeft. Zijn tempo gaat omlaag en dit is soms moeilijk te doorbreken.

Wees kwistig met tijd en resources en werk zo ineffectief mogelijk

Lanterfanten is verspilling van tijd. Niet dat we dat per se doen, maar als we niet het maximale uit de tijd halen, is dat in de ogen van de rode verspilling en vanuit het perspectief van een leidinggevende is dat bijzonder stressvol. Hij wordt waarschijnlijk afgerekend op de effectiviteit van de organisatie.

Maak alles tot een sleur

Alledaagse en eentonige taken zijn dodelijk. Ze zijn gewoon saai. De rode verliest zijn concentratie en zal iets anders willen doen. Routineklussen zijn niets voor hem. Hij houdt niet van details en weet dat ook. De saaie routineklus is voor iemand anders, omdat de rode denkt dat hij een beter totaaloverzicht heeft.

Maak veel domme fouten

Fouten zijn één ding, domme fouten zijn iets heel anders. Die zijn zo onvoorstelbaar onnodig. Wanneer de rode het idee heeft dat de omgeving gestoord is, wordt hij gek. Waarom snapt niemand wat hij moet doen? Hoe moeilijk kan dat zijn?

Geef hem geen controle over anderen

De controlebehoefte van de rode kan heel groot zijn. En het gaat niet alleen om het controleren van details en feiten. Hij controleert mensen. Wat ze doen, hoe ze het doen, enzovoort. Zonder die controle raakt de rode heel gefrustreerd.

Zeg geregeld dat hij moet dimmen en minder hard moet praten

Rode personen worden waanzinnig als ze ervan worden beschuldigd dat ze boos zijn terwijl dat niet zo is. Ze zullen altijd wat driftiger zijn dan anderen, maar dat wil absoluut niet zeggen dat ze boos zijn. En juist dat verwijt kan hen echt boos maken.

DUS WAT DOET DE RODE PERSOON ALS HIJ IN DE STRESS SCHIET EN ONDER DRUK WORDT GEZET?

Hij geeft anderen de schuld. Omdat de rode niet zelden door idioten wordt omringd, is het voor hem geen enkel probleem om zondebokken aan te wijzen. En hij kan behoorlijk fel zijn als hij iemand uitkaffert omdat hij vindt dat het een puinhoop is geworden. Pas op, is mijn advies, want het kan behoorlijk onaangenaam zijn.

Rode personen zijn altijd veeleisender dan anderen. Ze verwachten veel van zichzelf en ze verwachten veel van jou. Ze worden ook overdreven veeleisend en dwingend als ze onder stress staan. Veel meer dan anders.

De rest van de groep moet er rekening mee houden dat ze door hun rode collega worden buitengesloten. Hij sluit zich af, begraaft zich in zijn taak en werkt nog harder. Wees erop bedacht dat de woede onder de oppervlakte op de loer ligt. Kijk dus goed uit wat je in zijn nabijheid uitspookt.

KAN IK RODE PERSONEN HELPEN MET HUN STRESS OM TE GAAN?

Als je bevoegd bent om directe bevelen te geven, dan is het antwoord eenvoudig. Zeg gewoon dat ze zich moeten vermannen. Dat werkt. Je kunt gestreste rode personen ook naar huis sturen en zeggen dat ze fysiek bezig moeten gaan. Laat ze meedoen aan een hardloopwedstrijd waar ze hun energie kunnen besteden aan het winnen van iets wat niet van belang is voor de groep. Als ze terugkomen, zijn ze de meeste stress kwijt.

DE STRESSFACTOREN VAN HET GELE GEDRAG

Als je om de een of andere reden een gele persoon stress wilt bezorgen, kun je een van de volgende dingen doen om hem uit balans te krijgen.

Doe alsof je hem niet ziet

Je herinnert je de drijfkracht van de gele toch nog wel? Kijk naar mij! Hier ben ik! Als je hem uit balans wilt krijgen, moet je hem gewoon onzichtbaar maken. Als hij niet wordt gezien, is hij er niet. Hij voelt zich genegeerd en overgeslagen en dat zal gegarandeerd stress veroorzaken.

Geef aan dat je overal sceptisch tegenover staat

Wie veel scepsis laat zien is negatief en dat vinden de gelen uiterst stressvol. Ze willen dat alles positief en licht is en zelfs gewone realisten zijn in hun ogen onheilsprofeten. Pessimisme en negativisme doden effectief alle betrokkenheid bij de gelen, waardoor ze geheid in de stress schieten.

Maak het werk zo duf en saai mogelijk

De gele heeft net als de rode een hekel aan routines, terugkerende taken en kant-en-klare schema's. Hij maakt graag schema's voor anderen, maar kan ze zelf niet volgen. Dwing hem in een van jouw schema's en je zult de stressvlekken in het gezicht van je gele vriend/vijand zien verschijnen.

Isoleer hem zorgvuldig van de rest van de groep

Niemand hebben om mee te praten is misschien het ergste wat er bestaat. Omdat gelen moeten praten, moet er iemand zijn die luistert. Opgesloten worden in een kantoorruimte waar alleen een bureau staat, is een straf die erger is dan de dood. Dat is als een deportatie naar Siberië.

Vertel dat lachen op het werk niet serieus overkomt

Geen pret en geen humor? Is dit soms een begrafenisonderneming? Die opmerking kreeg ik een keer van een gele persoon die vond dat wij consultants geen tijd hadden voor een lolletje. Ze raakte erg gestrest van alle ernst en vertrok nog voordat haar proeftijd was afgelopen.

Dwing hem twee keer na te denken

Spontaniteit onderdrukken is als een deksel op de pan duwen als de melk overkookt. Het lukt gewoon niet. Het wordt een enorme knoeiboel en iedereen wordt – met veel lawaai – meegezogen in de stressspiraal van de gele. Bereid je er maar op voor – de stress van de gele zal merkbaar zijn. Het is maar dat je het weet.

Onafgebroken geharrewar en gekibbel over kleine dingen

Onophoudelijke confrontaties zijn uiterst vermoeiend. Het is een soort paradox, want anders dan de groenen zijn de gelen niet bang voor conflicten. Maar te veel gekibbel verstoort hun verlangen naar plezier en positiviteit, wat weer tot stress leidt. Ze kunnen best tegen geharrewar, maar ze raken uit vorm en verliezen hun gebruikelijke glans als er te veel wordt geruzied.

Zet in op publieke vernedering

Een gele persoon vindt het niet leuk om in aanwezigheid van anderen negatieve feedback te krijgen. Hij zal nooit meer met je willen praten. Hij zal bovendien sterke afweermechanismen laten zien, en eigenlijk bereik je helemaal niets.

DUS WAT DOET DE GELE PERSOON ALS HIJ IN DE STRESS SCHIET EN ONDER DRUK WORDT GEZET?

Hij zal nog meer op de voorgrond treden dan anders. Om te compenseren dat hij niet goed in zijn vel zit, maakt hij zichzelf nog groter. Hij gaat dus actief op zoek naar aandacht, omdat dat hem een goed gevoel geeft. Het risico is nu dat hij te veel gaat praten, dat hij alle ruimte op vergaderingen en in relaties inneemt en zichzelf in het middelpunt plaatst.

Je dacht misschien niet dat het mogelijk was, maar hij kan ook overdreven en onrealistisch optimistisch worden. Omgaan met een zwaar gestreste gele persoon is een ware uitdaging. Hij zal zulke wilde plannen maken dat zelfs hij ze niet kan geloven. Maar voor hem is dat heel natuurlijk.

KAN IK GELE PERSONEN HELPEN MET HUN STRESS OM TE GAAN?

Laat hem een feest organiseren. Hij moet onder sociale omstandigheden mensen ontmoeten. Misschien is er haast geboden. Hij kan heel diep in zijn eigen ellende wegzakken als hij te lang in stress moet leven. Als het op z'n ergst is, stel dan voor om een avondje te gaan stappen, een feest te geven, of waarom niet een eenvoudige BBQ-party? Het hoeft helemaal niet ingewikkeld te zijn, maar bezorg hem een gezellige tijd. Zorg er dus gewoon voor dat het LEUK wordt!

DE STRESSFACTOREN VAN HET GROENE GEDRAG

Als je om de een of andere reden een groene persoon stress wilt bezorgen, doe dan een van de volgende onaardige dingen.

Pak alle vormen van zekerheid van hem af

Geef hem taken die hij nooit eerder heeft uitgevoerd en leg zo min mogelijk uit. Maar maak tegelijk duidelijk dat je verwacht dat alles perfect wordt gedaan. Laat hem alleen in besprekingen met mensen die onredelijke eisen stellen. Help hem niet wanneer de gemoederen in een gesprek hoog oplopen. Stuur een boze rode persoon op hem af. Hij schiet gegarandeerd in de stress.

Laat een heleboel losse eindjes achter

Onvoltooide taken en losse eindjes maken hem diep ongelukkig. Groene personen willen weten hoe de dingen in elkaar steken en als ze niet begrijpen hoe het proces is opgebouwd, gaat het niet goed. Half afgemaakte projecten, dingen die begonnen zijn maar niet zijn afgerond, brengen hen behoorlijk in verwarring. Dat is de reden dat gele personen groenen zo geweldig stress kunnen bezorgen.

Laat hem geen moment alleen

Wanneer een groene persoon zijn persoonlijke ruimte moet ontberen, wanneer hij zich niet kan terugtrekken uit de wereld, raakt hij erg gestrest. Hij geeft best om andere mensen, maar hij moet ook op zichzelf kunnen zijn. Als die mogelijkheid er niet is, kan hij compleet dichtslaan.

Bliksemsnelle veranderingen en ongemotiveerde, abrupte ommezwaaien

De specialiteit van de roden en de gelen. Snelle besluiten die ze niet altijd motiveren. Voor groene personen zijn onverwachte en snelle veranderingen een kwelling die tot totale onverschilligheid kan leiden. De allerergste veranderingen zijn de veranderingen die 's ochtends worden aangekondigd en even later, net als de groene ermee bezig is, weer ongedaan worden gemaakt met een tegenorder. Niets wordt weer als vroeger.

Wil je dat alsjeblieft helemaal overdoen?

Taken over moeten doen staat gelijk aan een onvoldoende. Als iets over moet, kan dat alleen betekenen dat het de eerste keer niet goed was gedaan. Negatieve feedback dus. In het verlengde wil dat zeggen dat ik als persoon niet goed genoeg ben, wat natuurlijk uitermate stressvol is. Ze vinden me hier niet aardig.

Je kunt het niet over alles eens zijn, hoor
Een gevoel van onenigheid binnen de projectgroep of het gezin leidt gegarandeerd tot stress. We hebben het over conflicten en conflicten zijn alleen voor ruziemakers. Frictie binnen de belangrijkste groep, het gezin, is echt ernstig. De groene weet niet wat hij daarmee aan moet.

Dwing hem het podium te beklimmen
Hij wil absoluut niet het middelpunt zijn in grote gezelschappen. Groepen die uit meer dan drie personen bestaan worden al als groot beschouwd, tenzij de groene iedereen heel goed kent. Als dat niet het geval is, wordt hij diep ongelukkig en zal hij alleen maar in zijn papieren staren. Iedereen zal zien hoe akelig hij zich voelt en de rest van de groep zal ook gestrest raken. Niet goed.

DUS WAT DOET DE GROENE PERSOON ALS HIJ IN DE STRESS SCHIET EN ONDER DRUK WORDT GEZET?

Hij wordt erg gereserveerd en bijna kil. Hij krijgt een stijve en gesloten lichaamstaal en als jij de triggerende factor bent, zal hij duidelijk laten merken dat hij niets met je te maken wil hebben. Sommige groene personen laten bovendien een sterke gevoelloosheid zien en gedragen zich kil en afwijzend tegenover mensen die ze normaal gesproken heel aardig vinden.

Ze leggen ook grote twijfel aan de dag bij alles wat ze doen. Stress maakt groene personen onzeker en ze zijn bang om fouten te maken. Zowel op het werk als thuis. Als zijn kind ziek wordt, wordt de groene passief en kijkt alleen maar toe omdat hij bang is het fout te doen. Bovendien neemt hij de schuld voor de situatie op zich en kan hij volledig dichtklappen.

Op het werk kan het een beetje anders gaan. Dat ligt eraan. Veel groenen verzanden in koppigheid of onbuigzaamheid en provoceren hun omgeving door te weigeren ook maar iets te veranderen. Zelfs als ze zien dat een situatie niet werkt, willen ze er niets aan doen. Het kan er heel vreemd uitzien, maar de gebruikelijke groene eigenwijsheid krijgt de overhand en verhindert hen te handelen.

KAN IK GROENE PERSONEN HELPEN MET HUN STRESS OM TE GAAN?

Sta hun toe niets te doen. Geef hun loze tijd om in de tuin te werken, te slapen of op een andere manier te ontspannen. Stuur hen naar de bioscoop – niet met een grote groep, eventueel zelfs zonder gezelschap – of geef hun een goed boek dat ze in twee dagen kunnen uitlezen. Ze willen eigenlijk niets doen. Laat ze dat doen tot de stress is geweken. Dan komen ze weer in hun gewone doen.

DE STRESSFACTOREN VAN HET BLAUWE GEDRAG

Als je om de een of andere reden een blauwe persoon stress wilt bezorgen, probeer dan al zijn cirkels te verstoren.

Je weet niet waar je het over hebt

Je zou misschien verwachten dat blauwe personen kritiek niet persoonlijk opvatten, maar als die – in hun ogen – nergens op slaat en onterecht is, kan het erg lastig worden. Niet dat ze bang zijn voor conflicten of denken dat de vriendschap gevaar loopt, maar omdat hun gevoel voor perfectie een deuk heeft gekregen.

De bedrijfsleiding heeft een spontaan besluit genomen

Veranderingen zijn op zich geen probleem, omdat hij zich niet inbeeldt dat alles perfect is. Maar hij moet wel de beweegredenen achter de verandering horen. Als iets niet in het plan staat, is het ongepland, en ongepland duidt op een gebrekkige structuur – niet goed. Dit leidt gegarandeerd tot hoofdpijn.

Dat ziet er echt heel dubieus uit, maar we proberen het toch

Aan alles is een zekere mate van risico verbonden. Een blauwe persoon ziet overal risico's in. Wanneer een rode persoon zegt dat het gevaarlijk is om zonder parachute uit een vliegtuig te springen, zegt een blauwe persoon dat het gevaarlijk is om een nieuwe grasmaaimachine te kopen. Je weet namelijk nooit wat er kan gebeuren. En hoe hoger het tempo, hoe groter de risico's.

Onaangekondigd bezoek van de hele familie!

Orde en netheid. In een rustig tempo werken, de keuken volgens een duidelijk vastgesteld plan renoveren, zo moet het gaan. Als plotseling de halve familie voor de deur staat, wordt alles op zijn kop gezet. Verrassingen zijn niets voor hem. En omdat hij zijn eigen plannen niet altijd duidelijk heeft gecommuniceerd, kan het soms behoorlijk botsen.

Hé, wat is hier gebeurd?

Fouten worden gemaakt door domkoppen en sloddervossen. Blauwe personen maken geen fouten; dus als wij er een puinhoop van maken en daardoor de plannen in de war gooien, kan het zomaar gebeuren dat de blauwe de deur dichttrekt en niet wil luisteren. Hij wil niet horen dat het project is gecrasht en gaat gewoon verder met zijn taak – hoewel die misschien niet langer actueel is.

Jij vervloekte kommaneuker

Heb je geen fantasie? We moeten hier echt een beetje flexibel zijn. Dit is een uitstekende manier om een blauwe persoon het houvast in het dagelijkse leven te laten verliezen. Mensen die regels en voorschriften overtreden, worden met argwaan bekeken en moeten kort worden gehouden. Als een blauwe persoon beseft dat hij in handen is van een organisatie die zich niets aantrekt van regels en voorschriften, kan dit tot fel verzet leiden.

We moeten een gok nemen

Een variant op het punt hierboven. Goed is goed en voorbereidingen zijn essentieel. Als de blauwe persoon zich dus niet op zijn – soms bijzonder omslachtige – manier kan voorbereiden, schiet hij in de stress. Hij is het tegenovergestelde van spontaan en het is onmogelijk om antwoorden te krijgen van een blauwe persoon die zich niet in het onderwerp heeft verdiept. Zonder voorbereiding zullen de antwoorden zoveel mitsen en maren bevatten dat ze nauwelijks bruikbaar zijn.

Overdreven emotionele personen

Liever niet. Sentimentaliteit is onbehaaglijk. Het is klef en onplezierig en een blauwe persoon houdt daar niet van. Wat telt is logica en als je dat niet hebt, is dat erg lastig voor hem. Hij blijft uit de buurt en vergeet nooit dat jij een emotionele persoon bent die zijn hersenen niet op dezelfde manier gebruikt als hij.

DUS WAT DOET DE BLAUWE PERSOON ALS HIJ IN DE STRESS SCHIET EN ONDER DRUK WORDT GEZET?

Hij wordt overdreven pessimistisch. Ja, echt. Het wordt nog erger dan anders. Alles wordt ineens pikzwart en hij kan zelfs in een depressie raken. Hij wordt lusteloos en niets interesseert hem nog. De onheilsvoorspellingen zijn niet van de lucht. Bovendien wordt hij overdreven precies. Onder stress verhogen veel mensen het tempo om het werk op tijd af te krijgen. Zo niet de blauwe. Hij trekt aan de rem, want nu heeft hij echt geen tijd om fouten te maken. De omgeving kan zware kritiek verwachten. Plotseling wijst hij op elk foutje dat hij kan vinden – en dat zijn er vrij veel. Hij kan zomaar een onuitstaanbare betweter worden.

KAN IK BLAUWE PERSONEN HELPEN MET HUN STRESS OM TE GAAN?

Hij moet zich kunnen afzonderen. Hij heeft tijd en ruimte nodig om na te denken. Omdat hij de situatie wil analyseren en de verbanden wil begrijpen, moet hij daar de tijd voor krijgen. Geef hem ruimte, dan komt hij terug – uiteindelijk. Maar als hij echt diep neerslachtig is, moet je hem wellicht specifiekere hulp bieden.

Conclusie: Wat kunnen we leren door mensen te bestuderen die in stress verkeren? Behalve dat stress voor de meeste mensen negatief is, is de belangrijkste les wel dat het normale optreden van een individu in stressvolle situaties wordt versterkt. Een rode persoon wordt nog harder en agressiever tegen zijn omgeving, een gele persoon wordt vager en ongestructureerder, een groene wordt nog passiever en minder betrokken dan hij al is en de blauwen kunnen helemaal dichtklappen en op nog meer slakken zout leggen.

Het is heel belangrijk om mensen niet onnodig stress te bezorgen. Dat wist je natuurlijk al, maar het kan goed zijn om te weten welk profiel waardoor gestrest raakt. In tegenstelling tot een groene of blauwe persoon zal een rode persoon het niet als stressvol ervaren als hij onder druk wordt gezet. Hij heeft juist druk nodig om zich te motiveren. Als alles op rolletjes loopt, gaat hij zich alleen maar vervelen.

De situatie is bepalend, het profiel is bepalend, het tijdstip van de dag is bepalend, de mate van werkbelasting, het team, het weer – een heleboel zaken zijn bepalend. Gebruik je ogen en oren, dan zal het uitstekend gaan.

HOOFDSTUK 18

EEN KORTE HISTORISCHE BESCHOUWING

EIGENLIJK IS ER NIETS VERANDERD. DE MENSEN WAREN ALTIJD AL ZO

Achtergrond van wat je tot nog toe hebt gelezen

In dit hoofdstuk leg ik uit hoe het onderzoek dat aan de inhoud van dit boek ten grondslag ligt tot stand is gekomen. Als je niet geïnteresseerd bent in geschiedenis, verwijzingen, onderzoek of zaken die een onbekende hoeveelheid tijd van jouw verder zo rijke leven roven, kun je dit hoofdstuk overslaan. Voor alle anderen – zo dacht men vroeger:

Alle culturen hebben de behoefte gehad om mensen te categoriseren. Toen de holenmens de grotten verliet en beschouwender werd, ontdekte men wereldwijd dat mensen van elkaar verschillen. Wat een verrassing.

Maar hoe verschillend zijn mensen eigenlijk? En welke manieren bestonden er om dit te beschrijven? Vermoedelijk zijn er evenveel manieren als dat er culturen op aarde zijn. Ik geef een paar voorbeelden.

Welke oude Griek zullen we nemen? Hippocrates?
Hippocrates, die in de vijfde eeuw voor Christus leefde, wordt beschouwd als de vader van de geneeskunde. In tegenstelling tot veel andere artsen van die tijd was hij niet bijgelovig. Volgens hem hadden ziekten natuurlijke oorzaken en waren ze geen straf van de goden. Zo dacht Hippocrates dat epilepsie door een blokkade in de hersenen werd veroorzaakt. Tegenwoordig is dat algemeen bekend, maar destijds was het baanbrekend.

De humorale pathologie of viersappenleer heeft met de vier temperamenten te maken. Het temperament, onze persoonlijkheid of gemoedstoestand, wat de oorspronkelijke betekenis is, bepaalt volgens Hippocrates onze fundamentele manier van reageren. Ons temperament stuurt dus ons gedrag.

De gezondheid is goed wanneer bloed, gele gal, zwarte gal en slijm in balans zijn. Wanneer we overgeven, hoesten of zweten, probeert het lichaam een of meer van deze stoffen kwijt te raken.

Cholè komt uit het Grieks en betekent gele gal. De cholericus wordt dus gestuurd door de gele gal, of de lever. Vurig en temperamentvol jagen de cholerici de omgeving soms angst aan met

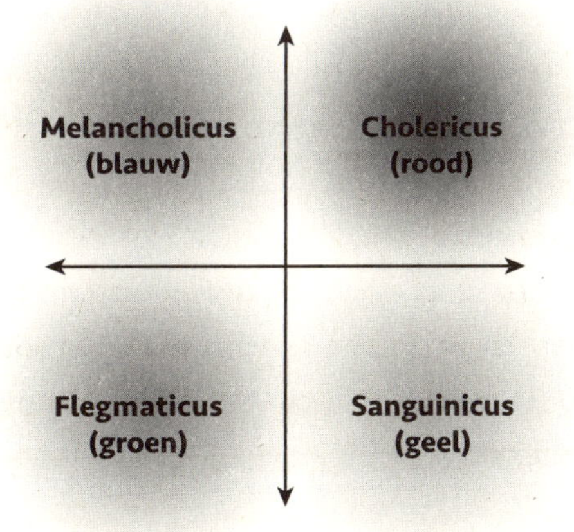

hun krachtige optreden. Cholericus kan worden vertaald met *de heetgebakerde.*

Sanguis is Latijn voor bloed. De sanguinicus wordt gestuurd door het bloed, door het hart. Creatief en zorgeloos verspreidt hij positieve vibraties om zich heen. Volbloedig en daarom op een luchtige manier optimistisch en opgewekt. Een synoniem voor sanguinicus is *optimist.*

De flegmatici worden beïnvloed door de hersenen. *Flegma* betekent niets anders dan slijm. Slijm is stroperig, wat het temperament van de flegmaticus symboliseert. Een flegmaticus is gewoon een traag bewegend persoon.

De melancholicus ten slotte had een teveel aan zwarte gal – het Griekse *melaina cholè* betekent zwarte gal, wat in de milt zit – en werd daardoor vaak als zwaarmoedig en somber beschouwd. Een gebruikelijk synoniem voor melancholicus is dan ook *pessimist.*

Tot zover de theorieën van Hippocrates.

Het natuurvolk dat met zijn kalender de hele wereld angst aanjoeg – de Azteken

De Azteken waren een natuurvolk dat van ongeveer 1300 tot begin zestiende eeuw in Centraal Mexico leefde. Indianen, die dicht bij de natuur leefden. Ze zijn onder andere bekend vanwege hun voorspelling dat de wereld in 2012 zou vergaan – omdat hun jaartelling daar leek te eindigen. (Toen dit niet gebeurde, werd de theorie gelanceerd dat ze gewoon te weinig grote rotsblokken hadden waarop ze de desbetreffende kalender konden graveren.)

Hoe dan ook, toen ze probeerden om de mensen in verschillende categorieën in te delen, maakten ze gebruik van iets wat ze goed kenden – de vier elementen: vuur, lucht, aarde en water. Tot op de dag van vandaag worden deze vier elementen gebruikt om verschillende gemoedstoestanden te beschrijven. Of de Azteken echt de eersten waren die dit deden is niet bekend. Maar *dat* ze het deden weten we, want dat kunnen we zien op andere grote rotsblokken die ze hebben nagelaten.

De vuurmensen waren precies zoals ze klinken: ontvlambaar, explosief, heetgebakerd. Krijgertypes die hun zwaard gebruikten om hun wil door te drijven. Leidersfiguren.

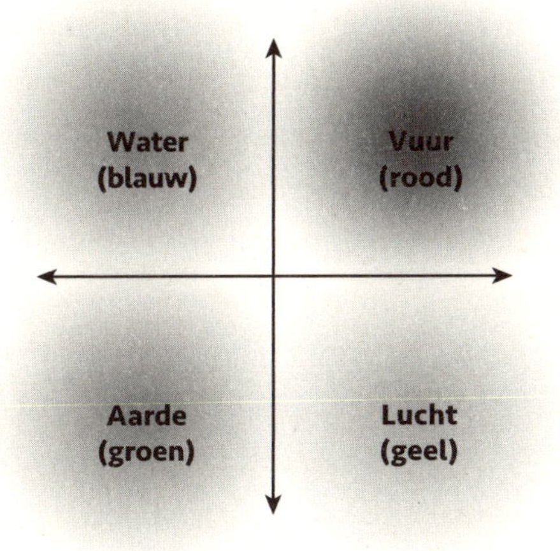

De luchtmensen waren anders. Zij waren ook doelbewust, maar beduidend luchthartiger. Raasden als een sterke wind en deden stof opwaaien.

De aardemensen werkten voor het dorp, voor het collectief. Zij stonden voor stabiliteit en zekerheid. Ze leefden om duurzame dingen te maken, om voor de toekomst te bouwen.

En de watermensen? De Azteken hadden ontzag voor het element water. Water kan alles op zijn weg vernietigen, maar het kan ook in een fles worden gegoten – als je maar weet hoe. Rustig en zelfbewust aanschouwden de watermensen wat er gebeurde.

Zoals je ziet, doet de indeling denken aan de theorieën van Hippocrates – alleen met andere namen voor dezelfde dingen.

William Moulton Marston – waarom de kleurentaal alleen voor mentaal gezonde mensen werkt

William Moulton Marston was de ontwerper van de systolische bloeddruktest waarmee hij bedrog wilde opsporen. Zijn uitvinding resulteerde later in de moderne leugendetector. Maar Marston schreef ook populairwetenschappelijke artikelen over psychologie. In 1928 publiceerde hij zijn werk *Emotions of Normal People*, waarin hij de verschillen in gedragspatronen van gezonde mensen onderzocht. Eerder had zowel Jung als Freud studies over mentaal instabiele mensen gepubliceerd, dus Marston was een soort pionier, die de grondbeginselen uitwerkte voor wat het DISC-model zou gaan heten. Het begrip 'DISC' werd een paar jaar later middels Walter Clarkes vectoranalyse geïntroduceerd. Het is, zoals je inmiddels hebt gezien, een model om verschillende soorten menselijke communicatie in categorieën onder te brengen. Zijn onderzoek heeft voor veel mensen tot een onuitputtelijke bron van waardevolle inzichten geleid als het gaat om het vermogen jezelf echt te begrijpen.

Marston had een manier gevonden om te laten zien hoe mensen van elkaar verschillen. Hij ontdekte een aantal significante verschillen waarop het model in dit boek is gebaseerd. Tegenwoordig worden de volgende uitdrukkingen gebruikt:

- dominant wijst op activiteit in een vijandig milieu
- inspirerend wijst op activiteit in een gunstig milieu
- stabiel wijst op passiviteit in een gunstig milieu
- correct wijst op passiviteit in een vijandig milieu

Tegenwoordig wordt wereldwijd gesproken over DISC-profielen. Die zijn gebaseerd op de vier beginletters van het model. Marston gebruikte het Engelse woord '*compliance*', wat meegaandheid, flexibiliteit betekent. In dit boek gebruik ik de term 'correct', omdat dat een betere omschrijving is voor dit type analyserende individuen.

De *dominante* karaktertrek bij een bepaald individu laat zien hoe hij problemen benadert en met uitdagingen omgaat. Maar dat is ook het enige wat kan worden gemeten. *Inspirerend* betekent dat een persoon het leuk vindt om anderen te inspireren. Iemand met deze karaktertrek wil voortdurend andere mensen overtuigen. Vereenvoudigd zou je kunnen zeggen dat dominantie gericht is op handeling en inspiratie op wisselwerking.

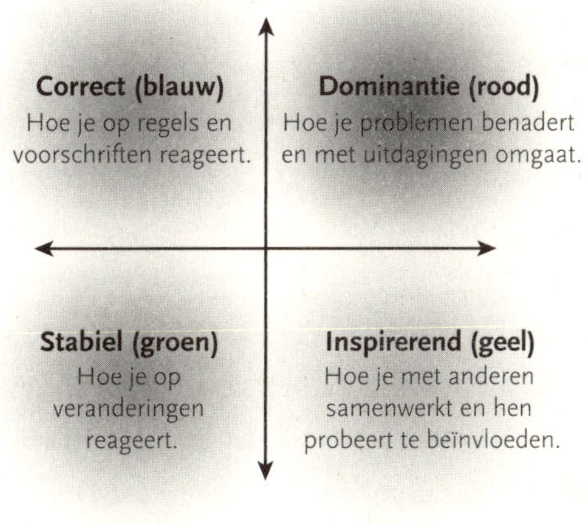

Bovenstaande figuur laat zien wat de verschillende factoren eigenlijk meten.

® IPU INSTITUUT VOOR PERSOONLIJKE ONTWIKKELING

De mate van *stabiliteit* wordt hoofdzakelijk bepaald door hoe ontvankelijk iemand is voor veranderingen. Een hoge behoefte aan stabiliteit betekent een lage hang naar veranderingen en omgekeerd. Dit leidt uiteraard tot een aantal specifieke gedragspatronen. Bijvoorbeeld dat vroeger alles beter was.

Correct laat ten slotte zien in hoeverre iemand zich aan regels en bepalingen wil houden. Ook dat levert namelijk bepaalde eigenschappen op die met elkaar samenhangen. Dit zijn mensen die niet accepteren dat er van alles misgaat. Kwaliteit is belangrijk.

Zoals je ongetwijfeld hebt gezien hebben ze allemaal dezelfde kleuren, of het nu om moderne psychologie of indianen in Latijns-Amerika gaat. De kleuren zijn niet het belangrijkste, ze zijn slechts een middel om het systeem makkelijker te begrijpen. Als consultant geef ik al meer dan twintig jaar cursussen over dit onderwerp en ik heb gemerkt dat de kleuren het leerproces echt vergemakkelijken.

Marston staakte zijn onderzoek ergens in de jaren dertig. Het schijnt dat hij door andere zaken in beslag werd genomen. Vele anderen hebben zijn onderzoek toegepast en een instrument ontwikkeld dat volgens de laatste gegevens de afgelopen vijfendertig jaar door zo'n vijftig miljoen mensen is gebruikt. Zo heeft de Amerikaan Bill Bonnstetter een onschatbare bijdrage geleverd aan de ontwikkeling van betrouwbare instrumenten als hulpmiddel om het hele systeem te analyseren. Sune Gellberg, oprichter van het IPU, het Instituut voor Persoonlijke Ontwikkeling, bracht het instrument naar Zweden. Sindsdien is het een toonaangevend analyse-instrument met talloze toepassingsgebieden.

Als je meer wilt weten over het werk van het IPU, en misschien zelf een licentie wilt nemen op dit instrument, kijk dan op www.ipu-profilanalys.se.

Maar houd het volgende in gedachten: in theorie is er geen verschil tussen theorie en praktijk. Maar in de praktijk is dat er wel degelijk.

Ik heb de vier hoofdeigenschappen die Marston onderscheidde beschreven, maar vergeet niet dat de meeste mensen een combinatie van meerdere kleuren zijn.

HOOFDSTUK 19

STEMMEN UIT DE WERKELIJKHEID

Omringd door idioten verscheen in 2014 in Zweden. De reden dat ik het boek schreef, is dat ik jarenlang in verschillende situaties, tijdens trainingen, lezingen et cetera de vraag kreeg: waar kan ik hier meer over lezen? Mijn antwoord was altijd dat dat niet kon. Vervolgens heb ik dit boek geschreven en inmiddels heb ook jij het gelezen.

Als schrijver wil je altijd weten wat de mensen van je werk vinden. Omdat ik ook fictie schrijf, weet ik dat de waarheid pijn kan doen, maar tegelijk houd ik van uitdagingen. Daarom heb ik vier personen met heel verschillende profielen geïnterviewd en hun mening gevraagd, niet alleen over het systeem zelf, maar ook hoe ze naar hun dagelijkse leven kijken – uitgaand van hun kleur. Kijk vooral hoe ze op de vragen antwoorden – niet alleen naar wat ze zeggen. Ik denk dat het leerzaam kan zijn.

Helena, bestuursvoorzitter van een particuliere onderneming met ongeveer vijftig werknemers. Vooral rood, geen groen of blauw. Een spatje geel.

Wat vind je van dit instrument? De DISC-taal?
Het lijkt me een effectieve manier om misverstanden te voorkomen. Ik snapte al snel waar het om draaide, en ik vind dat het boek best korter had gekund – de helft minder misschien. Zelf zou ik de tekst veel meer hebben gecomprimeerd. Ik houd niet van herhalingen. Maar het is zeker bruikbaar. Vorig jaar heb ik het mijn werknemers als kerstcadeau gegeven met het advies het te lezen. En bijna iedereen heeft dat gedaan.

Wat neem je vooral mee in de vorm van praktische kennis?
Dat ik niet langer als een kat om de hete brij heen hoef te draaien. Mijn personeel weet nu dat ik helemaal geen gemene despoot ben, ik ben gewoon rood. Ze begrijpen dat ik niet boos ben, alleen maar doelbewust. Het interessantst vond ik om over het blauwe gedrag te lezen. Ik had er nooit bij stilgestaan dat ze heel anders naar de dingen kijken dan ik. En dat het proces zelf zo belangrijk voor ze is. Daarom hebben ze altijd zoveel tijd nodig.

Nog iets anders?
Nee. Of toch, de gele mensen. Ik heb in de loop van de jaren veel over ze nagedacht. Hun eeuwige gepraat. Ik heb een aantal kennissen die zo zijn. Ze kletsen aan één stuk door, maar inhoudelijk stelt het niet veel voor. Neem nou mijn buurman. Maakt altijd plannen, maar er komt nooit iets van terecht. Mij stoort het niet, maar ik denk dat zijn vrouw er helemaal gek van wordt. En in mijn bedrijf zie ik duidelijk dat ze te weinig voor elkaar krijgen, de gelen. Maar dat is geen probleem, ik draai gewoon de duimschroeven wat harder aan en eis prestaties. Ik kan ermee leven dat ze dat niet altijd even leuk vinden. Ik ben er niet voor de gezelligheid.

Wat zijn jouw ervaringen met groen gedrag?
Ja, daar vraag je me wat. (Hier neemt Helena een lange pauze, kijkt naar buiten.) Die zijn natuurlijk ook nodig. Loyaal en plichtsgetrouw. Maar om je de waarheid te zeggen… ik had nooit verwacht dat ze achter mijn rug om over me zouden praten. Maar dat doen ze dus wel. Ze kunnen heel goed geruchten verspreiden, heb ik gemerkt. Een piepkleine verandering is goed voor de wildste verhalen in de kantine. Speculaties over van alles en nog wat. Meestal klopt er niets van en zijn de geruchten nergens op gebaseerd. Het zou natuurlijk veel eenvoudiger zijn als ze direct naar mij komen met hun vragen, toch? Ik bedoel maar, hoe moeilijk kan het zijn om naar het kantoor van je baas te gaan en te vragen wat je wilt weten? Ze weten dat ik altijd eerlijk zal antwoorden, daarom frustreert dat achterbakse gedoe me behoorlijk. Ik weet niet hoe vaak ik heb gezegd dat we alles tegen elkaar moeten kunnen zeggen. Maar is er ook iemand die dat doet?

Waarom geven ze volgens jou geen gehoor aan jouw oproep om te zeggen wat ze ervan vinden?
Ik denk dat ze bang zijn dat ik boos word. Ik heb er eigenlijk nooit bij stilgestaan. Dat ze denken dat ik boos ben omdat ik soms mijn stem verhef of ze fel aankijk, maar daarmee wil ik alleen benadrukken dat wat ik zeg belangrijk is. (Pauze.) Zelf stoort het me niet als de gemoederen tijdens een gesprek verhit raken, veel willen is helemaal niet hetzelfde als boos zijn. Maar ik vond het verrassend om te lezen dat mensen terugkrabbelen voor iemand die sterker is. Al begrijp ik niet dat volwassen mensen dat doen. Dat wordt in het boek niet behandeld.

Jij vindt het onvolwassen gedrag – niet zeggen wat je ergens van vindt?
Onvolwassen, onvolwassen. Ik zou het eerder oneerlijk noemen. Ongeveer als een kind dat niet toegeeft dat hij met zijn vingers in de zak chips heeft gezeten terwijl dat niet mocht. Ik zie dat hij het heeft gedaan – waarom zou hij ontkennen? Dat is eigenlijk wat ik niet begrijp. Geef je fout toe! Zo moeilijk is dat toch niet? Geef toe wat je al dan niet hebt gedaan, dan kunnen we weer verder. Maar dat wegduiken… dat maakt me helemaal gek.

Oké. Laten we naar de andere kleuren kijken. Je zei dat je de minste moeite hebt met blauwe personen. En dat het met de gele redelijk gaat. Maar hoe zit het met andere rode personen? Met mensen die hetzelfde profiel hebben als jij?
Meestal geen probleem. Volgens mij doen we wat we moeten doen. Het bestuur van het bedrijf bestaat, naast mijzelf, uit vijf personen. Ik zou zeggen dat drie van hen rood zijn. Nee, wacht even. Twee rode en een rood-gele. En een is blauw – de controller. En de laatste is… moeilijk te zeggen. Hij is visionair, maar tegelijk erg detailgericht. Kun je geel-blauw zijn?

Ja. Dat is een vrij gewone combinatie. Maar dus geen groene in het bestuur?
(Glimlacht.) Nee.

Hoe werkt jouw rode gedrag over het algemeen, vind je?
Tja, voordat ik het boek had gelezen en een eigen profiel had gemaakt, dacht ik er niet zoveel over na. Had er eigenlijk nooit bij stilgestaan. Maar hoe meer ik erover las, hoe meer ik me realiseerde dat ik een deel van de problemen in mijn beroepsleven zelf heb veroorzaakt. Dat ik niet te horen krijg wat mensen van bepaalde

dingen vinden is daar een voorbeeld van. Het is nooit bij me opgekomen dat mensen bang kunnen zijn voor mijn gedrag. En ik ben natuurlijk in turbulente situaties beland door overijlde en ondoordachte besluiten, maar dat is alleen omdat ik zoveel wil. Natuurlijk begrijp ik dat ik over bepaalde zaken moet nadenken voordat ik een beslissing neem, maar soms gaat het vanzelf. Ik krijg een idee, en hup! Voor de lunch is het al verwezenlijkt.

Welke gevolgen kunnen ondoordachte besluiten hebben? Kun je daar voorbeelden van geven?
Meer dan genoeg. (Lacht.) Ik nam een keer een opdracht aan zonder te kijken wat de vergoeding was. Bleek dat ik zestig uur per week moest werken, maar dat ik niets extra's voor de overuren kreeg. En ik heb ooit iemand aangenomen die volstrekt waardeloos bleek. Ik had niet om referenties gevraagd, nam gewoon aan dat hij wist waar hij het over had. Hij bleek helemaal niets van de branche of het product te weten. Een vreemde vogel. Die ons ook flink wat geld heeft gekost, want het duurde even voordat we van hem af waren. Veel geld. Miljoenen.

Dat klinkt niet goed. Hoe gaat het buiten je werk? Hoe ga je met persoonlijke relaties om?
Daar denk ik nog minder na. Maar het is wel grappig. Ik liet het boek aan mijn man zien en vroeg hem het te lezen. Dat deed hij natuurlijk niet, het was waarschijnlijk te veel in één keer, maar ik markeerde bepaalde passages en zei dat hij die móést lezen.

Rood gedrag?
Rood gedrag. En hij heeft stukken uit het boek gelezen. Herkende zijn vrouw waarschijnlijk. Lachte af en toe, maar nu ik erover nadenk, zei hij eigenlijk niet zoveel.

Zei hij nog iets naar aanleiding van groen gedrag?
Nee.

Hoe functioneren jullie samen? Als een team?
Hoe functioneren wij samen? (Lacht luid.) Ik zeg wat er moet gebeuren en hij mag het doen. Voordat hij klaar is, bedenk ik iets nieuws en laat hem dat doen. Vervolgens word ik boos omdat hij de dingen niet afmaakt. Maar hij heeft zijn hele leven nog nooit iets afgemaakt. We lachen erom. Dat ik wanorde schep, maar hem de schuld geef. Hij heeft het vast niet makkelijk.

Ik begrijp het. Wat zijn met het oog op je rode gedrag voor jou de grootste uitdagingen?
Het irriteert me mateloos dat sommige mensen zo allemachtig veel tijd nodig hebben om een eenvoudige beslissing te nemen. Ik weet dat ik snel ben, maar sommige mensen zijn onbegrijpelijk traag. Thuis of op het werk, dat maakt niet uit. Een voorbeeld: mijn man en ik wilden een oude leesstoel kopen. Omdat ik zoveel werk, spraken we af dat mijn man… (Hier fronst Helena haar wenkbrauwen en langzaam verschijnt er een glimlach op haar gezicht.) *Ik* sprak af dat hij moest rondkijken en informeren. Internet, veilinghuizen, tweedehandswinkels enzovoort. Maar er gebeurde niets! Twee dagen later vroeg ik hoe het ging, maar hij had nog helemaal niets gedaan! Toen ik de volgende dag tijdens de lunchpauze op de wc zat, vond ik vijf adressen, die ik hem toestuurde. En toen ik vijf uur later thuiskwam, had hij er nog niets mee gedaan! Ik kreeg een uitbarsting en hij sloot zich op in de kelder.

Een goed voorbeeld. Hoe lang zijn jullie getrouwd?
Veertien jaar. We hebben elkaar bij toeval ontmoet. Ik zeg vaak dat ik hem leuk vond omdat hij zijn mond kon houden op mo-

menten dat dat nodig was, en dat doet hij nog steeds. Maar soms wou ik dat hij wat meer initiatief toonde. Wat hij in mij zag, heb ik eigenlijk nooit gevraagd.

Maar hoe lossen jullie jullie conflicten op als hij groen is en jij rood?
Wat heet oplossen? We hebben eigenlijk helemaal niet veel conflicten, vind ik. Meestal ben ik degene die boos word als er iets is, maar anderzijds kan hij vrij lang blijven mokken.

Wat bedoel je met mokken?
Hij kan dagen het hoofd laten hangen en rondlopen met een gezicht alsof alle ellende in de wereld op zijn schouders terecht is gekomen. Normaal besteed ik er geen aandacht aan, hij draait wel weer bij. Maar soms ben ik zijn trieste gezicht zat en vraag wat er aan de hand is. Ik confronteer hem als het ware.

(Pauze.)

Wat gebeurt er dan?
Wat er dan gebeurt? Tja… hij zegt dat er eigenlijk geen probleem is. Dat alles top is. Maar dat is het natuurlijk niet. Ik kan altijd vrij makkelijk aan zijn gezicht zien hoe hij zich voelt. Als hem iets dwarszit, is dat van mijlenver te zien. Het probleem is dat hij weigert toe te geven dat hij boos is. Meestal om iets wat ik heb gedaan. Of gezegd. Het probleem is dat ik niets onthoud. Ik moet raden. En dat is volstrekt onmogelijk. Vaak gaat het om een onbenullige opmerking die ik terloops heb gemaakt en die ik meteen weer vergeten ben. En als ik het niet goed raad, wordt hij nog chagrijniger. Het kan weken duren. Ik snap eigenlijk niet hoe hij het volhoudt.

Maar hoe gaan jullie verder als jullie er niet uit komen? Of vind je het vervelend dat ik dat vraag?
We vegen het onder het tapijt. Dat wil zeggen, ik vergeet alles, omdat ik het nooit als een conflict zag, en mijn man slaat 'het conflict' op in een soort privéarchief dat alleen hij kent. Het moet daar inmiddels behoorlijk vol zijn.

(Helena denkt even na.) Weet je, ik heb altijd op mijn kop gekregen omdat ik mijn mening gaf, omdat ik mijn eigen weg ging. Ik hoorde nooit echt ergens bij. Haalde als kind al kattenkwaad uit, nam risico's. Nu ik ouder ben, ben ik blij dat ik risico's neem, want het heeft me ergens gebracht. Maar het heeft me natuurlijk ook op de proef gesteld.

Wat heeft het je opgeleverd dat je meer risico's durft te nemen dan veel andere mensen, denk je?
Alleen maar prakkiseren leidt nergens toe. Het maakt niet uit hoe groot je plannen zijn als je ze niet ten uitvoer brengt. Soms wist ik niet waar ik naartoe ging, maar dat heeft me nooit tegengehouden. Ik heb talloze tegenslagen gehad, ben failliet gegaan en weggepromoveerd en dat soort dingen. Allemaal niet leuk, maar als je iets wilt bereiken, dan hoort het erbij. Succes wordt volgens mij niet bepaald door hoeveel je weet of kunt, maar door wat je doet. En daar ben ik altijd goed in geweest. Dingen doen.

Welk advies heb je voor mensen die met jou te maken hebben? Waar moeten ze aan denken?
(Pauze.) Dat ze zich niet moeten laten afschrikken als ik soms een beetje te fel ben. Dat ze niet moeten terugkrabbelen omdat ik zoveel lawaai maak. Dat ik niet boos ben als ik… doordram. Maar ook dat ze best wat sneller op gang mogen komen. Mijn man en ik hebben het er vaak over dat we de dingen zo verschillend zeggen. Terwijl hij

eerst tien minuten lang de achtergrond schetst en dan pas ter zake komt, vertel ik meteen waar het om gaat. Misschien met een beetje achtergrond, maar waarschijnlijk niet. Mensen moeten bedenken dat je heel goed kunt werken zonder voortdurend te praten. Besteed energie aan de opdracht en niet aan allerlei andere dingen. In onze vrije tijd kunnen we gezellig met elkaar babbelen.

Håkan, verkoopt reclamezendtijd van een grote commerciële televisiezender. Vooral geel met een spatje groen. Geen blauw of rood.

Wat vind je van dit instrument? De DISC-taal?
Echt super! Een geweldig instrument dat ik iedereen kan aanraden. Ik herkende mezelf ook echt in het rapport! Ik begrijp niet dat je met slechts vierentwintig vragen zo precies kunt vertellen hoe ik functioneer. Superheftig. Ik heb het rapport aan al mijn kennissen laten zien en we hebben er hard om gelachen. Van het boek heb ik grote stukken gelezen, vooral over geel. Ik ben het niet overal mee eens, maar wel met het meeste.

Waar ben je het het meest mee eens wat het gele gedrag betreft?
Dat gele mensen zo creatief en vindingrijk zijn. Dat hoor ik heel vaak. Dat ik zo goed ben in het oplossen van gecompliceerde problemen omdat ik op een andere manier naar de oplossing kijk.

Wat bedoel je met een andere manier?
Einstein heeft ooit gezegd dat je een probleem niet kunt oplossen met de denkwijze die het heeft veroorzaakt. Zoiets. En ik denk er precies zo over. Daarom kijk ik altijd met een nieuwe, frisse blik naar een probleem. Als mijn klanten ergens tevreden over zijn, is het dat wel – dat ik op dat gebied zo creatief ben. En ik weet men-

sen voor me te winnen. Het kost me helemaal geen moeite mensen te boeien, ik ben een soort natuurtalent. Ik ken heel veel mensen, dat is altijd zo geweest. En ik kan goed voor groepen praten. Op school was ik al voorzitter van de leerlingenraad, toen sprak ik vaak voor de hele school.

Voor de hele school?
Ja, voor alle leerlingen. Nou ja, misschien niet allemaal. Vooral mijn jaar. De derde klas van de middelbare school. Maar de sfeer was altijd goed en iedereen vond het leuk. En zo is het nog steeds. Ik word meestal tot woordvoerder gekozen, bij heel uiteenlopende gelegenheden.

Kun je voorbeelden geven?
O ja. Op cursussen bijvoorbeeld. Teamwerk. Ik moet altijd verslag uitbrengen. En dat gaat prima. Ik ben goed in het overbrengen van de boodschap. Klantenbezoeken. Als we met een aantal collega's zijn, voer ik het woord.

Wat vinden de anderen daarvan?
Geen probleem. Ze vinden het alleen maar fijn dat ze zelf niets hoeven te zeggen. Niet iedereen praat even makkelijk, zoals je vast wel weet. Ben jij niet psycholoog? Ik ken een vrouw die psycholoog is. Werkt in een gevangenis, lijkt me heel interessant. Ze vertelt vaak dat veel gevangenen absoluut niet lekker in hun vel zitten. Lijkt me logisch. Ik zou het niet kunnen, opgesloten zitten. Echt vreselijk.

Ik ben geen psycholoog maar gedragsdeskundige.
Er stond iets in het rapport wat ik niet snapte, over ontwikkelingsgebieden.

Waar denk je aan?
Er staat dat ik snel besluiten neem, en dat klopt inderdaad. Maar ik ben het er niet mee eens dat die gebaseerd zouden zijn op onvoldoende analyse. Ik ben juist heel analytisch aangelegd. Ik doe bijvoorbeeld altijd grondig research. Verzamel heel veel feiten voordat ik een besluit neem. Dus op dat punt klopt het rapport helemaal niet.

Ik begrijp het. Is er nog meer wat niet klopt?
Dat ik te veel woorden zou gebruiken als ik kritiek lever. Dat is niet waar. Ik ben juist heel bondig en zo. Omdat ik weet hoe je de taal moet gebruiken, herken ik me niet in die waarneming. En slechte feitencontrole. Gaat vooral op zijn gevoel af. Dat is helemaal geen slechte eigenschap maar juist een goede.

Om meer op je gevoel af te gaan dan op feiten?
Precies. Mensen zijn tenslotte gevoelswezens. Natuurlijk maken we meer gebruik van ons gevoel. Vooral ik. Daar ben ik echt goed in. Om mijn intuïtie op de juiste manier te gebruiken. Niet iedereen kan dat, zo is het gewoon.

Jij zegt het. Denk je dat je kunt leren je intuïtie te gebruiken?
Nee. Je wordt ermee geboren. Of je hebt het, zoals ik, of je hebt het niet. En dan is het met je gedaan.

Als mensen hun intuïtie niet goed kunnen gebruiken, is het met ze gedaan?
Nee, zo bedoelde ik het niet.

Je zei dat het met ze gedaan was als ze hun intuïtie niet konden gebruiken.
Oké, ik overdreef misschien. Maar geef toe dat het belangrijk is!

Maar moet je dan nooit je gevoelens in toom houden en juist je logica gebruiken?
Natuurlijk wel. Het is heel belangrijk om logisch en rationeel te denken. Dat zeg ik ook altijd. Je moet kijken wat werkt, en dat kun je leren. Ik denk dat het makkelijker is voor mensen zoals ik, die al een poos meedraaien. Ik ben al jaren verkoper. Ik kan het verschil zien. Ik weet op welke feiten je moet letten.

Sorry, maar nu kan ik je niet volgen. Zonet zei je toch dat het alleen om intuïtie ging? Hoe zit het nu eigenlijk?
Je verdraait mijn woorden. Ik heb nooit gezegd dat mensen geen gebruik zouden moeten maken van logica. (Hier slaat Håkan zijn armen over elkaar en drukt zijn kaken dicht.) Wat ik zeg, is dat je op je intuïtie af moet gaan. (Pauze.) En op feiten.

Genoeg hierover. Wat heb je na het lezen van het boek vooral meegenomen in de vorm van praktische kennis?
Dat blauwe personen verdomd vervelend zijn. Maar dat wist ik eigenlijk al. Ik wist alleen niet dat ze blauw waren. Maar die anaal gefixeerde kommaneukers… Ik kan me een project herinneren, niks ingewikkelds eigenlijk, we hadden het vaker gedaan. Een speciale manier om een volstrekt nieuw productgebied te verkopen. Eigenlijk konden we meteen aan de slag, maar we hadden een paar blauwe gasten in het team. Ze waren bekwaam, goed geïnformeerd en zo, maar ze bleven zich maar voorbereiden. Ze planden, maakten lijsten en berekeningen, zochten naar details. Het duurde heel lang voordat we echt konden beginnen.

Misschien gebruikten ze hun intuïtie niet goed?
Hoe bedoel je?

Je vindt het dus moeilijk om met blauwe personen samen te werken?
Ze kunnen mijn tempo niet bijhouden, dat is alles.

Heb je het idee dat je in de privésfeer iets aan het systeem hebt gehad?
Nee. Ik ben zoals ik altijd ben. Dat werkt prima. Ik heb een heleboel vrienden. De feesten bij mij thuis zijn legendarisch. De buren hebben het er maanden later nog steeds over.

Je nodigt je buren dus ook uit? Wat gezellig.
Welnee, ben je gek. Dat zijn supersaaie mensen.

Maar waar hebben ze het dan over? Als ze niet op het feest waren?
(Pauze.) Ja, daar zeg je me wat. Ha, ha!

Welk advies heb je voor mensen die met jou te maken hebben? Waar moeten ze aan denken?
Die met mij te maken hebben?

Ja, ik bedoel, hoe moeten mensen in jouw omgeving optreden?
Dat zal ik je vertellen. Laat ze een beetje ontspannen. Laat ze het leven niet zo vreselijk serieus nemen. Ik bedoel, je leeft tenslotte maar één keer. Daar zouden mensen wat vaker aan moeten denken. Dat we onszelf ook een pleziertje moeten gunnen. En staar je niet aldoor blind op details. Ga verder. Blijf niet overal in steken. Dat doe ik ook niet. Ik vind dat je lol moet maken.

Goed, zo denk jij erover. Maar welk advies heb je voor mensen die jóú tegenkomen? Hoe wil je worden bejegend?
Met een glimlach. Je komt heel ver met een glimlach.

En op je werk? Hoe wil je daar worden bejegend?
Dat zei ik al. Met een glimlach. De rest komt vanzelf wel.

(Pauze.) Oké. Er bestaan geen perfecte mensen. We hebben allemaal onze fouten en gebreken en het is niet altijd even leuk om daarover te praten. Wat zijn jouw zwakke punten, denk je?
Weet je, zo denk ik eigenlijk helemaal niet. Ik probeer altijd te focussen op dingen die positief zijn, en ik benadruk en versterk de dingen die werken. Als iedereen alleen maar bezig is met dingen die niet werken, zou er niet veel van de grond komen, toch?

Dat klinkt logisch, maar heeft niet elk gedrag ook zijn zwakke kanten? Die verdwijnen toch niet door er niet over te praten?
Zo bedoel ik het niet. Wat ik bedoel is dat je je niet op negatieve dingen moet focussen. Benadruk wat positief is, meer op die manier. Er zijn al genoeg sombermannen op de wereld. Neem nou het groene gedrag. Maakt zich overal zorgen om, ziet echt overal gevaar. Ik bedoel, je kunt toch niet constant bang zijn? Dat werkt niet. Ik heb een buurman die overal bang voor is. Vooral als het nieuwe dingen betreft, dingen waar ik goed in ben. Soms denk ik dat hij bang is voor zijn eigen schaduw. Of blauw gedrag. De risicojagers! Voor hen is alles een risico. Zelfs als ze weten wat het resultaat zal zijn, blijven ze gefocust op de risico's. Dat is voor mij echt volstrekt onbegrijpelijk.

Wat je zegt is helemaal waar. Groene mensen zijn niet geneigd dingen te veranderen, blauwe mensen lopen vast in risicoanalyses. Zie je zwakheden bij het rode gedrag?
Hun onbeschaamdheid. Dat is het eerste wat bij me opkomt. Ze zijn vaak behoorlijk onaardig. Natuurlijk zijn ze ook resultaatgericht en zo, maar er is geen reden om onbeleefd te zijn. Soms zijn ze erg kortaangebonden. Je stuurt een lang en gezellig sms'je en ze antwoorden alleen met *Oké*. Het kost helemaal niet veel tijd om er nog een paar woorden aan toe te voegen, het kost helemaal niets, en het maakt de mensen positiever. Ik denk er altijd heel goed over na hoe ik me uitdruk.

Je hebt dus zwakke punten bij de roden, de groenen en de blauwen geanalyseerd. Zijn er volgens jou ontwikkelingsgebieden in het gele gedrag?
Jaaa… dat met zelfinzicht. Zonder zelfinzicht gaat het weleens mis. (Pauze.)

Denk je aan iets speciaals?
Ja, als de persoon in kwestie een slechte luisteraar is, maar dat zelf niet weet, dan kan het gesprek een heel vreemde focus krijgen. Maar soms kun je gewoon niet luisteren. Ik merk vrij vaak dat ik de leiding moet nemen tijdens een bespreking, anders gebeurt er niets. Met mijn enorme drive heeft dat meestal een geweldig resultaat.

Oké, dus sommige gele mensen zouden moeten leren beter te luisteren. Hoe zit het met jou? Heb jij zwakke kanten?
(Hier ontstaat een heel lange pauze.)
Ik kan er zo een-twee-drie geen bedenken.

Elisabeth is groen met blauwe trekjes. In haar aangepaste gedrag komt een beetje geel voor, maar helemaal geen rood. Ze werkt in een provinciaal ziekenhuis.

Wat vind je van dit instrument? De DISC-taal?
Ik vond het leuk om aan deze test mee te doen. Ik wist al het een en ander over hoe ik ben, maar dat is nu allemaal nog duidelijker geworden. Nu weet ik dat rode mensen mij eigenwijs en te voorzichtig vinden. Maar ik wil dat we het eens zijn. Samenwerken is belangrijk voor mij. Dat zou voor iedereen moeten gelden.

Wat neem je mee uit het boek Omringd door idioten*?*
Het boek was een verjaardagscadeau van mijn zoon. Hij is heel lief, neemt altijd iets mee, ook als ik zeg dat ik geen cadeautjes wil. Hij is werkloos en heeft het niet zo breed, maar hij is zorgzaam, Filip. Het duurde vrij lang voordat ik er echt in kwam, het kostte me ook enige moeite, vooral omdat er steeds iets tussen kwam. Maar toen ik er eenmaal goed in zat, was het leuk om te lezen. De voorbeelden waren ook grappig. Ik heb trouwens de fictieboeken van de schrijver ook gelezen. Heel spannend, maar best eng. Ik heb mijn man voorgelezen over zijn kleuren, daar moesten we hartelijk om lachen.

Welke kleuren heeft hij volgens jou?
O, hij is geel. En blauw. Tegelijk. Kan dat?

Ja. Dat kan heel goed. Wat was er zo grappig?
Nou, dat hij een tijdsoptimist is. Hij denkt altijd dat hij tijd genoeg heeft om van alles te doen. En dan zijn we te laat als we ergens naartoe moeten. Hij gaat drie minuten voordat de gasten komen nog even douchen. Dat soort dingen. Maar dat was een van de

redenen waarom ik dertig jaar geleden op hem viel. Het geeft ook niet. Hij is een goede man, mijn Tommy.

Wat neem je mee in de vorm van praktische kennis?
Dat ik goed bij groene mensen pas en dat komt mooi uit, want we zijn met zovelen! Ik vond het leuk om te lezen dat we altijd goed voor elkaar zorgen. Dat is belangrijk. Dat moet je gewoon doen. De ontwikkeling gaat helaas een andere kant op, iedereen lijkt alleen maar egoïstischer te worden, maar ik denk wel dat het tij ooit zal keren. Ik las het een en ander over geel, mijn man, en over blauw, mijn zus. Zij is nogal fantasieloos en stijf en ze toont weinig interesse.

Weinig interesse in wat?
In ons, eigenlijk. Ze vraagt nooit hoe het gaat, belt amper als we jarig zijn.

Belt amper? Betekent dat dat ze je niet belt op je verjaardag?
Jawel, ze belt wel. Maar het voelt alsof ze het doet omdat het moet, niet omdat ze me echt wil spreken. En ze kan behoorlijk kritisch zijn. Tommy heeft een paar jaar geleden een nieuwe keuken geplaatst. En het eerste wat Eivor – dat is mijn zus – deed toen ze kwam, was negatieve kritiek leveren.

Op welke manier deed ze dat?
Een van de eerste dingen die ze zei, was dat een deurtje scheef hing.

En was dat niet zo?
Jawel, het deurtje hing inderdaad scheef. Maar waarom moest ze daarop wijzen? Is Tommy weken bezig geweest met de keuken, begint zij meteen alles af te kraken.

Ze leverde dus nog meer negatief commentaar?
(Elisabeth schudt haar hoofd.)

Wat kun je over rode personen zeggen?
Ja... op hun manier zijn ze wel goed.
(Pauze.)

Waar denk je aan?
Ze zijn natuurlijk enorm effectief. Krijgen veel gedaan en zo. En snel zijn ze ook. Soms wou ik dat ik daar een beetje meer van had, maar dat heb ik niet. Ik ben zoals ik ben.

Maar je denkt dat het goed kan zijn om – soms – een beetje rood te zijn?
Zeker. Maar je bent zoals je bent. En ze zijn natuurlijk behoorlijk... hard.

Op welke manier zijn ze hard?
Nou, ongevoelig in bepaalde situaties. Ons afdelingshoofd is nogal rood. Hij flapt er van alles uit. En de chirurgen zijn echt verschrikkelijk. Die willen altijd bazen.

Welk effect heeft dat op jou?
Al die conflicten zijn vervelend. Ik weet dat je ze niet helemaal kunt voorkomen, maar het is lastig en vermoeiend als iedereen het constant oneens is.

Dus iedereen is het constant oneens?
Misschien niet iedereen. En natuurlijk ook niet de hele tijd. Maar het werkt niet. De communicatie werkt niet. De sfeer is slecht en de leiding luistert niet. Veel mensen zitten niet goed in hun vel. Ik ben vorig jaar zelf met ziekteverlof geweest.

Heb je dit met je leidinggevende besproken?
Vijf jaar geleden. Het heeft weinig uitgehaald. Het ging een tijdje goed, maar algauw was alles weer bij het oude.

Oké. Hoe gaat het nu met je?
Redelijk. Ik werk in een fijn team en dat is belangrijk. We vormen een front om het zo maar te zeggen. Veel mensen werken daar al heel lang. Willen nergens anders heen.

Wat denk je van je eigen kleur? Hoe is het om groen te zijn tussen de andere kleuren?
Het gaat om de roden. Die vinden ons groenen niet aardig, hoewel we veruit in de meerderheid zijn. Ze klagen over ons, ik heb het zelf gehoord. Ze roddelen en zeggen nare dingen over ons.

Maar wat bedoel je daarmee? Kun je concrete voorbeelden geven?
Tja, een concreet voorbeeld... Sommige dingen hoeven niet te worden uitgesproken. Die weet je gewoon. Je voelt het als iemand boos is. Het hangt in de lucht.

Je zei dat je leidinggevende rood is?
Niet mijn directe leidinggevende, maar het afdelingshoofd. Knalrood.

Hoe weet je dat?
Dat is gewoon zo. Overduidelijk. Loopt snel, praat snel. Heel veeleisend. Doelbewust natuurlijk. Hij heeft een harde hand. En hij heeft inkrimpingen en bezuinigingen doorgevoerd.

Als je inkrimpingen en bezuinigingen doorvoert, heb je dus een harde hand?
Dat moet wel.

Hoe gaat het tussen jou en deze baas?
Geen idee. Ik heb nooit rechtstreeks met hem gesproken. Maar ik weet het gewoon.

Je weet het gewoon?
Ik heb het van anderen gehoord die op het matje werden geroepen.

Wat hadden ze dan gedaan?
Sommigen hebben vreselijk veel kritiek gekregen omdat ze te laat op het werk kwamen. Moesten meteen naar het afdelingshoofd. Maar ik niet. Ik let altijd goed op de tijd.

Dus iemand die zich niet aan de werktijden hield, kreeg kritiek?
Werd de huid vol gescholden, kun je beter zeggen.

Hoe klonk het dan?
Ik stond niet aan de deur te luisteren, maar hij had gezegd dat het zo niet kon.

Vind jij het oké om te laat op je werk te komen?
Nee, dat is niet oké.

Maar is het niet de verantwoordelijkheid van de baas om er iets van te zeggen als zoiets gebeurt?
Ik neem aan van wel. Maar het ligt eraan hoe je het zegt.

Schreeuwde hij?
Nee, maar hij zei dat dit zo niet kon en als ze nog een keer te laat kwam, zou ze een waarschuwing krijgen.

Hoe vaak was ze te laat op haar werk gekomen?
O, ze is nooit op tijd.

Oké. Waar moeten anderen aan denken als ze jou in het dagelijks leven tegenkomen?
Hoe wil je bejegend worden?
Het zou goed zijn als mensen begrijpen dat ik van rust houd. Dat ik het niet nodig vind dat er steeds van alles wordt veranderd. En ik wil mensen graag wat beter leren kennen voordat ik over het werk praat. Een kopje koffie, een babbeltje. Dat is gezellig, daarna kunnen we aan het werk, en ik ben heel erg loyaal.

Verder nog iets?
Ja, wij groenen zijn niet goed in conflicten. Dat zouden we moeten leren.

Stefan is een blauwe econoom. Hij werkt op het hoofdkantoor van een groot concern met vestigingen in diverse Europese landen. Hij zegt zelf dat hij rode trekjes heeft die in de analyse niet goed naar voren zijn gekomen. Hij ziet geen geel of groen in zijn gedrag.

Wat vind je van dit instrument? De DISC-taal?
Best een interessant concept. Het onderzoek loopt kennelijk al vrij lang en dat vind ik boeiend. Ik ben dit instrument al eerder in een

andere vorm tegengekomen, toen waren het verschillende lettercombinaties. Het zou interessant zijn om de twee modellen met elkaar te vergelijken.

Het klopt dat er meerdere instrumenten bestaan. Aan de meeste ligt hetzelfde basisonderzoek ten grondslag, waarna ze zich op verschillende manieren hebben ontwikkeld. Dit instrument heeft een bijzonder hoge accuratesse.
Op het gebied van betrouwbaarheid of validiteit?

Beide. Ik denk dat Marstons boek Emotions of Normal People *wel wat voor je is. Welke conclusies heb je uit dit boek getrokken?*
Het was interessant om te zien hoe de schrijver de stof heeft gestructureerd. Eerst schrijft hij over het rode gedrag, dan volgen geel, groen en blauw. Dat heeft hij het hele boek door zo gedaan. Heel goed, op die manier gingen de kleuren niet vervelen. En ik heb gemerkt dat alle kleuren bijna precies evenveel tekst hebben, dat is best indrukwekkend. Ik vraag me af hoe hij dat heeft gedaan.

Wat heb je tot nog toe geleerd als het om gedrag gaat?
Dat mensen verschillend zijn. Dat wist ik natuurlijk al, maar het is interessant om te zien op welke manier dat zo is. En er stonden goede voorbeelden in het boek. Wat ik over rood gedrag las, was bijzonder interessant.

Waar denk je aan?
Hun enorme drive om dingen te doen. Ik heb een collega die precies zo is. Altijd vooruit, altijd vooraan in de rij. Hij kan imponerend snel beslissingen nemen. Er gaat natuurlijk weleens wat mis, maar daar komt hij meestal vrij snel achter, dus ik vind het geen groot probleem.

Hoe functioneer je samen met rode personen?
Vrij goed, vind ik. Ze zijn zoals gezegd niet erg zorgvuldig, maar daar is iets aan te doen. Mijn rol is ervoor zorgen dat we ons aan het plan houden, dat is niet het fort van de roden. Zij hebben andere kwaliteiten. Ze kunnen vaak goed improviseren, een onderschatte eigenschap. En ze zijn moedig.

Je lijkt geen grote problemen met rood gedrag te hebben?
Nee. Het ligt er natuurlijk aan wat je met groot bedoelt, maar in principe heb ik geen grote problemen met ze. Ik denk eerder dat zij moeite hebben met mensen zoals ik.

Waar denk je dan aan?
Ik wil bijvoorbeeld alles heel goed op orde hebben. Er mogen geen fouten worden gemaakt. Ik werk op een financiële afdeling waar de input voor de jaarrekeningen wordt veiliggesteld. En dat vraagt natuurlijk om nauwkeurigheid. Als ik het goed heb begrepen, zijn rode personen niet geïnteresseerd in details, terwijl het daar in mijn werk juist om draait. Als ik onnauwkeurig omga met de decimalen, zou dat enorme gevolgen hebben. Dat mag gewoon niet gebeuren.

Oké. De andere kleuren dan? Hoe functioneer je bijvoorbeeld met groene mensen?
Tamelijk goed. We zijn beiden – volgens het boek althans – introvert, wat ik positief vind. Dan kun je bezig zijn met je werk, in plaats van te kletsen.
(Pauze.)

Maar groene personen mogen toch juist graag kletsen?
Dat klopt. En ik niet. Tenzij het werkgerelateerd is. Dan kunnen we best lang praten. Wat zijn de beste processen, hoe kan de kwa-

liteit van het werk worden gewaarborgd, dat soort vragen. Wat ik minder leuk vind aan de groenen is dat ze de neiging hebben om te slabakken. Vaak zitten ze niet achter hun bureau en doen ze andere dingen dan werken, waardoor alles langzamer gaat. Dat is een probleem.

Ervaar je dat als een veelvoorkomend probleem op je werk?
Ja.

Wat heb je eraan gedaan?
Niets.

Waarom niet?
Het is niet mijn verantwoordelijkheid. Het is natuurlijk iets voor de leiding.

Heb je het met de leiding opgenomen?
Nee.

Even kijken of ik het goed begrijp. Sommige mensen slabakken, waardoor jullie vertraging oplopen. Jij hebt dit waargenomen, maar je hebt niets gedaan om de situatie te veranderen?
Dat klopt.

Waarom niet?
Gewoon, omdat het een probleem van de leiding is. Ik heb niet de bevoegdheid om hierin op te treden.

Wat zou je hebben gedaan als je wel bevoegd was geweest?
Dat is een hypothetische vraag.

Maar als we aannemen dat het realiteit was geweest?
Maar het is geen realiteit. Ik heb geen zin in dit soort vragen. Het is geen functie die ik ambieer en dus weet ik niet wat ik zou doen.

Even uit nieuwsgierigheid – als je leidinggevende jou om advies vroeg in de volgende kwestie: een collega doet niet wat hij of zij moet doen... wat zou je dan adviseren?
Puur hypothetisch?

Ja.
Dan zou ik zeggen dat hij vaker follow-up moet plegen. Feedback geven op wat niet goed gaat en eisen dat het foute gedrag wordt gecorrigeerd.

Oké. Zullen we het over het gele gedrag hebben?
(Nu slaat Stefan zijn armen over elkaar en knikt.)

Hoe kijk je naar mensen met uitgesproken geel gedrag?
Dat ligt een beetje problematisch. Ik zou willen dat ze alles wat serieuzer namen. Om te beginnen het werk. Ik besef natuurlijk dat je het ook leuk moet hebben op het werk, maar daar moet dan tijd voor worden gereserveerd. In werktijd hoor je niet te lanterfanten. Het ergste is eigenlijk dat ze zo luidruchtig zijn en alles en iedereen storen met hun gesnater. Ik geef toe dat ze ook heel onderhoudend kunnen zijn, maar werk is werk en vrije tijd is vrije tijd. En dan is er hun gebrek aan feitenkennis. Ik vind ze inhoudelijk heel slecht onderlegd. Ze nemen alles veel te makkelijk op. Dat leidt tot veel te veel afwijkingen. Als een puur geel individu als controller zou werken – hoe zou dat gaan? Hij zou niet weten waar hij op moet letten. Maar het ergste is nog wel dat ze zoveel dingen zeggen die niet kloppen. Bijvoorbeeld dat ze bepaalde de-

tails hebben onderzocht, terwijl dat helemaal niet zo is. Of dat ze niet onnauwkeurig zijn, terwijl iedereen kan zien dat ze dat wel zijn. Het is allemaal bijzonder frustrerend.

Heb je ooit een gele persoon wat beter leren kennen?
Dat is niet te vermijden. Ze delen hun hele leven met wie maar wil luisteren. Ze denken kennelijk dat iedereen geïnteresseerd is in hun zomerhuis, of hun puppy's, of het nieuwe tandje van hun kind, of de nieuwe vissersboot van hun broer. Maar dat interesseert me allemaal geen biet.

Maar hoe ga je met gele personen om?
Waarom zou ik met ze omgaan? Ik zag de vraag op pagina 308. Vraag 24 als ik me niet vergis.

De vraag met wie je in je vrije tijd omgaat?
Precies. In mijn geval is het heel simpel. Ik ga gele personen uit de weg.

Waarom?
Ik kan het gewoon niet. Ik word gek van hun gepraat. Ik kan niet tegen al die woorden die overal en nergens over gaan. Je weet nooit of wat ze zeggen echt klopt met de werkelijkheid en dat vind ik irritant. Ze verzinnen voortdurend van alles en op een gegeven moment weet je gewoon niet wat je ervan moet denken. Ik heb een zwager die een paar keer over zijn nieuwe baan heeft verteld. Maar elke keer krijg ik een ander verhaal te horen. Ik heb naar zijn functieomschrijving gevraagd, omdat ik niet begrijp wat hij doet, maar ik krijg altijd een heel vaag antwoord. Toen ik een keer naar de ontwikkeling van het bedrijf vroeg, kreeg ik een hele uiteenzetting dat ze binnenkort een soort wereldpatent op het een of ander

zouden nemen. Maar ik kwam er niet achter hoe dat precies in zijn werk zou gaan en wat voor onderzoek er was gedaan. Hopeloos.

Hij wist het antwoord misschien niet?
Dan had hij dat kunnen zeggen. 'Ik weet het niet.' Zo moeilijk is dat niet. In plaats daarvan bazelde hij over allerlei andere dingen waarin ik helemaal niet geïnteresseerd was.

Welk advies heb je voor mensen die jou in het dagelijks leven tegenkomen?
Goede vraag. Dat ze mijn wens om professioneel te zijn respecteren, dat wil zeggen geen waardevolle werktijd besteden aan dingen die niet met het werk te maken hebben. Dat ze zich goed voorbereiden als ze bij me komen met vragen. Ik heb veel achtergrondfeiten nodig om correcte aanwijzingen te kunnen geven.

Tot slot een directe vraag.
Ga je gang.

Wat zijn jouw zwakste punten?
Laat me even denken. Soms blijf ik te veel in details steken. Dat weet ik. In mijn werk is dat niet erg, maar privé geeft het weleens problemen.

Op welke manier?
Mijn vrouw is nogal rood. Ze vindt mij traag en daarin heeft ze gedeeltelijk gelijk. En van nature sta ik argwanend tegenover nieuwe ideeën. Niet dat ik niet kan veranderen, maar ik heb de neiging om problemen te zien waar ze niet noodzakelijkerwijs zijn. Besluitangst. Soms vind ik het moeilijk om een beslissing te

nemen. We hebben eigenlijk een nieuwe tv nodig omdat de oude kuren begint te vertonen. Maar er zijn zoveel modellen en ik heb nog niet genoeg research kunnen doen. Mijn vrouw vindt dat we gewoon naar de winkel kunnen gaan om er een te kopen. Maar wat als die niet goed is? Hoe kan ik weten of die aan onze behoeften voldoet? Het is best een grote investering. Dus voorlopig moeten we het nog even met het oude toestel doen.

Nog een laatste opmerking?
Interessant concept, zoals ik eerder al zei. Ik ga Marstons boek *Emotions of Normal People* bestellen.

HOOFDSTUK 20

EEN SNELLE TEST OM TE ZIEN HOEVEEL JE HEBT OPGESTOKEN

Als je wilt, kun je nu je kennis toetsen. Zie het als een leuke test die je daarna met je kennissen kunt doen. Hoeveel weten jullie eigenlijk van de manier waarop mensen functioneren? Ik hoop dat de antwoorden tot interessante discussies zullen leiden, ofwel bij een volgende kick-off of thuis rond de eettafel.

1. Welke combinatie van profielen is het op het sociale plan van nature eens met elkaar?
   - ☐ Twee gele
   - ☐ Twee rode
   - ☐ Geel en rood
   - ☐ Blauw en groen
   - ☐ Alle bovengenoemde

2. Welke combinatie van profielen werkt van nature goed samen?
   - ☐ Groen met willekeurig wie
   - ☐ Twee gele
   - ☐ Twee rode
   - ☐ Blauw en rood
   - ☐ Alle bovengenoemde

3. Welk profiel zal altijd projectmanager willen zijn?
   - ☐ Rood
   - ☐ Geel
   - ☐ Groen
   - ☐ Blauw

4. Welk profiel heeft de neiging de beste chirurg te zijn?
   - ☐ Rood
   - ☐ Geel
   - ☐ Groen
   - ☐ Blauw

5. Welke persoon geniet het meest als hij een toespraak moet houden?
   - ☐ Rood
   - ☐ Geel
   - ☐ Groen
   - ☐ Blauw

6. Welke persoon weet meestal waar hij een mail van zijn leidinggevende heeft opgeslagen?
   - ☐ Rood
   - ☐ Geel
   - ☐ Groen
   - ☐ Blauw

7. Welke persoon wil meer testen doen of meer informatie hebben voordat hij een besluit neemt?
   - ☐ Rood
   - ☐ Geel
   - ☐ Groen
   - ☐ Blauw

8. Welke persoon zal altijd op tijd komen?
   - ☐ Rood
   - ☐ Geel
   - ☐ Groen
   - ☐ Blauw

9. Welke persoon houdt zich zelden aan de regels om het werk gedaan te krijgen?
   - ☐ Rood
   - ☐ Geel
   - ☐ Groen
   - ☐ Blauw

10. Welke persoon is het meest bereid om nieuwe dingen uit te proberen om het werk gedaan te krijgen?
- ☐ Rood
- ☐ Geel
- ☐ Groen
- ☐ Blauw

11. Welke persoon onthoudt persoonlijke kritiek het langst?
- ☐ Rood
- ☐ Geel
- ☐ Groen
- ☐ Blauw

12. Welke persoon trekt zich persoonlijke kritiek het ergst aan?
- ☐ Rood
- ☐ Geel
- ☐ Groen
- ☐ Blauw

13. Welke persoon is het minst georganiseerd, maar weet waar hij kan vinden wat hij nodig heeft?
- ☐ Rood
- ☐ Geel
- ☐ Groen
- ☐ Blauw

14. Welk profiel heeft de neiging altijd te willen beslissen?
- ☐ Rood
- ☐ Geel
- ☐ Groen
- ☐ Blauw

15. Welk profiel doet graag mee aan de nieuwste mode?
- ☐ Rood
- ☐ Geel
- ☐ Groen
- ☐ Blauw

16. Welk profiel houdt het meest van nieuwe uitdagingen?
- ☐ Rood
- ☐ Geel
- ☐ Groen
- ☐ Blauw

17. Welk profiel oordeelt het snelst over andere mensen?
- ☐ Rood
- ☐ Geel
- ☐ Groen
- ☐ Blauw

18. Welke combinatie van profielen vormt het beste team?
- ☐ Twee groene
- ☐ Twee rode
- ☐ Geel en rood
- ☐ Blauw en groen
- ☐ Een mix van alle kleuren

19. Welk profiel zal waarschijnlijk het meest praten?
- ☐ Rood
- ☐ Geel
- ☐ Groen
- ☐ Blauw

20. Welk profiel zal het snelst nieuwe ideeën aannemen?
- ☐ Rood
- ☐ Geel
- ☐ Groen
- ☐ Blauw

21. Welk profiel zal een opdracht delegeren, maar hem toch zelf uitvoeren?
- ☐ Rood
- ☐ Geel
- ☐ Groen
- ☐ Blauw

22. Welk profiel luistert het best?
- ☐ Rood
- ☐ Geel
- ☐ Groen
- ☐ Blauw

23. Welk profiel zal ook het laatste punt van de gebruiksaanwijzing lezen?
- ☐ Rood
- ☐ Geel
- ☐ Groen
- ☐ Blauw

24. Welk profiel komt het meest voor in je kennissenkring?
- ☐ Rood
- ☐ Geel
- ☐ Groen
- ☐ Blauw

De antwoorden staan achter in het boek.

De bedoeling van vraag 24 is dat je over het volgende nadenkt: Op je werk kun je misschien niet altijd kiezen met wie je moet werken. De collega's zijn er gewoon, of je ze nu zou hebben gekozen of niet. Daar moet je het doen met de kaarten die je hebt gekregen. Maar buiten het werk, waar je zelf kunt kiezen met wie je je tijd doorbrengt – welk type mensen kies je? Kies je mensen die veel op je lijken, of ga je meer om met mensen die juist je tegenpool zijn?

Natuurlijk is er geen goed of fout antwoord, maar het is interessant om erover na te denken. Wie kiezen we, als we helemaal zelf mogen kiezen?

En hoe kiezen we de partner met wie we de rest van ons leven willen doorbrengen? Je spiegelbeeld, of je tegenpool? Een heel boeiende vraag, toch? Maar hoe dat proces eruitziet, wordt pas in het volgende boek behandeld. Houd je ogen open.

Laten we verdergaan

Goed, mijn vriend – tijd voor een samenvatting. Maar eerst wil ik vertellen over een fascinerend voorval van een paar jaar geleden. Zoals ik het heb ervaren.

HOOFDSTUK 21

EEN AFSLUITEND VOORBEELD UIT DE PRAKTIJK

MISSCHIEN WEL DE VERHELDERENDSTE GROEPSOPDRACHT UIT DE WERELDGESCHIEDENIS

Een paar jaar geleden kreeg ik tijdens een congres het idee om met een groep managers van een telecombedrijf een experiment uit te voeren. De deelnemers waren professioneel en slim en zonder uitzondering succesvol op hun vakgebied. Ze hadden uitstekende getuigschriften en gingen allemaal een schitterende carrière tegemoet. Ik had al van iedereen een communicatieprofiel gemaakt – ze hadden vragen over zichzelf ingevuld, waaruit hun communicatiestijl bleek. Hun analyses waren dus al gemaakt en ik had me precies zo voorbereid als ik jou op de laatste pagina van dit boek ook adviseer te doen.

De managers werden ingedeeld in groepen waar ze moesten werken met mensen die ongeveer hetzelfde profiel hadden als zijzelf. Ze zouden goed met elkaar overweg kunnen, stelde ik me voor. Ze zouden elkaar meteen goed begrijpen. In totaal twintig mensen. Ik noemde de groepen Rood, Geel, Groen en Blauw. Ze moesten tenslotte een naam hebben.

Ik deelde de werkopdracht uit. Ze moesten een speciaal voor

de gelegenheid bedacht probleem oplossen dat deels met hun werk te maken had en deels samenwerking vereiste. Ze kregen een uur de tijd. Ze pakten goedgehumeurd de instructies en elke groep vertrok naar een eigen ruimte, waar ze aan de slag gingen om de andere groepen te verslaan. Zelf ging ik wat anders doen.

Toen ze een poosje bezig waren, maakte ik een rondje langs de verschillende groepen om te kijken hoe het ging.

Bij groep Rood ging het er lawaaierig aan toe. Drie personen waren gaan staan en probeerden met alle middelen te laten zien dat juist zij gelijk hadden. Twee van hen gingen luid tekeer, terwijl de vierde had besloten voor zichzelf te werken. Onberoerd door het luide conflict een meter verderop zat hij verwoed te schrijven.

Toen ik vroeg of alles goed ging, verstomde het lawaai en keken ze me alle vier verbaasd aan.

'Gaat het goed?' herhaalde ik bezorgd.

'Super,' zei de ene ruziemaker grimmig. 'We zijn bijna klaar.'

Ik vertrok en liep verder. Ook bij groep Geel heerste koortsachtige activiteit. De energie in de kamer was bijna tastbaar. Hier gebeurden dingen. Ook hier luide discussies waarbij iedereen elkaar van zijn of haar standpunt probeerde te overtuigen. Terwijl de roden echt boos op elkaar waren geweest, zag ik hier alleen maar glimlachende gezichten. Twee gelen vochten om een plaats bij het whiteboard, een andere vertelde net een leuke anekdote die helemaal niets met het onderwerp te maken had. Ook ik moest erom lachen, omdat hij zo grappig was. De vijfde manager in groep Geel tekende poppetjes op een vel papier en verstuurde een mail vanaf zijn mobiel.

Ik ging verder naar groep Groen. Daar was het wonderlijk rustig. De stemmen waren gedempt en de mensen luisterden liever dan dat ze praatten. In de kamer heerste een totaal streven naar stabiliteit en zekerheid. Vijf managers zaten rustig te luisteren naar een collega die een fijngevoelig verhaal vertelde over zijn hond die deze winter tragisch aan ouderdom was overleden. Hij miste zijn levenskameraad nog altijd.

Een van de managers had oplossingen voor de opdracht opgeschreven, maar die eindigden allemaal met een vraagteken. Ze had meer input nodig, maar het zag ernaar uit dat ze daarom zou moeten vragen. Ze maakte zich zorgen.

Ik ging verder. Bij de laatste groep, groep Blauw, heerste een welhaast absurde stilte. Ik was ernstig verontrust toen ik drie minuten bij hen had gezeten zonder dat iemand ook maar iets had gezegd. Ongetwijfeld werd er onder de oppervlakte een heleboel denkwerk verricht, maar er was absoluut geen sprake van echte communicatie.

Een vrouw las zwijgend de opdracht door, terwijl haar lippen bewogen. Ik vroeg of ze hulp nodig hadden om op gang te komen. Ik kreeg een paar afwachtende knikjes als antwoord. Even later was er toch een diepgaand overleg bezig. Ze zouden tot op de bodem gaan. Het was duidelijk dat ze over de juiste dingen spraken, maar op een uiterst gedetailleerd niveau. Ze beraadslaagden lang hoe ze de opdracht zouden aanpakken.

Ik weet nog dat ik op mijn horloge keek. De helft van de tijd was verstreken, maar ze hadden nog niets concreets geproduceerd. Er werden voorstellen gedaan, die even later op grond van formaliteiten werden verworpen. Alles werd op een goudschaaltje gewogen. Het belangrijkste was niet om met het werk te beginnen, het ging erom dat alles goed en juist gebeurde.

Ik liet ze aan hun lot over en liep terug naar de grote conferentiezaal.

Al voordat de tijd om was, arriveerde groep Rood, alle vier met een triomfantelijke glimlach op het gezicht. Tevreden feliciteerden ze elkaar dat ze als eerste terug waren. Zij hadden natuurlijk gewonnen.

De andere groepen moest ik gaan halen. Groep Geel had de meeste moeite om terug te komen. Ik moest twee keer gaan vragen of ze nog kwamen. Toen praatten twee van hen in hun mobieltjes en een derde had nog even snel koffie en koek gehaald.

Toen alle groepen er waren, liet ik iedereen om de beurt verslag doen.

Groep Rood nam opgetogen bezit van het podium. De opdracht was vrijwel meteen veranderd in een heuse wedstrijd. Hoewel ze een uur tot hun beschikking hadden gehad, waren ze na dertig minuten al klaar geweest. De rest van de tijd hadden ze hun medewerkers gebeld om te controleren wat die aan het doen waren. Het was een gedegen presentatie, goed gestructureerd en weldoordacht. Na dertig seconden bleek alleen dat de rode groep een heel ander probleem had opgelost. Helemaal niet het probleem dat ik hun had gegeven.

Toen ik vroeg of ze de instructies wel hadden gelezen, begonnen ze allemaal luid te argumenteren. Een van de mannen verklaarde zelfverzekerd dat ze hadden besloten de opdracht aan de werkelijkheid aan te passen. Volgens hem hadden ze schitterend werk geleverd. Hij verwachtte applaus, maar toen de ovaties uitbleven, haalden de leden van de groep hun schouders op en gingen zitten. Nog geen tel later zat de rode vrouw in de groep met haar mobiel te spelen. Een levensbelangrijk sms'je dat onmiddellijk moest worden verstuurd.

Daarna was het de beurt aan groep Geel. Deze groep bestond uit drie vrouwen en twee mannen. Iedereen glimlachte en wilde vooraan staan. Wie zou beginnen? Na enig overleg kwam een van de vrouwen als winnaar uit de bus. Ze zei dat het een enorm boeiend onderwerp was en vertelde welke spannende discussies ze het afgelopen uur hadden gevoerd. Dat het een inspirerende oefening was. Ze beschreef hoe ze de inzichten op haar werkplek wilde gebruiken. Haar beschrijving was bijzonder amusant en iedereen lachte. Ik vond het ook heel vermakelijk, vooral omdat het maar één doel had: verhullen dat de groep het probleem niet had opgelost. Groep Geel kreeg wel applaus, voornamelijk vanwege de hoge amusementswaarde van hun presentatie.

Toen was groep Groen aan zet. Het duurde even voordat iedereen naar voren was gekomen. Waar groep Geel het podium had bestormd en iedereen vooraan had willen staan, was groep Groen heel bedeesd. *Moet iedereen het podium op? Wie brengt er verslag uit? Ik? Is het niet beter als jij dat doet?* Zeker drie van de zes deelnemers keken alsof ze buikpijn hadden. Dit was weliswaar de grootste groep, maar toch hadden ze allemaal het gevoel dat ze werden aangestaard.

Niemand nam de leiding. Ze overlegden een tijdje en toen begon een van de mannen te praten. Hij stond bijna de hele tijd met zijn hoofd naar het whiteboard gekeerd, sprak gedempt en zocht angstig steun bij zijn groepsgenoten. Zijn uitleg was zo voorzichtig dat de boodschap hopeloos verloren ging. Hij keek steeds wanhopiger naar zijn kompanen.

Deze oefening was bedoeld om te laten zien dat groepen niet uit hetzelfde soort individuen kunnen bestaan, dat verscheidenheid de enig mogelijke weg is. Na de uiteenzetting – natuurlijk had ook groep Groen het eigenlijke probleem niet opgelost, al hadden ze het beter gedaan dan groep Geel – vroeg ik of iedereen binnen de groep *het eens was* met wat er was gezegd.

De ongelukkige woordvoerder zei dat hij *aannam dat de meesten het er relatief mee eens waren.* Ik vroeg het de groep en iedereen knikte eensgezind. Zeker vier van hen verklaarden met een grimmig gezicht en stevig gekruiste armen dat ze het er geweldig mee eens waren. Een van de vrouwen wierp nijdige blikken naar de woordvoerder. Maar ze was het er wel mee eens.

Als laatste marcheerde groep Blauw het podium op. Volgens een van tevoren afgesproken schema gingen ze in alfabetische volgorde staan. Arne nam de instructies door en onthulde een aantal punten die de opdracht complex hadden gemaakt. Hij had onder meer kritiek op de zinsconstructies in het document dat ik had uitgedeeld – de meeste tijd besteedde hij aan het uitleggen dat het niet *collegae* maar *collega's* moest zijn, hoewel beide varianten officieel zijn toegestaan – en wees op twee grammaticale fouten – al op de eerste pagina.

Daarna volgde Berit. Zij besprak op een welhaast moleculair niveau volgens welke structuur ze hadden gewerkt. Ze werd twee keer onderbroken door Arne, die vond dat er nog een paar details moesten worden verduidelijkt. Toen Kjell het overnam, waren ze nog niet in de buurt van de oplossing van het feitelijke probleem. Ook Stefan werkte geen vraagtekens weg en toen Örjan uiteindelijk verklaarde dat ze meer tijd nodig hadden om het werk af te maken, brak er chaos uit in de zaal.

Groep Rood verklaarde groep Blauw al snel voor idioot, groep Geel vond dit het beroerdste wat ze ooit hadden meegemaakt en groep Groen leek de hele voorstelling alleen maar lijdzaam te ondergaan.

Conclusies die getrokken kunnen worden

Een groep bestaat bij voorkeur uit een mix van verschillende types mensen. Het is de enige manier om een zinvolle dynamiek in een groep te krijgen. Eigenlijk begrijpt iedereen dat. Toch zondigen de meeste organisaties tegen deze fundamentele voorwaarde als ze mensen rekruteren. Managers nemen nieuwe mensen aan die precies zijn zoals zij. Die kunnen ze tenminste begrijpen.

Een *aha*-ervaring noemen sommigen het. Ik noem het een *o nee*-ervaring.

Waarom eindigde het groepswerk waar ik net over vertelde op deze manier en wat kun je doen om dit soort incidenten te voorkomen? Daar ging dit boek over. Ik hoop dat je het met plezier hebt gelezen en dat je het spannend vond om te zien hoe mensen functioneren, waarin ze hetzelfde zijn en waarin ze verschillen. Want we zijn allemaal verschillend. Nou ja, misschien niet allemaal. Maar de meesten van ons verschillen behoorlijk van elkaar. Hoeveel precies leer je door je ogen open te houden.

De rest is aan jou.

HOOFDSTUK 22

TOT SLOT EEN PAAR TIPS VAN DE COACH

HOE NU VERDER?

Het zou normaal zijn om nu te willen weten welke kleur je zelf hebt. Hoewel veel vragen over je eigen profiel vermoedelijk in dit boek zijn beantwoord, wil je er misschien dieper in duiken en echt leren hoe de omgeving jouw gedrag interpreteert. Er is een natuurlijke volgende stap – een eigen analyse maken.

Als je na het lezen van dit boek zelf een DISC-analyse wilt laten doen, ga dan naar de website surroundedbyidiots.com. De analyse kost een paar centen, maar is absoluut een goede investering. En zeg nou zelf – wanneer heb je voor het laatst in jezelf en in je persoonlijke ontwikkeling geïnvesteerd?

De analyse wordt gemaakt via een hyperlink. Die is volkomen veilig en bestaat uit een aantal vragen. Je geeft je mening over vierentwintig stellingen en het kost twaalf tot vijftien minuten om het hele formulier in te vullen. Binnen een paar tellen ontvang je een vijfentwintig pagina's tellend rapport, een heel drukwerk – alleen over jou! Dit vormt vervolgens een uitstekende basis voor de persoonlijke feedback die altijd bij de analyse hoort.

Voorbeelden van de inhoud van het rapport dat je ontvangt:

- waarde voor de organisatie
- sleutels tot motivatie
- advies voor effectieve communicatie
- advies voor de leiding
- ideale werkomstandigheden
- gebieden die ontwikkeld kunnen worden

Als je in een team werkt, kan het hele team de analyse maken en kunnen jullie allemaal zien hoe jullie profielen op elkaar aansluiten. Dat is precies wat ik met de groepen deed waar ik in het vorige hoofdstuk over vertelde. Het is trouwens goed afgelopen. Toen iedereen zijn rapport kreeg en besefte waarom ze de opdracht niet tot een goed einde hadden gebracht, ontstond een heel concrete ontwikkeling in de goede richting.

Het instrument is een geweldige manier om vraagtekens op te lossen. Dit soort oefeningen bevat heel veel aha-ervaringen en is enorm waardevol als je ploegen, teams en verschillende soorten groepen mensen op de beste manier wilt laten samenwerken. Probeer het maar eens uit – je zult verbaasd staan over het effect dat deze oefening op jouw groep kan hebben.

Voor meer informatie over hoe ik en mijn bedrijf werken:

surroundedbyidiots.com

Daar vind je alles wat je nodig hebt om aan de misschien belangrijkste reis in je leven te beginnen: jezelf en je omgeving leren begrijpen. En verheug je in de toekomst op een soepeler communicatie.

Ik hoop van je te horen!
Thomas Erikson, mei 2016

De antwoorden op de vragen uit hoofdstuk 20:

1 Twee gele
2 Groen met willekeurig wie
3 Rood
4 Blauw
5 Geel
6 Blauw
7. Blauw
8. Blauw
9. Rood
10. Geel
11. Groen
12. Geel
13. Geel
14. Rood
15. Geel
16. Rood
17. Rood
18. Een mix van alle kleuren
19. Geel
20. Rood
21. Rood
22 Groen
23. Blauw
24. Heeft geen vanzelfsprekend antwoord, zoals je ongetwijfeld begrijpt

Kleur bekennen met de boeken van

Thomas Erikson

Over de boeken van Thomas Erikson:

‘Wat betekent het in het dagelijks leven als je “groen” of “rood” b
Thomas Erikson tikt gangbare situaties op.’ – *MT*

‘Je hoeft echt geen coach te zijn om *Omringd door idioten* te kun
lezen. En het werkt, probeer maar!’ – *Zin*

Voor meer informatie: **www.harpercollins.nl**

harpercollinsholland harpercollins_holland